NEL-Verlag

Dr. Karl Roos
Landessekretär des
elsaß-lothringischen Heimatbundes

Politik und Gewaltpolitik in Elsaß-Lothringen

© 2018 NEL-Verlag, Straßburg
ISBN: 978-2-914789-45-5
Dépôt légal: Janvier 2018

Politik und Gewaltpolitik in Elsaß-Lothringen

Inhalt

1. Ein Volk in Not 9
2. Die Unnachgiebigkeit der Regierung 17
3. Irreführung und Vergewaltigung 22
4. Sind Autonomismus und Regionalismus «antinational»? 26
5. Ist der Föderalismus «antinational»? 38
6. Ist die Forderung der Volksabstimmung «antinational»? 40
7. Doppelte Moral? 47
8. Das «argument boche»: Die Beschimpfung der Elsaß-Lothringer 49
9. Das «argument boche»: Die «deutsche Mache» 52
10. Das «argument boche»: Die deutsche *Irredenta* 55
11. Das «argument boche»: die Kriegsgefahr und der Wahn von der
«deutschen Gefahr» 60
12. Das «argument boche»: von den naturalisierten Deutschen 65
13. Bilden die Elsaß-Lothringer eine Einheit und eine völkische
Minderheit? 67
14. Die Ablehnung des Begriffs der völkischen Minderheit 72
15. Die Bejahung des Begriffs der völkischen Minderheit 74
16. Allgemeines zur Minderheitenfrage 76
17. Gehässige Kritik an Frankreich? 81
18. Das «klerikale» und das «kommunistische» Argument 90
19. Der Zweck der Hetze gegen die Autonomisten 95
20. Die «antinationale» nationale Elsässische Volkspartei 97
21. Entweder – oder: Assimilation oder Autonomie 102
22. Das Wesen unseres Autonomismus ist loyal, nicht antinational 104
23. Zehn Fragen zur Aufklärung über den Autonomismus 107
24. Wie die Regierung «nationale Wahlen» vorbereitet 110
25. Der Volksbetrug 115
26. Die Gewaltmaßnahmen der jüngsten Zeit 117
27. Die Unterdrückung der autonomistischen Zeitungen 119
28. Die Affäre «Sapart»-Rossé 126
29. Eine Spionage-Affäre! 132
30. Haussuchungen 136
31. Verhaftungen wegen «Komplotts» 140
32. Das Verbot, zu lachen! 156
33. Der Fall Hagenau 160
34. Neues Diktaturgesetz in Sicht 168

Politik und Gewaltpolitik in Elsaß-Lothringen

Anhang

1. Die neue elsaß-lothringische Frage, *von Alcide Ebray* 177
2. Das Manifest des elsaß-lothringischen Heimatbunds 188
3. Offener Brief des elsässischen Senators Helmer an den französischen
Ministerpräsidenten Poincaré 193
4. Brief des elsässischen Abgeordneten Seltz an den französischen
Ministerpräsiodenten Poincaré 200
5. Dr. Vazeille: Ansprache an das Elsaß 201
6. Morvan Marchal an die elsaß-lothringischen Autonomisten 205
7. Resolution der Völkerbundsversammlung betr. Minderheitenschutz 213
8. Beschluß des Weltverbands der Völkerbundsligen betr. die Zukunft der
nationalen Minderheiten 214
9. Aus dem Programm der Elsässischen Volkspartei 215
10. Die Diktatur bei den Wahlen von 1919 219
11. Aus der Rede des Colmarer Präfekten Susini gelegentlich der Wahl
eines Vertreters für den Bezirksunterrichtsrat 220
12. Geheimbefehl zur Unterdrückung der autonomistischen Zeitungen 222
13. Erklärung des «Zentralkomitees der nationalen Minderheiten
Frankreichs» zur Pressediktatur 223
14. Protest der Autonomisten gegen die französische Gewaltpolitik
in Elsaß-Lothringen 224
15. Auszug aus dem *Journal Officiel* – Abgeordnetenkammer – 2. Sitzung
des 8. Dezember 1927 226
16. Erlaß betreffend die Erklärung der französischen Sprache zur
Gerichtssprache in Elsaß und Lothringen bzw. diverse gerichtliche
Formalitäten 246
17. Dekret betreffend die Erläuterung des Artikels 2 des Erlasses des 2.
Februar 1919 betreffend die Erklärung der französischen Sprache zur
Gerichtssprache in Elsaß und Lothringen 248
18. Eine Stimme des Heimatbunds, (*L'Action française*) 253
19. Die Gemeinderatswahlen in Hagenau, (*Le Temps*) 255
20. Wahlkampfchronik – Die Parlamentswahlen von 1928 (*Le Temps*) 256
21. Die Wahlen in Hagenau (*Le Temps*) 257

Verzeichnis 261

Politik und Gewaltpolitik in Elsaß-Lothringen

Politik und Gewaltpolitik in Elsaß-Lothringen

Politik und Gewaltpolitik in Elsaß-Lothringen

1.

Ein Volk in Not

Elsaß-Lothringen ist seit dem Ende des Weltkrieges trotz Friedensschluß und «Befreiung» noch nicht zur Ruhe gekommen. Heftige und zähe Kämpfe wurden in diesem Lande wohl auch vor 1914 geführt. Damals ging es darum, eine eigene Verfassung und dadurch einen bestimmten Grad von Selbständigkeit oder Autonomie zu erringen. Elsaß-Lothringen wollte eben nicht auf ewige Zeiten «Reichsland» und Jedermanns-Land bleiben, sondern es verlangte, den übrigen deutschen Bundesstaaten gleichberechtigt zu sein. Seine eigene Verfassung und seinen eigenen Landtag hatte das Land im Jahre 1911 erhalten, und die gesamte Entwicklung der Dinge war auf dem besten Wege, als der Krieg ausbrach.

Bei den Kämpfen, die heute das Land durchtoben, geht es im tiefsten Grunde um mehr als bloß eine Verfassungsfrage. Wohl verlangt auch heute unser Volk danach, sein Eigenleben zu führen, doch letzten Endes kämpft es um sein Leben überhaupt. Es kämpft um seine elementarsten Rechte, um seine Sprache, sein Volkstum, seinen Glauben, es kämpft um seine heiligsten Güter. Mit einem Worte: es kämpft um seine Seele!

Leider haben wir bis jetzt bei der Regierung nie, bei den französischen Staatsgenossen nur vereinzelt und reichlich spät für unsere Lage ein wahres Verständnis gefunden. Die «Rufenden in der Wüste» aber sind von den Hetzern überschrien und verketzert worden. Immerhin, wenn wir die sehr treffenden und klaren Urteile gerecht und edel denkender Franzosen – zum Teil ganz hervorragender Männer – hier aneinanderreihen wollten, so ergäbe das für uns, für unsere kulturellen und politischen Ziele und für die Heimatbewegung selbst, die schönste Rechtfertigung, die sich denken ließe.

Man hätte erwarten sollen, daß in Frankreich vor allem die Liga der Menschenrechte sich um die geistige und seelische Not unseres Volkes eifrig kümmern würde. Doch auch sie hat sich, wie es scheint, nicht ganz von nationalistischen Vorurteilen und Einflüssen freizumachen gewußt. Wohl hat Victor Basch[1], der Präsident der Liga, in der «*Volonté*» (17. April 1927) scharfe Kritik geübt an den französischen Regierungsmethoden, die von Anfang an von Militär- und Zivil-

---

[1] Victor Basch (1863-1944), französischer Germanist, Philosoph und Politiker jüdisch-ungarischer Herkunft. Mitgründer der französischen Liga der Menschenrechte (*Ligue des Droits de l'Homme*).

Politik und Gewaltpolitik in Elsaß-Lothringen

behörden, von Generalkommissaren und Zentralverwaltung gehandhabt worden und alle im gleichen Maße verabscheuenswert gewesen seien. Doch im übrigen hat die französische Liga für Menschenrechte den elsaß-lothringischen Menschenrechten wenig gerechtes Verständnis entgegengebracht.

Von besonderem Werte dagegen erscheint uns die besonnene Beurteilung unserer Lage durch einen Mann wie Marc Sangnier[2], den bekannten Pazifisten. Er schrieb in seinem Blatte «*La Jeune République*»[3] (16. Oktober 1925) u.a. folgendes:

«Von 1919 ab wurde eine Mißstimmung offenbar. Doch nichts ließ damals einen tiefgehenden Konflikt ahnen. Erst von dem Tag an, da die Elsässer einsehen mußten, daß man entschlossen war, ihnen methodisch und systematisch, durch Gewalt und durch List die gesamte französische Gesetzgebung aufzuerlegen, ist die Mehrheit in Erregung gekommen. Jetzt ist es die Assimilierung im Prinzip, die heftig diskutiert wird.

«Gewiß, ich kann die Regierung verstehen. Sie befürchtete, eine deutsche Tradition (!) zu erhalten, und hat mit allen Mitteln jede Spur der Vergangenheit, mit Einschluß der deutschen Sprache, unterdrücken wollen. Die kleinliche Furcht, die sie in ihrer auswärtigen Politik geleitet hat, leitete sie auch in der elsaß-lothringischen Frage. Und das war ein psychologischer Fehler, der unendlich viel schwerer wiegt als die administrativen Fehler oder alle Fehler, die logischerweise aus jenem Grundfehler hervorgehen.

«Denn das Elsaß und Lothringen stellen heute eine ausgeprägte politische Persönlichkeit dar, die sie zugleich von Deutschen und Franzosen unterscheidet... Ein unsinniges Unterfangen ist es, heute, im zwanzigsten Jahrhundert, Charakter und Denkart eines Volkes ändern zu wollen. Und es ist ein Widerspruch, zu behaupten, das Elsaß sei bestimmt, Bindeglied zwischen Frankreich und Deutschland zu sein, wenn man die Absicht hat, einen der durch die deutch-französische Synthese entstandenen Faktoren zu vernichten...

«Ohne meine persönlichen Meinungen und Wünsche in Betracht zu ziehen, kann ich heute bestätigen, daß vollständige Assimilierung des Elsasses und Lothringens an Frankreich sowohl im gesetzgeberischen als auch im verwal-

---

[2] Marc Sangnier (1873-1950), französischer katholischer Denker, Politiker und Jurist, Pionier der französischen Jugendherbergbewegung.
[3] *La Jeune République*, französische Tageszeitung, die vom elsässisch-stämmigen Geschäftsmann Geoffroy Velten (1831-1915) 1873 in Marseille gegründet wurde. Sie wurde später in *Le Petit Provençal*, dann in *Le Provençal* und schließlich in *La Provence* umgetauft.

Politik und Gewaltpolitik in Elsaß-Lothringen

tungstechnischen Sinne unmöglich ist, weil die große Mehrheit der Bevölkerung sich ihr widersetzt. Man mag das bedauern oder nicht, es ist jedenfalls eine Tatsache.

«Und ich füge als Ausdruck meiner persönlichen Überzeugung bei, daß die vollständige Assimilierung vom ethnischen Standpunkte aus nicht natürlich ist, – und nicht wünschenswert vom Standpunkte der Kultur und dem der französisch-deutschen Beziehungen.»

Die gesamte französische Presse ließ lange genug die Vorgänge und Zustände in Elsaß-Lothringen unbeachtet und suchte das sog. «*Malaise*», das Unbehagen, totzuschweigen. Erst vom Jahre 1926 ab zeigte sie auf einmal ein größeres Interesse, wenn auch noch nicht das richtige Verständnis. Marcel Chaminade[4] («*Revue Universelle*»[5], 15. Januar 1926) kennzeichnete die Lage in einem Artikel als «die französische Krise» und mußte zugeben: «Es gibt eine französische Gefahr. Aber man beobachtet darüber eine bezeichnende Stille. Es scheint als ob die Parole Stillschweigen ausgegeben worden sei.» Zu gleicher Zeit ungefähr brachte der elsässische Senator Lazare Weiller[6] im «*Temps*»[7] drei Artikel unter der Überschrift «Schatten über dem Elsaß». Diese Schatten, meinte er, könnten nur durch eine Reform der französischen parlamentarischen, administrativen und innerpolitischen Verhältnisse beseitigt werden.

Auch in der Schweizer Presse finden wir zunehmendes Verständnis. Im *Journal de Genève*[8] (16. Januar 1926), das sonst unsere Bewegung meist vom französisch-nationalistischen Standpunkt aus beurteilt, schrieb William Martin[9]: «Die Elsässer haben den Eindruck, daß sie beim Wechsel nichts gewonnen haben. Wenn man die französische Verwaltung bei uns einfühen wollte, so wären wir zweifellos auch nicht mit ihr zufrieden. Doch die Sache geht tiefer, und niemand mehr als wir Schweizer können das begreifen. Die wahre Tradition des Elsasses hat föderativen Charakter. Die französische Tradition von heute aber

---

[4] Marcel Chaminade (1887-1971), französischer Journalist und Schriftsteller.
[5] *Revue Universelle*, französische Zeitschrift, gegründet 1920 von Jacques Bainville und Henri Massis.
[6] Jean Lazare Weiller (1858-1928) französischer Industrieller und Politiker jüdisch-elsässischer Herkunft. Er wurde 1920 und 1927 zum Senator des Unterelsaß gewählt.
[7] *Le Temps*, französische Tageszeitung, gegründet 1861 in Paris von elsässisch-stämmigen Journalisten Auguste Nefftzer (1820-1876). Sie wurde im November 1942 eingestellt.
[8] *Le Journal de Genève*, liberale Tageszeitung aus Genf, gegründet 1826 von James Fazy (1794-1878). Sie fusionierte 1998 mit dem *Nouveau Quotidien* in die Tageszeitung *Le Temps*.
[9] William Martin (1888-1934), Schweizer Journalist und Historiker.

Politik und Gewaltpolitik in Elsaß-Lothringen

datiert von der Revolution und ist gerade das Gegenteil der elsässischen Tradition. Man hätte den Schwierigkeiten durch eine Dezentralisationsbewegung begegnen können, aber diese Lösung hat man nicht gewollt.» Andere französisch geschriebene Blätter der Schweiz, wie «*Le Pays*»[10] (Porrentruy) und «*Le Droit du Peuple*» (Lausanne), behandelten unsere Frage mit noch mehr Verständnis. In dem letztern Blatte z.b. war zu lesen: «Da die Elsässer nicht einmal durch eine Abstimmung befragt worden sind, so ist es ihr unbedingtes Recht, eine Verfassungsänderung zu ihren Gunsten vorzuschlagen.»

Im übrigen aber war – und ist heute erst recht – die französische Propaganda eifrig damit beschäftigt, die Presse des gesamten Auslandes im unklaren zu halten und mit entsprechend aufgemachten, völlig irreführenden Berichten zu versehen. So soll die Weltmeinung gegen das elsaß-lothringische Volk beeinflußt werden. Doch gibt es immerhin selbständige und unvoreingenommene Männer im Ausland und auch in Frankreich, die sich weder durch Winke unserer offiziellen Regierung, noch durch die Hetze der Chauvinisten von der Wahrheit abbringen lassen.

So hat Alcide Ebray[11], früherer französischer Generalkonsul und Gesandter, (im Juli/Augustheft 1927 der «*Revue de Hongrie*»[12]) unsere Verhältnisse mit ausgezeichnetem Verständnis dargelegt unter dem Titel: «Die neue elsaß-lothringische Frage».[13] Ebenso ist von andern Franzosen manch offenes und ehrliches Wort gesprochen worden, das Beherzigung verdient hätte.

$$* * *$$

Doch vernünftige Auffassungen sind für chauvinistische Gehirne unerträglich. Die Regierung vollends hört sie gar nicht an, und sie hörte sie von Anfang an nicht an, sondern verfolgte blind und rücksichtslos ihre politischen und kulturpolitischen Ziele weiter. Sie wandte dabei unentwegt die ewig gleichen Methoden an, die man seit der Großen Revolution kennt, und die sich kennzeichnen als Abbau des Bestehenden, als Vernichtung alles dessen, was nicht in die starre

---

[10] *Le Pays*, Schweizer Tageszeitung aus Porrentruy, gegründet 1873 von Ernest Daucourt. Sie fusionierte 1993 mit *Le Démocrate* in die Tageszeitung *Le Quotidien Jurassien*.
[11] Alcide Ebray (1862-1940), französischer Diplomat und Schriftsteller.
[12] Ungarische Zeitschrift in französischer Sprache, die 1908-1931 von Guillaume de Huszár geleitet wurde.
[13] s. Anhang auf Seite 177.

Politik und Gewaltpolitik in Elsaß-Lothringen

Form des Einheitsstaates hineinpaßt. Dabei wirkt noch eine gewisse nationalistische Hysterie mit, die nichts Fremdartiges – mag es auch besser sein als das Eigene – neben sich und in sich dulden mag. Deshalb soll alles, was wir besitzen und an uns und in uns haben, Verwaltung und Gesetzgebung, Sprache und Volkstum, kirchlich-religiöse und allgemein kulturelle Einrichtungen, ja unser Denken und Fühlen der öden Gleichmacherei zum Opfer fallen. Unserem Volke soll die Zwangsjacke der Assimilation angelegt werden.

So war es übrigens – wie wir hier entgegen einem vielfach verbreiteten Irrtum betonen wollen – auch schon während einer ganzen Generation vor 1870, wenigstens in Bezug auf die Sprachenfrage. Bereits der «Konvent» verkündete, daß die französische Sprache allein würdig sei, Sprache der Freiheit genannt zu werden; alle andern Sprachen im französischen Staate müßten als barbarisch betrachtet und ausgerottet werden. Über das Kapitel «Sprachenkampf im Elsaß und in Lothringen» in der Zeit der Großen Revolution sagt Ferdinand Brunot[14] in seiner «Geschichte der französischen Sprache»[15]:

«Als die Schreckensherrschaft (1793-1794) den Kampf gegen die Sondersprachen mit Entschiedenheit aufnimmt, um sie aus allen Gegenden Frankreichs zu bannen, da protestieren die Elsässer gegen das Verbot der deutschen Sprache in den öffentlichen Verwaltungen.»

An anderer Stelle heißt es:

«Überall wollen die Elsässer, wie die Versammlungsberichte der damaligen «*Sociétés populaires*» (Volkswohlfahrtsgesellschaften) es beweisen, die Kenntnis und den Gebrauch des Deutschen aufrechterhalten.»

Gerade in ihrer traditionellen Assimilationswut gibt die französische Regierung zu, daß wir eigentlich Fremde sind und erst – *à tout prix* – zu Franzosen gemacht werden sollen. Wenn sie aber so auf der einen Seite uns als Fremdkörper im nationalen Rahmen ansieht und behandelt, weshalb wirft sie auf der andern Seite uns dann vor, daß wir nicht national, oder nicht national genug seien? Was können wir dafür, daß wir sind, was und wie wir sind? Und daß wir tatsächlich in Sprache und Volkstum und auch in unserer ganzen Denkweise anders sind als die Franzosen? Genügt es denn nicht, daß wir willig unsere Bürgerpflichten erfüllen? Warum also jagt und hetzt man uns wie ein Wild? «Raum für alle hat die Erde – Was verfolgst du meine Herde?»

---

[14] Ferdinand Brunot (1860-1938), französischer Linguist und Romanist.
[15] Histoire de la langue française des origines à 1900, Armand Colin, Paris.

Politik und Gewaltpolitik in Elsaß-Lothringen

Versprechungen aller Art hat man uns von der ersten Stunde an gegeben, rauschende und berauschende Feste hat man gefeiert, schöne Reden hat man gehalten. Die Erfüllung aber ist ausgeblieben, die Erwartungen sind enttäuscht worden. Man hat uns zu betäuben und einzulullen versucht, man hat uns hingehalten, und inzwischen hat man ein Stück unserer Heimatrechte nach dem andern uns entrissen und der Gleichmacherei geopfert, vernichtet, ausgerottet.

Weite Kreise des elsaß-lothringischen Volkes sind daher schon längst des Ernstes der Lage sich voll bewußt geworden und haben sich entschlossen, ihre Heimat-, Volks- und Menschenrechte gegen jede Mißwirtschaft und vor allem gegen jede Unterdrückung zu verteidigen, die nun von der Pariser Regierung bereits seit fast zehn Jahren bald offen, bald geheim, bald mit List, bald mit Gewalt ausgeübt wird.

Das einzige und sicherste Mittel der Rettung sehen diese heimatbewußten Elsässer und Lothringer in der Selbstverwaltung oder Autonomie ihres Landes, die ihnen erlaubt, ihr Heiligstes selbst zu bewachen, es zu erhalten und zu pflegen.

Dieser Gedanke ist namentlich in den letzten Jahren immer tiefer in das Volk eingedrungen und hat eine wahre Volksbewegung hervorgerufen. Als im Mai 1925 in Straßburg ein neues Blatt, «*Die Zukunft*», eine unabhängige Wochenschrift zur Verteidigung der elsaß-lothringischen Heimat- und Volksrechte, erschien und endlich einmal die Dinge beim richtigen Namen nannte, da ging es schon wie ein Gefühl der Erleichterung durch die Massen des Volkes. Es stellte sich heraus, daß der Gedanke der Selbstverwaltung, der von früher her noch immer im Volke wach war und den nun die «*Zukunft*» als einzige Lösung auch für die neuen elsaß-lothringischen Verhältnisse und Bedürfnisse mit Nachdruck vertrat, allgemeinen Beifall fand. Viele Tausende von Lesern erwarteten allwöchentlich mit Spannung das Blatt, um darin zu lesen, was ihnen aus dem Herzen gesprochen war. So sammelten sich um diesen geistigen Mittelpunkt die Massen der heimattreuen Elsaß-Lothringer.

Bald verlangten sie auch nach einer sichtbaren Führung und nach einer Organisation. Beide traten in Erscheinung durch die Gründung des Heimatbunds, die im Juni 1926 erfolgte.[16] Der Aufruf des Heimatbunds war, wie der elsässische Senator Professor Dr. Müller[17] später im Prozeß Rossé[18] in Colmar hervorhob,

---

[16] s. das Manifest des Heimatbunds im Anhang, Seite 188.
[17] Dr. Eugen Müller (1861-1948), elsässischer katholischer Geistlicher, Professor an der theologischen Fakultät von Straßburg und Politiker; 1911-1918 Abgeordneter (Zentrum) der Zweiten Kammer des Landtags, 1919-1927 Abgeordneter (Elsässische Volkspartei) des Un-

Politik und Gewaltpolitik in Elsaß-Lothringen

– «der Aufschrei einer geopferten Generation!» Der Heimatbund wollte jedoch keine politische Partei sein und ist es auch nie geworden. Es konnten ihm aus allen Volkskreisen und aus allen politischen Parteien Mitglieder beitreten. Die Aufgabe des Heimatbunds und seiner Anhänger bestand darin, den Heimatgedanken überall, auch in den Parteien selbst, zu verbreiten und die Rechte der Heimat und des Volkes zu verteidigen.

Der Erfolg zeigte sich bald. Die Parteien und die Abgeordneten wurden genötigt, den heimatrechtlichen Forderungen immer mehr und mit größerer Entschiedenheit Rechnung zu tragen. Die gesamte Heimatbewegung nahm einen von den Gegnern unseres Volkes nicht erwarteten Aufschwung. Schon von Anfang an aber waren die «Heimatbündler» (oder Autonomisten, bald auch Separatisten genannt) der Hetze der Chauvinisten ausgesetzt. Und auch die Regierung sucht nicht erst seit heute die Bewegung zu ersticken; ihre Unterdrükkungs- und Verfolgungsmaßnahmen setzten gleich nach der Gründung des Heimatbunds in aller Schärfe ein. Gegen einzelne Unterzeichner des Heimatbundmanifests, namentlich gegen Beamte, ergriff sie Sanktionen (Absetzung, Brotlosmachung), die z.T. heute noch in Kraft sind. Auch gegen andere Volksgenossen, die ihr als Heimatbündler «verdächtig» waren, ging sie mit den mannigfaltigsten Mitteln der Drohung und Einschüchterung, des moralischen Drucks, und vor allem der wirtschaftlichen Schädigung vor. Seit einigen Monaten aber wendet sie gegen die elsaß-lothringische Heimatbewegung und deren Anhänger insgesamt die brutalsten Gewaltmaßnahmen an.

Die Kunde von den Ereignissen (Zeitungsverboten, Haussuchungen und Verhaftungen), die sich um das Weihnachtsfest 1927 abspielten und allgemein als Diktaturmaßnahmen aufgefaßt werden, ist weit über die Grenzen unseres Landes hinausgedrungen und hat in der ganzen Welt Aufsehen erregt. Es wäre von größtem Werte, eine Übersicht zu gewinnen über die Äußerungen, mit denen gerade die Auslandspresse die französischen Maßnahmen in Elsaß-Lothringen aufgenommen hat.

---

terelsaß im französischen Parlament, 1927-1944 Senator des Unterelsaß, 1928-1939 Landesvorsitzender der Elsässischen Volkspartei; 1940-1945 lebte er in Vichy.

[18] Joseph Rossé (1892-1951), elsässischer autonomistischer Politiker (Elsässische Volkspartei) und Unterzeichner des Manifests des Heimatbunds; 1928-1929 und 1932-1940 Abgeordneter des Oberelsaß im französischen Parlament, 1939-1940 in französischer Haft u.a. in Nanzig, befreit durch die deutschen Truppen; Unterzeichner des Manifests von Drei-Ähren. Gegen Ende des Krieges muß er sich vor der Gestapo verstecken. Im Februar 1945 wird er von den Franzosen verhaftet und wegen angeblicher Spionage zu 15 Jahren Zwangsarbeit verurteilt. Er stirbt im Gefängnis.

Politik und Gewaltpolitik in Elsaß-Lothringen

Die «*Westminster Gazette*» bemerkte: «Die französische Regierung kann kaum blind dafür sein, daß die elsässische Unzufriedenheit bei den andern Nationen einen schlechten Eindruck macht.» Ein Schweizer Blatt, das nicht im Verdachte steht, franzosenfeindlich zu sein, schreibt folgendes («*Journal de Genève*», 11. Januar 1928): «Wir würden uns um jene Maßnahmen nicht kümmern, wenn sie nicht derart wären, daß sie in der Welt Rückwirkungen haben, die – wenn auch nicht gewollt, deshalb doch nicht weniger verhängnisvoll sind.»

In demselben Artikel, der von William Martin stammt, wird auch die Frage untersucht, ob denn nun das elsaß-lothringische Problem ein internationales ist. Vom reinen Rechtsstandpunkt aus freilich, gibt der Verfasser zu, sei es kein internationales Problem, da Frankreich keinen Minderheitenvertrag unterzeichnet habe. Aber man könne leider nicht verhindern, daß das Problem in einem andern Sinne ein internationales geworden ist!

Zur Begründung dieses Satzes fährt das Blatt dann fort: «Es gibt in Europa heute viele Länder, die innerhalb ihrer Grenzen nationale Minderheiten zählen. Die einen mußten sich Minderheitenschutzverträge auferlegen lassen und beklagen sich darüber, die andern haben keine solchen unterzeichnet und versuchen die ihnen unterworfenen Fremdstämmigen zu entnationalisieren. Beide beobachten mit gleichem Interesse das, was im Elsaß vor sich geht.»

Diese Worte haben nur dann einen Sinn, wenn damit gesagt sein soll, daß auch die Elsaß-Lothringer – de facto – im Rahmen Frankreichs eine nationale, wenigstens eine sprachliche Minderheit bilden, und daß infolge der Unterdrückungsmaßnahmen, die Frankreich vor den Augen der ganzen Welt gegen diese sprachliche Minderheit ergreift, das elsaß-lothringische Problem wieder internationales Interesse gewonnen hat. Diesen Standpunkt haben wir schon seit bald drei Jahren öffentlich vertreten, und es ist erfreulich, daß er gerade vom «*Journal de Genève*» und auch von andern, wie wir sehen werden, als richtig bestätigt wird.

Durch die französischen Gewaltsmaßnahmen ist somit die politische Entwicklung unseres Landes in eine neue Phase eingetreten.

Politik und Gewaltpolitik in Elsaß-Lothringen

2.
Die Unnachgiebigkeit der Regierung.

In Paris freilich sieht man die Sache anders an. Nicht als ob man dort die tatsächliche Lage nicht auch richtig erkannt hätte, sondern man sucht sie vor dem Auslande zu leugnen und in ein anderes, in ein falsches Licht zu stellen. Vielleicht auch sucht die Regierung sich selbst, ganz sicher aber das französische Volk zu betrügen. Daher spricht sie so geflissentlich von autonomistischen Umtrieben («*menées autonomistes*») und von Volksaufwieglern («*agitateurs*»). Doch mit Recht bezeichnet das «*Journal de Genève*» diese Täuschungs- und Ablenkungsversuche als nicht überzeugend. Solche Ausflüchte seien bei allen Regierungen beliebt: «sie glauben alle, daß sie es mit Agitatoren zu tun hätten, daß die Masse des Volkes zufrieden sei, daß das Land sich aus freiem Willen hingegeben habe usw.» Und die Pariser Regierung glaubt es nach wie vor hartnäckig. Daher lehnt sie es ab, über die elsaß-lothringische Frage – deren Vorhandensein sie gar nicht leugnet, die sie aber als eine innerfranzösische Angelegenheit bezeichnet – ernsthaft zu diskutieren.

Seit fast zehn Jahren hat sie eine Generaldebatte über die elsaß-lothringischen Angelegenheiten in der Kammer «*ad Calendas Græcas*» hinauszuschieben, d.h. zu verhindern gewußt. Auch am 8. Dezember 1927[19] sollte auf besonderem Wunsch Poincarés die Aussprache über die elsaß-lothringischen Fragen wieder einmal vertagt werden. Alle Abgeordneten fügten sich bereitwillig diesem Wunsche, bloß der kommunistische Abgeordnete Hueber[20] bestand darauf, eine Erklärung (diesmal in französischer Sprache) vorzulesen, in der er die Volksmeinung zum Ausdruck brachte. Seine heftige Kritik an der französischen Regierungspolitik rief erregte Tumultszenen hervor; einige Wendungen seiner Rede durften daher nicht im «*Journal officiel*» erscheinen. Eine öffentliche Aussprache über die elsaß-lothringischen Angelegenheiten erfolgte jedoch nicht. Poincaré hatte indes eine Besprechung in kleinerem Rahmen in seinem Kabinett oder in der Kammerkommission für Elsaß-Lothringen versprochen. Diese Besprechung fand am 28. Februar 1928 statt. Allein die Zeitungen meldeten: «Es war keinen einzigen Augenblick die Rede von der Lage in Elsaß-Lothringen!!» Doch der Ministerpräsident versprach... usw.

---

[19] Siehe Anhang, Seite 226.
[20] Karl Hueber, *Charles Hueber* (1883-1943), elsaß-lothringischer kommunistischer Politiker, Abgeordneter und Bürgermeister von Straßburg (1929-1935).

Politik und Gewaltpolitik in Elsaß-Lothringen

Man könnte wohl mit Recht sagen, daß das Nationalparlament infolge Überlastung mit so vielen großen und kleinen Aufgaben tatsächlich kaum in der Lage ist, sich eingehend mit unsern regionalen Angelegenheiten zu befassen; aber dann wäre das ja ein Beweis dafür, wie notwendig und nützlich die Einführung eines Regionalparlaments wäre, so wie wir es früher hatten. Doch in jedem Falle war und ist eine offene und öffentliche Aussprache über die Zustände und Vorgänge in unserem Lande, über die Wünsche und Forderungen unseres Volkes der Regierung nicht erwünscht... «mit Rücksicht auf die Wirkung im Auslande»! So lautete immer wieder die Beschwörungsformel. Das gesamtnationale Interesse aber, das man damit auf Kosten der elsaß-lothringischen Volksinteressen wahren wollte, hat gerade durch diese Politik ganz erheblich gelitten.

Unsere Abgeordneten und Senatoren folgten indes dem Winke der Regierung. Doch das Volk konnte sich mit einer solchen Untätigkeit seiner Beauftragten nicht zufrieden geben. Es brachte daher seine Forderungen in öffentlichen Versammlungen und in solchen der Parteien sowie in einem Teile der Presse immer wieder und immer lauter vor. Einige Volksbertreter gaben im Laufe der Jahre (meistens kurz vor den Wahlen!) dem Drängen des Volkes nach und ermannten sich, nicht etwa von der Kammertribüne herab, sondern im stillen Kämmerlein des Ministerpräsidenten oder von ihrem diplomatischen Schreibtisch aus die Wünsche und Anliegen der Elsaß-Lothringer in Form eines Antrags oder einer Anregung untertänigst vorzubringen. Doch auch das ist schließlich ein Verdienst, das wir nicht bestreiten wollen. Wenn der erwartete Erfolg meistens ausblieb, so muß doch der gute Wille der Antragsteller anerkannt werden.

So sei hier erwähnt, daß z.B. Senator Helmer[21] am 17. August 1926 einen offenen Brief an Poincaré richtete, worin er deutlich aussprach, daß die Regierung nun nicht mehr länger gleichgültig und untätig bleiben dürfe gegenüber berechtigten Forderungen des Volkes namentlich dem Gebiete der Schule, der Sprachenfrage vor Gericht, der Reform in der Verwaltung. In ähnlicher Weise hat auch der Abg. Seltz[22] sich mehrfach bemüht, eine Besserung oder wenigstens eine Klärung unserer Verhältnisse herbeizuführen. Vor Weihnachten 1926 legte er in der Kammer einen Antrag nieder, indem er eine parlamentarische Untersuchungskommission verlangt, die die Ursache des «*Malaise*» (d.h.

---

[21] Paul Helmer (1874-1929), elsässischer frankophiler Politiker, Senator des Oberelsaß (1920-1929).
[22] Thomas Seltz (1872-1959), Abgeordneter vom Unterelsaß (1919-1940), Vorsitzender der Elsässischen Volkspartei (1922-1928).

Politik und Gewaltpolitik in Elsaß-Lothringen

der Mißstimmung) in Elsaß-Lothringen feststellen sollte. Im Januar 1927 verlangte er die Bildung einer Schulkommission in Straßburg, die eine Lösung des Sprachenproblems im Volksschulunterricht suchen und aus Sachverständigen (darunter aus Leuten aus dem Volke) zusammengesetzt sein sollte.

Gegen all diese Forderungen, sowie auch gegen den von der Elsässischen Volkspartei (früher Zentrum) am 18. Januar 1927 endlich eingebrachten Resolutionsvorschlag auf Schaffung der «Verwaltungsautonomie» erhob sich von nationalistischer Seite schärfste Opposition. Allerdings gab es auch eine Zeit, wo die assimilationistische radikale Presse («*Dépêche*» und «*République*») das Wort vom «Bankrott der Methode Charlétys» (des Vorgängers des jetzigen Rektors Pfister) prägte und sogar folgendes Bekenntnis ablegte (22. August 1926):

«Der Regionalismus im Elsaß marschiert. Sein Triumph erscheint für die Zukunft sicher. Von der äußersten Rechten bis zur äußersten Linken trifft man sich im Gedanken, daß die übertriebene Zentralisierung ein Irrtum ist und zur Gefahr würde, wenn man fortfahren würde, sie in einem Lande zu verwirklichen, in dem sie bisher nur Ruinen hinterlassen hat.»

Trotz ihrer Assimilationswut bequemten sich ferner Blätter wie «*Journal de l'Est*» und «*Dépêche*» unter dem Druck der allgemeinen Volksstimmung zu dem Geständnis, daß hinsichtlich der Sprachenfrage vor Gericht und in der Schule eine dringende Reform vonnöten sei. Das «*Journal de l'Est*» hatte noch am 20. April 1926 geschrieben: «Die französische Unterrichtsverwaltung hat dem deutschen Sprachunterricht sicherlich einen ansehnlichen Raum zugewiesen, der nach der Ansicht besonders maßgebender Fachleute, französischer und ausländischer (sic!), nicht ohne Gefahr erweitert werden könnte!» Bemerken wir dazu im Vorbeigehen bloß, daß demnach der Gebrauch der angestammten Sprache in Elsaß-Lothringen für die Franzosen eine nationale Gefahr bedeutet. Darin liegt aber auch das Zugeständnis, daß wir eine andersgeartete und anderssprachige Minderheit sind. Am 8. September 1926 aber war über das «*Journal de l'Est*» nach dem Briefe Helmers schon soweit eine Erleuchtung gekommen, daß es sagen konnte, es sei unverständlich (!), daß die vor Gericht Geladenen den Saal verlassen sollen im Gefühl, benachteiligt (!) zu sein, weil sie das Französische gar nicht oder nur ungenügend verstehen; diese würden sich auf diese Weise als die Opfer einer Art Rechtsverweigerung fühlen. Alle Richter, sagte es weiter, die während eines fünf-, sechs- oder siebenjährigen Aufenthalts in unserem Lande keinerlei Anstrengungen (!) gemacht hätten, um das Elsässische (!) oder die Anfangsgründe (bloß!) des Hochdeutschen zu lernen, müßten ins «Innere» versetzt werden.

Politik und Gewaltpolitik in Elsaß-Lothringen

Poincaré aber machte jeweils die Sache kurz: er ließ die elsaß-lothringischen Abgeordneten auf sein Bureau kommen, nahm mit ihnen eine Aussprache vor, gab ihnen vielleicht auch einige neue Versprechungen und ließ dann wieder alles beim Alten.

Am 24. Mai 1927 richtete der Abg. Seltz bezüglich der Sprachenfrage ein neues Schreiben an den Ministerpräsidenten Poincaré. Er verlangte darin, daß man sich endlich von der «Zweideutigkeit» freimache, und sagte zum Schluß: «Ich überlasse es der Regierung, selbst zu urteilen, was sie dabei gewinnen kann, wenn sie berechtigte Kritik nicht zum Schweigen bringt und wenn sie die politischen Parteien zwingt, durch eine gemeinsame und lärmvolle Aktion eine der heikelsten Frage zum Aufwallen zu bringen.» Die Folge dieses mutvollen Auftretens des Abgeordneten war eine ungeheure Hetze von Seiten der Chauvinisten, unter denen sich diesmal offen auch der demokratische Abg. Frey befand, derselbe Abgeordnete, der sein Mandat nur der Hilfe der katholischen Elsässischen Volkspartei zu verdanken hat, deren Präsident Herr Seltz ist. Die Regierung aber hielt mit den Parlamentariern im stillen Kämmerlein wieder eine Besprechung ab und... versprach, und alles war wieder gut.

Die von der Elsässischen Volkspartei (Zentrum) in einem Antrag des Herrn Seltz verlangte Schulkommission ist nie einberufen worden. Wohl aber gab am 30. August 1927 Herr Rektor Pfister einen Erlaß heraus, der eine «Schulreform» bringen sollte. Etwa ein Jahr vorher hatte Poincaré im Ausschuß am seine Visitationsreise ins Elsaß in einem Briefe an Charléty (14. Oktober 1926) die ungenügende Kenntnis der Kinder im Deutschen zugeben müssen! Doch Pfisters Erlaß, der hier Abhilfe schaffen sollte, hat auf keiner Seite Befriedigung hervorgerufen. Die Nationalisten erblickten darin ein zu weit gehendes Zugeständnis an die ihnen so sehr verhaßte «*Muttersprach*» der Elsässer und waren empört; die Einheimischen hingegen waren über das geringe Entgegenkommen enttäuscht, in vielen Kreisen faßte man die Reform sogar als einen Hohn auf. In Wirklichkeit blieb die Hauptforderung des Volkes, nämlich «Beginn des deutschen Unterricht vom ersten Schuljahre ab», unberücksichtigt.

Im einzelnen können wir auf diese Frage hier nicht eingehen. Erwähnen wir bloß, was die «*Lothringer Volkszeitung*», das Hauptorgan Lothringens, damals im Anschluß an den Erlaß festgestellt hat. Sie rechnete nämlich aus, daß nach der «Reform» der Gewinn für den Unterricht in der deutschen Muttersprache im ganzen 28 Stunden betrage, und daß dies während der beiden ersten Schuljahre überhaupt die Gesamtzahl der deutschen Stunden ausmache gegenüber 2052 französischen Unterrichtsstunden im gleichen Zeitraume!! So sieht es bei uns

Politik und Gewaltpolitik in Elsaß-Lothringen

mit der Erhaltung unserer deutschen Sprache und mit der «Zweisprachigkeit».
Deswegen hätten also die Chauvinisten nicht so sehr zu heulen brauchen.
Für die Lösung der Sprachenfrage bedeutete die Reform Pfisters gar nichts!

Wenn nun auf diesem oder einem andern Gebiete zu irgendeinem Zeitpunkt
wenigstens ein ehrlicher Versuch gemacht worden wäre, die allgemein zugegebenen Schwierigkeiten aus dem Weg zu schaffen und einen Teil der brennendsten Fragen zu lösen, so hätte sich vielleicht vieles zum Besseren gewendet.
Doch in Wirklichkeit handelte es sich bei allen Maßnahmen um einen Hinhaltungs- oder Einschläferungsversuch mit dem Zweck, die Operation am elsaßlothringischen Volkstum umso ungestörter und radikaler durchzuführen. Jedenfalls fuhr die Regierung fort, mit oder ohne Betäubungsmittel in das Leben
des elsaß-lothringischen Volkes gewaltsame Eingriffe zu tun und seine heiligsten Rechte und natürlichsten Forderungen mit Füßen zu treten.

Auf diese Weise sammelte sich zu dem schon vorhandenen Zündstoff der Unzufriedenheit immer neuer an, durch die Schuld der Regierung. Heute sind wir
nun an einem entscheidenden Punkte angelangt. Die Regierung glaubte jetzt,
am Ende des Jahres 1927, eine größere Tat vollbringen zu müssen. Es war aber
keineswegs eine erlösende Tat. Die jüngsten Gewaltmaßnahmen, die Zeitungsverbote, die Haussuchungen und Verhaftungen, auf die wir noch im einzelnen
eingehen werden, finden selbst die Mißbilligung des Auslandes. Das bereits genannte Schweizer Blatt («*Journal de Genève*», 11. Januar 1928), und nicht dieses
allein, bezeichnet sie in ihren Auswirkungen vom internationalen Standpunkt
aus als gefährlich und bedauerlich: die Vorgänge im Elsaß, sagt es, «haben bei
weitem mehr als bloß lokale Bedeutung; sie beeinträchtigen die Anwendung
der Minderheitenverträge, die für den Weltfrieden so notwendig sind; sie tragen
anderswo dazu bei, die Unterdrückungspolitik zu ermutigen; in jedem Fall verzögern sie unter Umständen die Befriedung Europas.» – Dieses Urteil ist klar
und unzweideutig.

Die Welt hat somit Anlaß genug, der elsaß-lothringischen Frage ihre ernsteste
Aufmerksamkeit zuzuwenden.

Politik und Gewaltpolitik in Elsaß-Lothringen

3.
Irreführung und Vergewaltigung.

Heute, wo die ganze Menschheit sich nach einem dauerhaften Frieden sehnt, heute, wo die führenden Staaten des Völkerbundes für die innere Freiheit der Völker und für das Selbstbestimmungsrecht eintreten, geht es wirklich nicht mehr an, daß ein kleines Volk – auch ohne daß es durch einen Minderheitenvertrag besonders geschützt ist – von dem Mehrheitsvolk in geistiger und kultureller Hinsicht unterdrückt, ja sogar seiner Meinungsfreiheit beraubt wird. Wenn also heute die elsaß-lothringische Frage wieder über die Grenzen unseres Landes hinaus das Interesse der Mitwelt in Anspruch nimmt und insofern wieder ein internationales Problem geworden ist, so braucht das niemand zu wundern. Nur verwechsle man dabei nicht Ursache und Wirkung! Schuld an den Zuständen sind wahrhaft nicht die Autonomisten, sondern die französische Regierung selbst. Sie allein ist schuld, daß es eine Heimatbewegung oder eine autonomistische Bewegung überhaupt gibt. Sie allein ist auch schuld, wenn durch die unhaltbaren Verhältnisse in Elsaß-Lothringen vielleicht der Weltfriede gefährdet ist. Sicher wird auch mit der Unterdrückung der Heimatbewegung und der Autonomisten das Problem nicht gelöst werden. Es wird auch weder wahre Ruhe in unserer engeren Heimat noch der Frieden der Welt gesichert werden.

Frankreich mag nun sein Tun beschönigen, es mag seine Maßnahmen mit Hilfe einer wohlangelegten Propaganda sogar zu rechtfertigen suchen, ja es mag sich noch soviele Glückwunsch- und Ergebenheitserklärungen bei gefügigen Bürgermeistern, General- und Gemeinderäten oder auserwählten Nutznießern des französischen Propagandafonds bestellen oder erpressen, das alles wird die Tatsache nicht aus der Welt schaffen, daß es bei uns zur Gewalt geschritten ist!

Wenn es wirklich wahr wäre, was man gegen uns vorbringt, daß wir mit ungesetzlichen Mitteln, etwa durch bewaffneten Aufstand, durch revolutionäre Aufreizung, durch Feuer und Mord oder sonstige Anwendung von Gewalt, unsere Forderungen zum Ziele führen wollten, dann wäre das Vorgehen der Regierung gegen uns verständich. Es wäre aber auch dann nur verständlich, wenn die Regierung für diese Anklagen tatsächlich Beweise in der Hand hätte. Wir aber wissen uns frei von Schuld und sind überzeugt, daß nicht einmal die Regierung selbst an die von ihr erhobenen Anklagen im Ernste glaubt. Sie besitzt keinerlei ernst zu nehmenden Beweise, sondern sie will sie erst... konstruieren!

Politik und Gewaltpolitik in Elsaß-Lothringen

Daher die Überrumpelungen, die Haussuchungen, die Verhaftungen, mit einem Worte die Gewaltmaßnahmen.

Für eine Regierung aber ist die Anwendung von Gewalt allemal ein Beweis für den Mangel an Staatskunst und an moralischer Stärke. Unsere Regierung kann sich offenbar nur noch auf ihre Polizeimacht, auf ihre Maschinengewehre und eine ihr ergebene Justiz stützen. Das allein scheint in Elsaß-Lothringen noch ihre Stärke zu sein! Patriotische Kundgebungen, die auf das Ausland wirken sollen, werden bei uns künstlich arrangiert oder unter dem Terror erzwungen.

Nimmermehr ist es aber unter solchen Umständen ein Heldenstück, den Starken zu spielen und einen Schwachen zu vergewaltigen, zu knebeln und mundtot zu machen. Hätte die Pariser Regierung nur das geringste Verständnis oder den guten Willen zum Verständnis für unsere natürlichen Rechte und Forderungen, hätte sie in Wirklichkeit überhaupt Sinn für Gerechtigkeit und für die so viel gerühmte Freiheit, so würde sie nicht zu den Mitteln gegriffen haben, mit denen – nach einem bekannten Ausspruch – jeder Esel regieren kann! Sie hätte dann zu solchen Mitteln auch früher nie zu greifen brauchen.

*

Mit Zuckerbrot und Peitsche suchte sie bisher die Volksforderungen der Elsaß-Lothringer zum Verstummen zu bringen. Auf der einen Seite glaubte sie, durch Versprechungen das Volk hinhalten und durch scheinbare Zugeständnisse es über seine wahren Interessen hinwegtäuschen zu können; doch ihre Absichten waren gar zu durchsichtig, und so versuchte sie es auf der andern Seite mit Drohungen und Einschüchterungen. Allein auch das nützte nichts. All die widerlichen Polizeimaßnahmen und die üblen Verleumdungskampagnen, mit denen die Regierung und die ihr gefügige Presse (vom Pariser Weltblatt bis zum letzten provinzlerischen Revolverblatt) von Anfang an nach einem wohldurchdachten Plane unserer Heimatrechtbewegung und deren Führern beizukommen suchten, sind bis zum heutigen Tage fehlgeschlagen.

Weder durch Ministerbesuche, Bankette und Bankettreden, noch durch «Bändele»-Verleihungen und Ordenssegen, noch durch Schulvisitationen und sog. «Schulreformen», noch durch die schmutzigen Denunziationen eines *Journal d'Alsace et de Lorraine* und anderer gesinnungstüchtiger Blätter, noch durch die famosen «Enqueten» und «Enthüllungen» eines Herrn Bardoux[23] (im *«Temps»*)

Politik und Gewaltpolitik in Elsaß-Lothringen

oder eines Herrn Helsey[24] (im «*Journal*») ist die elsaß-lothringische Frage gelöst und die Stimmung im Lande besser geworden. Das Eigenbewußtsein und der Lebenswille des Volkes widerstanden all diesen politischen Dressurversuchen. Man hatte uns eben schon an allerhand neue «Kulturmethoden» gewöhnt.

Schon gleich nach der Gründung des Heimatbundes (Juni 1926) war eine in Colmar von uns geplante öffentliche Versammlung von den nationalistischen Verbänden und der Polizei selbst durch einen gewalttätigen Überfall auf die Versammlungsbesucher verhindert worden. Es war am 22. August 1926. Die Regierung hatte kurz zuvor mit brutaler Willkür die sog. Sanktionen gegen einen Teil der Unterzeichner des Heimatbundmanifests ergriffen und auch deren Familien in Not und Elend gestoßen. Warum? Weil heimattreue Elsässer und Lothringer es gewagt hatten, ihre Meinung kundzugeben. Gegen diese ungerechten Maßnahmen der Regierung und gegen die Unterdrückung der Meinungsfreiheit sollte in der Colmarer Versammlung protestiert werden. Doch die Regierung hatte auch hiergegen Vorkehrungen getroffen. Der Colmarer Präfekt Gasser[25], der inzwischen unrühmlich von der politischen Bühne verschwunden ist, organisierte den Überfall.

Unter seinem Schutze bildeten an die 500 mit Knüppeln und benagelten Latten bewaffnete französische Nationalisten, Polizei und Gendarmerie (zu Fuß und zu Roß) eine Einheitsfront gegen die einheimischen Bürger, die den Versammlungssaal aufsuchen wollten. Es kam dabei zu blutigen Straßenkämpfen, die beinahe einen ganzen Nachmittag andauerten. Die patriotischen Knüppelbanden brüsteten sich nachträglich laut und öffentlich damit, daß sie ihre «*Ordres*» auf der Präfektur empfangen hätten. Einige der ruhmbedeckten Helden (katholische Royalisten) fanden es geschmackvoll genug, sich darauf zu berufen, daß sie außerdem des Morgens durch den Empfang der Kommunion sich die nötige Stärkung für ihr brutales Heldentum geholt hätten. Und der Herr Präfekt rieb sich die Hände, machte einen schwungvollen Siegesbericht («*Rapport*») nach Paris und... stiftete seinen Gendarmen Freibier! Weder die Pariser Regie-

---

[23] Jacques Bardoux (1874-1959), französischer Politiker und Schriftsteller, Senator des Puy-de-Dôme (1938-1940), Mitglied des französischen Nationalrats unter dem Vichy-Régime, Senator des Puy-de-Dôme (1945-1955). Er ist der Großvater des späteren französischen Staatspräsidenten Valéry Giscard d'Estaing.
[24] Édouard Helsey (1883-1966), französischer Journalist.
[25] Henri Gasser, französischer Präfekt fürs Oberelsaß (1924-1927).

Politik und Gewaltpolitik in Elsaß-Lothringen

rung, noch ein Staatsanwalt oder ein Richter haben je seither die Schuldigen zur Rechenschaft gezogen.

An jenem blutigen Sonntag (22. August 1926) wurde auch der heute 67jährige Präsident des Heimatbundes (und frühere Präsident des Landtags), Dr. Rick-lin[26], am Bahnhof unter den Augen der Polizei von einer mehr als 20 Mann starken Bande überfallen und durch Stockschläge schwer verletzt. Diese Hel-dentat genügte jedoch den Vertretern des französischen Nationalismus noch nicht. Sie glaubten sich überdies an einem armen elsässischen Kriegskrüppel vergreifen zu müssen. Die wilde Horde, von der Polizei unbehelligt, fiel mit sadistischer Wut über den Ahnungslosen her. Mit dem Kriegsruf: «Er hat in der *Armée boche* gegen uns gekämpft!» stürmten die Helden zum Angriff auf ihr Opfer vor, schlugen es zu Boden und versetzten ihm ungezählte Stockhiebe und Fußtritte. Der bedauernswerte Einarmige konnte sich natürlich nicht zur Wehr setzen; auch der Schutz des Gesetzes wurde ihm nachher versagt.

Das also sind einige Musterbeispiele dafür, wie man im «Lande der Freiheit, Gleichheit und Brüderlichkeit» versucht, einer Bewegung den Garaus zu machen, die im Grunde genommen nichts weiter bezweckt als die Wahrung und Verteidigung eigener Volks- und Menschenrechte. Doch die Pariser Herren und ihre Söldlinge vergessen eins: nämlich, daß man auch mit Knüppel und Knute Ideen nicht totschlagen kann! Der Heimatgedanke lebt daher trotz allem weiter und wird weiterleben! Er ist seit jenen Ereignissen von Monat zu Monat noch tiefer in unser Volk hineingedrungen, denn das Volk weiß, daß es um eine gerechte und heilige Sache geht.

Die stets zunehmende Stärke der Bewegung fand im September 1927 einen neuen Ausdruck in der Gründung der Autonomistischen Partei und bald darauf im Zusammenschluß dieser Partei mit den Anhängern des «Oppositionsblocks». Diese untrüglichen Anzeichen kräftigen Lebens waren natürlich allen Chauvinisten und auch bestehenden Parteien, die um ihren Bestand fürchteten, ein Dorn im Auge. Die Wahlen rückten übrigens immer näher, und eine Beteili-gung der Autonomisten am Wahlkampf hätte sowohl die Zirkel der Parteien als auch die der Regierung im höchsten Grade stören können. Das durfte nicht sein.

---

[26] Eugen Ricklin (1862-1935), elsaß-lothringischer Politiker, Mitglied des oberelsässischen Bezirkstags (1896-1918), Präsident des oberelsässischen Bezirkstags (1917-1918), Mitglied des Landesausschuß für Elsaß-Lothringen (1900-1911), Präsident des elsaß-lothringischen Landtags (1911-1918), Mitglied des deutschen Reichstags (1903-1918), Abgeordneter vom Oberelsaß (1928), Präsident des Heimatbunds.

Politik und Gewaltpolitik in Elsaß-Lothringen

4.
Sind Autonomismus und Regionalismus «antinational»?

Aus Haß und Konkurrenzneid überschüttete man daher die Autonomisten mit Verdächtigungen aller Art. Das sog. «antinationale» Argument erschien ihren Gegnern und der Regierung als das sicherste Mittel, um sie unschädlich zu machen.

Wiederholt haben die Autonomisten und Heimatrechtler jeder Art öffentlich und ausdrücklich erklärt, daß sie für ihre Heimat Elsaß-Lothringen nichts anderes als die unbedingte Wahrung aller angestammten Rechte und der überlieferten Freiheiten verlangen, daß sie auf dem Boden der gegebenen Tatsachen ihre Bürgerpflichten erfüllen wollen und jeden Separatismus (d.h. Loslösung von Frankreich) ablehnen. Niemals und nirgends hat eine Kundgebung in separatistischem Sinne stattgefunden! Doch das alles verschweigt man und entstellt gewaltsam die Wahrheit. Aber was wollt ihr: auch das Festhalten an angestammten Rechten gilt eben den Fanatikern, mit denen wir es leider zu tun haben, als Verbrechen. Man erinnere sich bloß an den Prozeß Rossé in Colmar (1926), wo der Staatsanwalt Chanrigaud[27] schon die Forderung einer besseren Pflege der deutschen Sprache in unsern Schulen als autonomistisch und separatistisch bezeichnete!!

Da eben bei vielen Leuten noch immer der Zweck die Mittel heiligt, mußte die Entstellung des Begriffs «Autonomie» als Mittel dazu herhalten, die Autonomisten zu verdächtigen. Mit hartnäckigem Zynismus und wider besseres Wissen wurde schon seit langem (auch bevor es eine Autonomistische Partei gab) dem Begriff Autonomismus einfach der des Separatismus unterschoben, ja man setzte beide einander gleich. Autonomistisch galt als separatistisch. Und liegt aber der Separatismus gewiß nicht im nationalen Interesse, mit andern Worten, er ist antinational. Also ist für die Hetzer auch der Autonomismus – und zwar in jeder Form – antinational. Diese Schlußfolgerung ist natürlich falsch aus dem einfachen Grunde, weil autonomistisch nicht gleichzusetzen ist mit separatistisch. Das tun aber unsere Gegner ohne wahren Grund und in böswilliger Absicht.

Als der elsässische Senator Prof. Dr. Müller im Prozeß Haegy[28]-Helsey von dem Pariser Advokaten Henri-Robert[29] gefragt wurde, ob er Autonomist sei,

---

[27] Cyprien Chanrigaud, französischer Staatsanwalt.
[28] Franz-Xaver Haegy (1870-1932), elsässischer Geistlicher, Journalist und Politiker, Mit-

Politik und Gewaltpolitik in Elsaß-Lothringen

gab er ihm zunächst eine Definition des Begriffs Autonomie im Sinne der Selbstverwaltung. Dann fügte er hinzu:

«Wenn es sich um eine von jeder Aufsicht völlig freie Verwaltung handeln würde, so wäre das Unabhängigkeit und nicht mehr Autonomie. Doch gewöhnlich hat man in letzter Zeit den Sinn des Wortes Autonomie in der Auffassung des Volkes und sogar im allgemeinen in der Presse vollständig gefälscht. Man versteht unter Autonomie ganz einfach den Separatismus. Und das ist ein monströser Irrtum.»

Wir wollen daher hier noch einmal erklären, daß auch wir den Separatismus ablehnen und zugleich alle antinationalen Bestrebungen, alle «antinationalen Umtriebe», die man uns fälschlicherweise vorwirft.

Alcide Ebray (früherer französischer Generalkonsul und Gesandter) hat neuerdings – nach den Verhaftungen der Autonomisten – zu der Anklage des «Separatismus» folgendes festgestellt (Märzheft der «*Revue de Hongrie*»):

«Bis jetzt – diese Zeilen wurden im Monat Januar 1928 geschrieben – ist durch nichts sicher bewiesen worden (es ist notwendig, dies festzustellen), daß dies wirklich das Ziel der Autonomisten wäre.»

Wenn nun aber trotzdem, wie die Pächter des integralen Nationalismus behaupten, schon der Autonomismus an sich, d.h. jedes Verlangen nach einer Selbstverwaltung, antinational sein sollte, dann allerdings wären wir geschlagen, doch wir befänden uns dabei in ganz guter Gesellschaft.

Der «antinationale» Vorwurf müßte folgerichtig schon gegen den sog. Regionalismus erhoben werden, denn auch dieser verlangt Selbstverwaltung oder Autonomie. Nun gibt es aber in Frankreich schon seit etwa sechzig Jahren eine Bewegung zugunsten des Regionalismus. Es besteht auch eine «*Fédération régionaliste française*»[30], die Mitglieder aus fast allen politischen Gruppen von links bis nach rechts und im Dezember 1927 ihren 27. Jahreskongreß in Paris abgehalten hat.

Bei dieser Gelegenheit erklärte Prof. Charles-Brun, der Präsident der *Fédération*, zum Schluß seiner Ausführungen:

---

glied des Reichstags (1912-1918).
[29] Henri-Robert (1863-1936), berühmter französischer Anwalt, Präsident der Pariser Anwaltskammer (1913-1919), Mitglied der Académie Française (1923-1936).
[30] Gegründet 1900 vom okzitanischen Schriftsteller Jean Charles-Brun (1870-1946) als Nachfolgeorganisation der *Ligue Occitane*.

27

Politik und Gewaltpolitik in Elsaß-Lothringen

«Jene schaden der französischen Einheit, die ihr die Einförmigkeit aufzwingen wollen, wo doch gerade der Regionalismus die nationale Einheit stärken würde. Hätte man Elsaß-Lothringen einen solchen Regionalismus mit seinen Freiheiten gewährt, dann hätte es niemals ein *Malaise* gegeben.»

Ein anderer Redner, der Advokat René Farnier[31] (ein Föderalist), bemerkte u.a. folgendes:

«Man wußte, daß die beiden wiedergewonnenen Provinzen leidenschaftlich an ihren lokalen Freiheiten hängen,... daß sie eine gewisse Verwaltungsautonomie besaßen,... daß sie von einer Bevölkerung bewohnt waren, die zu einem grossen Teil die französische Sprache nicht kannte. Niemand konnte unter solchen Umständen annehmen, daß man auf sie sofort unser zentralistisches System anwenden würde. Übrigens waren in dieser Beziehung feierliche Versprechungen gegeben worden. Es mußte deshalb Elsaß und Lothringen ein besonderes Statut gewährt werden, in dem ihre regionalen Freiheiten respektiert waren... Man ging vom ersten Tag von der Auffassung aus, daß das Spezialstatut der wiedergefundenen Provinzen nur provisorisch sei, und daß man sie so schnell als möglich mit den übrigen französischen Provinzen assimilieren müsse.»

Der frühere Abgeordnete Jean Hennessy[32] forderte bekanntlich eine «regionale Autonomie», die sehr weit ging. Er verlangte nämlich nicht bloß eine administrative, sondern auch eine legislative Autonomie; alle nicht nationalen Fragen wollte er dem Zentralparlament entzogen wissen, um sie einer gewählten provinziellen Körperschaft zu übertragen. Dieses vom Volk gewählte Provinzialparlament sollte auch den Provinzialgouverneur wählen. Würde man diesen «Regionalismus», der in seiner Auswirkung soviel ist wie Föderalismus, unserem Volke gewähren, dann brauchen wir kaum noch eine besondere «Autonomie» zu verlangen. Und doch hat man dem regionalistischen oder autonomistischen Herrn Hennessy, der mittlerweile als Botschafter Karriere gemacht hat, nie vorgeworfen, er sei antinational. Diesen Vorwurf serviert und reserviert man mit Vorliebe den Elsässern und Lothringern und ihren Verteidigern.

Georges Clemenceau[33], der einmal gesagt hat, daß unter seiner Regierung die «*Zukunft*» keine zweimal hätte erscheinen dürfen, legte am 4. November 1919

---

[31] René Farnier (1888-1954), okzitanischer Anwalt, Dramaturg und Journalist.
[32] Jean Hennessy (1874-1944), französischer Diplomat und Politiker, Abgeordneter der Charente (1910-1932), Abgeordneter der Alpes-Maritimes (1936-1942), Landwirtschaftsminister (1928-1930).
[33] Georges Clemenceau (1841-1929), französischer Journalist und Politiker, Abgeordneter

Politik und Gewaltpolitik in Elsaß-Lothringen

in Straßburg ein «autonomistisches» Glaubensbekenntnis ab. Er empfahl eine «wahre Reform» der Verwaltung, die bestehen sollte «in der Organisation des Regimes regionaler Freiheit». Er führte u.a. aus:

«Das provinzielle Leben ist aller seiner rechtmäßigen Zuständigkeiten beraubt, dadurch hat sich der Abgeordnete wider seinen Willen zu einem ewigen Bittsteller bei der irdischen Vorsehung von Paris verwandelt gesehen. Daher die Umkehrung der Rollen zum Schaden der öffentlichen Freiheiten und selbst der Vorbedingungen einer guten Regierung. Die Reform, die ich anrege, wäre deshalb zum Nutzen der Regierung, der Verwaltung und des Parlaments selbst. Die Kammern würden sich die Arbeit um den Teil erleichtern, der den lokalen Parlamenten («*Assemblées*») zufiele... Befreit von den Widerständen einer «Organisation», die sich besonders dazu eignet, alles zu hindern, würden die Franzosen, die schließlich das Recht haben, nicht von Paris zu sein, glückliche Wege zurückfinden zu den Bewegungen des regionalen Lebens, die in allen Ländern die notwendige Voraussetzung der Freiheit sind.»

Auch der Regionalist – oder sollen wir sagen Autonomist – Clemenceau war ein guter Patriot. Das französische Volk hat ihm den ehrenden Beinamen «*Père-la-Victoire*» verliehen.

Wir dürfen hier wohl auch den Namen des Generals Percin[34] nennen. Ihn hat man zwar wegen seines freimütigen Bekenntnisses zur elsaß-lothringischen Autonomie schlecht behandelt, aber gerade dieser Freimut ehrt den Mann. Es wird auch niemand zu behaupten wagen, daß dieser General sich um sein Vaterland nicht verdient gemacht habe. Im Jahre 1914 war er unseres Wissens Mitglied des Obersten Kriegsrats. Wir kennen ihn als ehrlichen Pazifisten. Oder gilt er etwa schon deshalb nicht mehr als national? Sind bloß die Chauvinisten national? In wiederholten freimütigen Äußerungen hat sich Percin auch über das Problem Elsaß-Lothringen ausgesprochen. Wir wollen daher etwas weiter ausholen zu allgemeinen Bemerkungen.

Im «*Midi Socialiste*»[35] (Toulouse) nahm er zunächst Stellung zu den bekannten Reden, die Doumergue[36] und Painlevé[37] in Straßburg im Sommer 1925 gehal-

---

der Seine (1871, 1876-1885), Präsident des Pariser Gemeinderats (1875-1876), Abgeordneter des Var (1885-1893), Senator des Var (1902-1920), Innenminister (1906-1909), Kriegsminister (1917-1920), Ministerpräsident (1906-1909, 1917-1920), genannt «Le Tigre» bzw. «*Le Père la Victoire*».

34 Alexandre Percin (1846-1928), französicher General.

35 Französische reformsozialistische Tageszeitung, die 1908-1944 in Toulouse erschien.

36 Gaston Doumergue (1863-1937), französischer radikalsozialistischer Politiker, Abgeordne-

Politik und Gewaltpolitik in Elsaß-Lothringen

ten haben. Dabei rügte er insbesondere eine Wendung in der Rede Doumergues, wonach unsere Provinzen um den Preis eines Krieges wieder hätten französisch werden wollen. Mit dieser Behauptung, sagt Percin, hätten die Herren «Doumergue und Painlevé» einen geschichtlichen Irrtum und dazu eine Ungeschicklichkeit begangen. Und einer weiteren Behauptung Doumergues, daß die Deutschen heute den «Wunsch nach Vergeltung» hätten, stellt Percin die Frage gegenüber, ob es nicht auch der Revanchegeist war, der die Franzosen fast ein halbes Jahrhundert hindurch beseelt hat, und der sie im Hinblick auf die Rückeroberung der verlorenen Provinzen die «Hunderttausende von Helden» (auch einem Ausdruck Doumergues) hat zum Opfer bringen lassen!

Diese freimütige Stellungnahme zog dem General – eigentlich ganz natürlich – den Haß und die Rache aller Chauvinisten zu. Das «*Écho de Paris*»[38] (17. Juni 1925), durch seine Gehässigkeit bekannt, bezeichnete den Artikel Percins als einen «unerträglichen Skandal», und einige Senatoren stellten sogar den Antrag, dem verdienten General das Kreuz der Ehrenlegion zu entziehen! Im «*Journal du Peuple*»[39] (6. Juni 1925) hatte Percin seine Behauptung wiederholt und erhielt dafür von den «*Anciens Militaires Français*», die zur Feier des *Quatorze Juillet* in Straßburg versammelt waren, ein Telegramm, in dem diese ihm ihre tiefe Verachtung aussprachen.

Doch die chauvinistische Hetze machte keinerlei Eindruck auf den wahrheitliebenden General. Er behandelte in demselben *Journal du Peuple* («*Tribune libre pour les hommes libres*»!)[40] vom 28. Juli 1925 aufs neue das elsaß-lothringische Problem und faßte diesmal sein Urteil – das für uns hier von Bedeutung ist – folgendermaßen zusammen: «Ich sehe nur ein Mittel, das der jetzigen Lage abhelfen könnte. Und ich habe den Mut, es zu sagen, auf die Gefahr hin, daß es mir ein neues Verachtungstelegramm von Seiten der «*Anciens Militaires de Strasbourg*» einbringt: Es ist die Autonomie des Elsasses!»

---

ter des Gard (1893-1910), Senator (1912-1924), Außenminister (1914), Minister der Kolonien (1914-1917), Präsident des Senats (1923-1924), französischer Staatspräsident (1924-1931), Ministerpräsident (1913-1914, 1934).

[37] Paul Painlevé (1863-1933), französischer Mathematiker und Politiker, Abgeordneter von Paris (1910-1928), Abgeordneter des Ain (1928-1933), Präsident der Abgeordnetenkammer (1924-1925), Finanzminister (1925), Kriegsminister (1917, 1925), Ministerpräsident (1925).

[38] *L'Écho de Paris*, französische nationalistisch-konservative Tageszeitung, die von 1884 bis 1944 in Paris erschien.

[39] *Journal du Peuple*, französische Wochenzeitung, die von 1916 bis 1929 in Paris erschien.

[40] Freie Tribüne für freie Menschen.

Politik und Gewaltpolitik in Elsaß-Lothringen

Wir begreifen schon, daß die Autonomistenfresser die Namen und das Zeugnis all derer gering anschlagen werden, die sich für unsere Autonomie ausgesprochen haben. Aber so wenig ihnen diese Beweisführung paßt, ebenso nützlich deucht sie uns.

Es dürfte bekannt sein, daß in Nordfrankreich eine besondere regionalistische Bewegung besteht, «*la Ligue des Droits du Nord,*» auf deutsch: der nordfranzösische Heimatbund. – Dieser Heimatbund, der für die Rechte der Nordfranzosen eintritt, hat in seiner Monatschrift (*Bulletin* vom August 1926) der elsaß-lothringischen Heimatbewegung seine Aufmerksamkeit zugewandt und ausdrücklich zugunsten der Autonomie von Elsaß-Lothringen Stellung genommen. Vielleicht wird man auch diesen Leuten («*à ces gens-là*») den Vorwurf machen, sie seien nicht national; am Ende gar sind sie von Deutschland bezahlt. Jedenfalls treten sie mit einer Schärfe für ihre Rechte ein, wie wir sie für uns noch nicht zum Ausdruck gebracht haben. Doch sie wissen besser als wir, wie laut man in Frankreich schreien… muß. «Zu schimpfen und zu schreien», hat uns übrigens sogar der nationalistische General de Castelnau empfohlen (Zeugenaussage im Prozeß Haegy-Helsey: «*Criez, hurlez, n'acceptez rien, sans cela vous êtes perdus!* »[41] Das ist die Taktik, die Castelnau gleich nach dem Waffenstillstand den Führern unseres Volkes angeraten hat).

Man erlaube uns ferner, den Namen des Herrn Paul Passy[42], eines bekannten christlichsozialen Politikers, hier anzuführen. Er hat seinerzeit in Sachen der Sanktionierten des Heimatbunds (die auch von der Liga für Menschenrechte im Stiche gelassen wurden!) an den Präsidenten der Liga, Herrn F. Buisson[43], in der Zeitschrift «*L'Espoir du Monde*»[44] Nr. 11 (November 1926) einen offenen Brief gerichtet, in dem er die Haltung der Liga tadelt und die autonomistischen Ziele des Heimatbunds ausdrücklich billigt. Der Brief ist wert, hier in vollem Wortlaut abgedruckt zu werden. Er lautet:

---

[41] Schreit, brüllt, nehmt nichts hin, sonst seid Ihr verloren!
[42] Paul Passy (1859-1940), französischer Linguist und Förderer des christlichen Sozialismus.
[43] Ferdinand Buisson (1841-1932), französischer Philosoph und Politiker, Mitgründer und Präsident der französischen Liga für Menschenrechte.
[44] *L'Espoir du Monde*, Zeitschrift des Welsch-Schweizer christlich-sozialistischen Bunds (*Fédération romande des socialistes chrétiens*).

Politik und Gewaltpolitik in Elsaß-Lothringen

«Lieber Herr Präsident!

Erlauben Sie mir, daß ich Ihnen meine Überraschung und Enttäuschung über die Haltung unserer Liga gegenüber den elsässischen Autonomisten ausdrücke. Ich habe die Manifeste und Aufrufe dieser Leute aufmerksam gelesen. Ich finde sie im großen und ganzen sehr vernünftig. Nur hie und da bin ich vielleicht einem Satze begegnet, den ich nicht hätte unterschreiben können. Und wenn ich Elsässer wäre, würde ich wahrscheinlich dem Heimatbund beitreten.

Wohlverstanden, das ist meine persönliche Stellung, und ich wundere mich nicht, daß die Liga nicht in diesem Sinne vorgeht. Als alter Föderalist habe ich immer daran gehalten, daß das Selbstbestimmungsrecht für große wie für kleine Gemeinschaften unantastbar sei. Lange vor dem Kriege habe ich ausgesprochen, daß man nicht sagen dürfe: «Elsaß-Lothringen muß französisch werden» (oder deutsch), sondern «Elsaß den Elsässern, Lothringen den Lothringern»; und ebenso, wohlverstanden: die Bretagne den Bretonen, die Gascogne den Gascognern, ja sogar das Rif[45] den Rifleuten. Als Elsaß-Lothringen sich frei und freudig wieder an Frankreich gab, habe ich gehofft, daß man diese ausnahmsweise günstige Gelegenheit benutzen würde, um ein weitgehend autonomes Verwaltungssystem zu versuchen, das man nachher hätte auf unsre andern Provinzen ausdehnen können. Man hat es nicht getan. Hypnothisiert durch die unglückselige Formel «eine und unteilbare Republik», hat man eine gleichförmige Verwaltung aufzwingen wollen. Ich glaube wohl, daß man im stillen das bereut; ich jedenfalls bedaure es und stehe auf Seiten der Autonomisten.

Aber ich wiederhole, das ist meine persönliche Ansicht und geht die Liga als solche nichts an.

Aber mag diese Ansicht richtig oder falsch sein, sie hat das Recht, da zu sein und ausgesprochen zu werden. Angenommen, die autonomistischen Ideen sind falsch, unsinnig, ja meinetwegen empörend; seit wann ist das Aussprechen einer Idee nicht mehr frei erlaubt? Die Liga hat stets ihre Ehre darein gesetzt, gleiche Rechte für alle zu verlangen, von den Royalisten bis zu den Bolschewisten; will sie jetzt eine Ausnahme machen? Ihre wahre Aufgabe wäre, nicht in die Verwünschungen gegen die Autonomisten einzustimmen, sondern sie gegen die offiziellen Angriffe in Schutz zu nehmen.

---

[45] Gebirgsregion im nördlichen Marokko, wo Abd-al-Krim in den 1920er Jahren eine kurzlebige Rif-Republik errichtete, die von einer von Marschall Philippe Pétain geführten französisch-spanischen Armee zerschlagen wurde.

Politik und Gewaltpolitik in Elsaß-Lothringen

In dieser Angelegenheit, wie in der Frage des Rifs, bedaure ich, sagen zu müssen, daß nicht unsere Liga, sondern die Kommunisten für das Recht eingetreten sind.

Empfangen Sie, lieber Herr Präsident, die Versicherung meiner Ergebenheit.

Paul Passy.»

Ein solcher Charakter flößt uns die größte Hochachtung ein! Wir sind auch überzeugt, daß in Frankreich noch viele Männer ebenso gerecht denken; es gibt gottseidank nicht bloß Chauvinisten. Herr Passy mißbilligt also die Sanktionsmaßnahmen der Regierung und die ebenso willkürliche Unterdrückung der Meinungsfreiheit, während die Liga für Menschenrechte es ablehnte, für die Rechte der elsaß-lothringischen Autonomisten einzutreten. Ja, er spricht sich außerdem nicht bloß für eine weitgehende Autonomie aus, sondern «als alter Föderalist» bekennt er sich sogar zum Selbstbestimmungsrecht, das man als «unantastbares» auch den Elsässern und Lothringern hätte gewähren müssen! Damit allerdings steht Herr Passy in den Augen der Patentpatrioten schwer belastet da. Schon höre ich irgendwo einen kreischen: «*C'est un boche!*» Wir aber zweifeln keinen Augenblick daran, daß Herr Passy trotz allem ein guter und nationaler Franzose ist. Wir können doch nicht annehmen, daß er «in deutschem Solde» steht.

Ähnliche Auffassungen wie Herr Passy sprach auch der bekannte Pazifist und ehemalige sozialistische Abgeordnete Dr. Vazeille[46] aus. Er sandte an die elsässischen Autonomisten (durch Vermittlung der «*Zukunft*» vom 31. Juli 1926) einen Brief, der eine erhebende und ermutigende Ansprache ans Elsaß darstellt.[47] Mit begeisterten Worten tritt Dr. Vazeille voll und ganz für unsere autonomistischen Ziele ein und erblickt in deren Verwirklichung ein Pfand für den Weltfrieden. In jenem Sommer 1926, als nach der Gründung des Heimatbunds die abscheulichste Hetze gegen uns losging, war es für uns eine besondere Befriedigung, einen so wackeren Verteidiger unserer Rechte an unserer Seite zu sehen. «Schreckt nicht zurück vor dem Trommelfeuer der Beleidigungen», rief er uns zu, «bleibt unerschütterlich in der Liebe zu Eurer Heimat!»

Dr. Vazeille hat tiefes Verständnis für unsere Lage, er begreift auch die elsässische Seele. Diese, sagt er, hat sich auf sich selbst besonnen. «Sich selbst regie-

---

[46] Albert Vazeille (1859-1934), französischer radikalsozialistischer Politiker, Abgeordneter des Loiret (1898-1914).
[47] Siehe im Anhang, Seite 201.

33

ren, nicht Sklave sein zu wollen. Ist das nicht ein Zeichen der Größe der Menschenseele? Das Elsaß verlangt dieses Menschenrecht, und jeder muß es deshalb achten.» Ein goldenes Wort, das verdient, festgehalten zu werden. Und weiter: «Beugt Eure Stirne nicht dem neuen Geßlerhut», nämlich der «Einen und Unteilbaren Republik», die nichts anderes ist als «eine imperialistische, leere Formel, vorgetragen von glänzend gefiederten Papageien, die sie nie verstanden, aber immer wieder nachreden.» Dr. Vazeille brandmarkt damit also auch die Wurzel alles Übels, den Unitarismus und Zentralismus. «Alles Leben besteht harmonisch aus Einheit und Vielseitigkeit... Frankreich geht an der aufgezwungenen Einförmigkeit zugrunde. Eine schlechte und verhängnisvolle Einheit!» Diesem Idol zuliebe will man uns das autonome Verwaltungssystem verweigern und uns in die Zwangsjacke des Zentralismus stecken; man ist eben «hypnotisiert durch die unglückselige Formel von der Einen und Unteilbaren», sagte auch der obengenannte Paul Passy.

Ein autonomes Elsaß-Lothringen aber bedeutet nach Dr. Vazeile den Weltfrieden, denn dieser setzt den Frieden am Rhein voraus. Dort in der Tiefe des Rheines schlummere nach einer Sage ein goldener Schatz, das «Rheingold», diesen gelte es zu heben, er bedeute den Weltfrieden!! Daher fordert er uns auf, unerschütterlich in unserem Befreiungswillen standzuhalten und für unsere Autonomie zu kämpfen «im Rahmen Frankreichs – zuerst – um jenes zu retten, besonders aber – und vor allem – im Rahmen eines geeinigten, versöhnten Europa!» Wie sollten wir uns durch solch herrliche Worte in unserm Streben nicht ermutigt fühlen! Und da wagt man uns vorzuhalten, wir folgten einer «ausländischen Inspiration»!

In einem besonderen Briefe (erschienen im *Elsässer Kurier*) wendet Dr. Vazeille sich an jene Hetzer, die mit Vorurteilen und Lügen den Heimatbund bekämpfen. Dieses Schreiben schließt also: «Es lebe das freie und autonome Elsaß im Rahmen eines föderativen Frankreich und morgen im Rahmen der Vereinigten Staaten Europas!»

Damit glauben wir hinreichend dargetan zu haben, daß der Gedanke der Autonomie kein fremdes Gewächs ist. Er wird von zahlreichen Franzosen vertreten und in unserm Sinne verteidigt, und wir glauben nicht, daß diese Franzosen deswegen schlechtere Patrioten seien oder daß man sie als antinational verketzern dürfe. Warum also sollen die Elsaß-Lothringer «antinational» sein, wenn sie ihre Selbstverwaltung verlangen?

Übrigens gibt es in Frankreich außer Elsaß-Lothringen auch andere Landesteile, die für sich die Autonomie fordern – und schon forderten vor uns! Nennen

Politik und Gewaltpolitik in Elsaß-Lothringen

wir hier als wichtigste bloß die korsische und die bretonische Bewegung. Auch Korsen und Bretonen betrachten sich als nationale Minderheiten. Sie stehen im Kampfe auf unserer Seite und haben sich (im Sommer 1927) aus eigenem Antrieb sogar zu einer Vereinigung mit und zusammengeschlossen. Wir hatten es nicht nötig, erst zu ihnen hinzugehen und sie zu Komplizen zu machen, wie Poincaré in seiner Straßburger Rede die Welt glauben machen will. Gemeinsam vertreten wir mit unsern Freunden die Forderung der Autonomie im Rahmen Frankreichs.

In der bretonischen Zeitschrift «*Breiz Atao*» hat einer der Führer der bretonischen Autonomiebewegung, Morvan Marchal[48], bereits nach der Gründung des elsaß-lothringischen Heimatbunds (6. Juni 1926) einen offenen Brief an uns gerichtet, der vom tiefsten Verständnis für die Lage unseres Volkes und von wahrhaft brüderlicher Zuneigung Zeugnis ablegt[49]. Herr Marchal sagt u.a. dort, wo er von der «unerbittlichen Gewaltassimilierung» spricht:

«Der Preis für den Ihr den französischen Namen zahlen sollt, ist außer dem Verlust Eurer Volksseele, Eures germanischen Volkstums, die Ertötung Eures Geistes. Um das bedrohte Elsaß zu retten, verweigert Ihr heute das Opfer. Ihr fordert die Führung Eurer Geschäfte durch Euch selbst. Und da versteht Euch das französische Volk nicht mehr.»

Sodann fordert er uns zum äußersten Widerstand gegen die seelische und geistige Unterdrückung auf und verwendet dabei folgendes treffliche Bild:

«Am Hange eines Berges in Eurem Lande, auf dem Odilienberg steht eine uralte Mauer aus riesigen, unförmlichen Felsblöcken gefügt... Diesen alten Wall nennt Ihr die Keltenmauer («Heidenmauer»). Vielleicht waren es unsere fernen Vorfahren (die Bretonen sind keltischer Herkunft) vor unzähligen Menschenaltern, die vor ihrer Wanderung nach dem äußersten Westen diese wilde Mauer erbaut haben. Heute, angesichts einer größeren Gefahr, als es die Einfälle und die Kriege von ehemals waren, angesichts eines Angriffs, der das Leben Eurer Heimat selbst gefährdet, richtet eine neue und unerschütterliche Mauer auf, aus Eurem Geiste und Euren Herzen! Dahinter, wie die Kapelle auf dem Berge, hütet einen leuchtenden Herd elsässischen Selbstbewußtseins. Und dann werden die Angriffe der Seelenzerstörer zerschellen.»

---

[48] Morvan Marchal (1900-1963), bretonischer Architekt und Politiker, Mitgründer 1927 der Bretonischen Autonomistischen Partei (*Stollad Emrenekien Vreiz*) und 1931 der Bretonischen Föderalistischen Liga. Er entwarf die moderne bretonische Nationalflagge *Gwenn ha Du* (weiß und schwarz).

[49] Siehe im Anhang, Seite 205.

Politik und Gewaltpolitik in Elsaß-Lothringen

Das elsässische Selbstbewußtsein in der Tat ist es, das in uns den Willen zur Selbstbehauptung und zur Selbsterhaltung schafft und stärkt. Hören wir, wie Raymond Postal[50] (ein Royalist) in seinem Buche «*Le Roman de l'Alsace*»[51] über unser Eigenbewußtsein und die Notwendigkeit der Autonomie denkt. Er sagt:

«Es gibt einen elsässischen Nationalismus. Er hat sich entwickelt und sein Eigenbewußtsein bekommen unter der deutschen Herrschaft und auch gegen diese; er lebt heute weiter, weil er hervorgerufen wird durch natürliche Untergründe, durch die völkische und geistige Persönlichkeit des Elsaß und seine geographische und politische Lage... Der Autonomismus stellt in seinen extremen Folgerungen die Auflehnung des elsässischen Partikularismus gegen die begangenen Fehler und Drohungen dar... Das Elsaß wird sich nicht mehr mit dem Schein begnügen. Um zu verhindern, daß eine offene Wunde auf jener Seite des Vaterlandes bestehe, muß man sofort bis zum Grunde des Problems hinabsteigen. Eine sehr hohe Persönlichkeit sagte uns in dieser Sache vor einiger Zeit: So wie die Dinge heute liegen, glaube ich, daß eine gewisse Form der Autonomie die Lösung sein wird, zu der man sich fataler Weise bequemen muß.»

Das Eigenbewußtsein und der Selbstbehauptungswille sind in uns auch heute noch ebenso lebendig, ja infolge der Bedrohung viel lebendiger als damals, so Maurice Barrès[52] (1904) in seinem Buche «*La concience alsacienne*»[53] schrieb:

«Heute wissen die Elsässer um sich als Bürger eines eigenen Vaterlandes. Sie erstreben, ihre materiellen Interessen selbst zu regeln, und um die günstigsten Bedingungen für ihre geistige Kultur zu behaupten, sehen sie keinen bessern Weg, als in die Heimaterde, wo ihre Toten ruhen, hineinzuwachsen. In ihrer Seele lebt ihr Wesensgefühl so stark, daß die schlimmste Beleidigung die ist, einander zu sagen: Du bist kein wirklicher Elsässer mehr! Die Welt soll erklären, ob sie je in irgend einem Jahrhundert den Charakter, die Rolle und den Willen dieses kleinen Elsaß so deutlich wie in der gegenwärtigen Minute gesehen hat. Dieses Elsasses, das sie bewundert und durch das sie in Verlegenheit gebracht wird.»

So erfaßte Maurice Barrès, der große französische Patriot, das Wesen des elsässischen Selbstbewußtseins, unser Bedürfnis und unsern Willen nach Eigenleben. Seine Worte bedeuten nach unserer Meinung auch heute die moralische

---

[50] Raymond Postal, französischer Schriftsteller.
[51] *Der Roman des Elsaß.*
[52] Maurice Barrès (1863-1923), französischer Schriftsteller, Journalist und Politiker.
[53] *Das elsässische Selbstbewußtsein.*

Politik und Gewaltpolitik in Elsaß-Lothringen

Erklärung und Rechtfertigung unserer Forderung nach Selbstverwaltung. Das elsässische Selbstbewußtsein oder – wie Georges Weill[54] auf dem Parteitag der französischen Sozialisten am 14. Juli 1914 sagte – das Bewußtsein «unserer nationalen Persönlichkeit» will leben und sich auswirken, daher lehnt es sich auf gegen die Assimilierung und Unterdrückung.

In diesem Sinne fassen wir unsern Kampf für die Selbstverwaltung auf als einen Kampf um die Selbsterhaltung. Was ist daran Antinationales, wenn man sein Leben verteidigt, dazu noch in äußerster Notwehr!

---

[54] Georges Weill (1882-1970), elsässischer, sozialistischer und frankophiler Politiker, Abgeordneter im Reichstag (1912-1915), kämpfte freiwillig in der französichen Armee während des 1. Weltkriegs, Abgeordneter des Unterelsaß (1924-1928, 1932-1936).

Politik und Gewaltpolitik in Elsaß-Lothringen

5.
Ist der Föderalismus «antinational»?

Man wirft uns vor, wir ließen es bei der Autonomie nicht bewenden, wir gingen weiter und hätten das böse Wort vom Föderalismus und noch Schlimmeres ausgesprochen. Das widerspreche noch mehr der nationalen Einheit und führe noch näher zum Separatismus und sei erst recht antinational. Übrigens haben aber die Gegner auch gesagt, Föderalismus und Vereinigte Staaten Europas seien Hirngespinste, Utopien. Und wir glauben gern, daß unter den heutigen Umständen an eine Verwirklichung des Föderalismus sicher nicht zu denken ist.

Doch einige der oben angeführten Stimmen sprechen sich ebenfalls für die föderalistische Idee aus, und manche glauben in den Vereinigten Staaten Europas ihr Ideal erblicken zu dürfen. Ist das etwa ein Verbrechen? Gewiß kann man beides für eine Utopie halten, aber wenn doch damit die Gefahr der Verwirklichung nicht besteht, so besteht auch keine Möglichkeit vor allem eines Separatismus, also auch keine Gefahr für das Vaterland, keine Gefahr für die nationale Einheit. Warum verfolgt man unter uns dennoch jene, die sich zu ähnlichen Ideen bekennen?

Wir möchten hier zu unserer Rechtfertigung auch an einige Namen hervorragender Männer erinnern. Dem Akademiker (d.h. Mitglied der französischen Akademie) Louis Bertrand[55] z.B., der kürzlich durch einen Artikel in «*Figaro*»[56] bei manchen Hyperpatrioten Anstoß erregte, redet man in allem Ernste nach, er sei auch Föderalist. Vor allem aber ist bekannt, daß kein Geringerer als Millerand öffentlich einmal erklärt hat, er sei Regionalist bis zum Föderalismus. Und während seines Aufenthalts im Elsaß (als Generalkommissar) hat er für die elsaß-lothringische Selbstverwaltung die größte Sympathie gezeigt. Er müßte also eigentlich als Kronzeuge für uns auftreten. Auch der Comte Jean de Pange[57] («*Les Soirées de Saverne*») legt nicht nur ein offenes Bekenntnis zu dem elsaß-lothringischen Regionalismus ab, sondern er sagt sogar (oder läßt sagen): «Die Zukunft gehört dem Föderalismus». Schließlich könnten wir hier zu unserer Rechtfertigung auch noch auf das Programm der Royalisten hinweisen.

---

[55] Louis Bertrand (1866-1941), französischer Essayist und Schriftsteller, Mitglied der *Académie Française*.
[56] *Le Figaro*, französische Tageszeitung.
[57] Jean de Pange (1881-1957), lothringischer Historiker und Schriftsteller.

Politik und Gewaltpolitik in Elsaß-Lothringen

Wird man sich nun unterstehen, all diese Männer als «antinational» zu verdächtigen? Oder wird man zugeben, daß man mit zweierlei Maß mißt, indem man
bloß den Elsaß-Lothringern stets und ständig Mißtrauen entgegenbringt und
Hintergedanken, unehrliche Absichten unterschiebt! Denn so ist es doch in
Wirklichkeit, wo man auch hinblickt.

Politik und Gewaltpolitik in Elsaß-Lothringen

6.
Ist die Forderung der Volksabstimmung «antinational»?

Noch bleibt uns eine andere, viel gefährlichere Frage zu behandeln, nämlich die des Plebiszits, der Volksabstimmung. Man braucht sie nur zu erwähnen, um sofort als antinational, als Separatist, als Verräter, als *Boche* verschrien zu werden. Doch auch über dieses Thema ziehen wir vor, namhafte französische Politiker zu Worte kommen zu lassen; unsere eigene Auffassung spielt dabei keine Rolle. Knüpfen wir an die bekannte Redewendung an, mit der man den Jubel unserer von der Kriegsgeißel befreiten Bevölkerung beim Einzug der französischen Truppen in den Novembertagen 1918 als «Plebiszit» bezeichnete. *«Le plébiscite est fait»*, sagte damals auch Poincaré. Er gab damit zweifellos zu, daß wir in Wirklichkeit auf ein formelles Plebiszit Anspruch, wenigstens einen moralischen Anspruch gehabt hätten. So viel dürfen wir doch wohl feststellen. Nun erinnern wir uns aber, in der «*Volonté*»[58], einer Linksblockzeitung, gelesen zu haben: «Das Plebiszit von 1918 war ein Betrug. Es war regelrecht in Szene gesetzt wie ein Theaterstück.»

Schon in Jahre 1870 sprach sich Fustel de Coulanges[59] in seiner Schrift: «*L'Alsace est-elle allemande ou française?*» über das uns zustehende Recht der Selbstbestimmung aus. In einer Auseinandersetzung mit dem deutschen Historiker Mommsen[60] vertrat er die Auffassung, daß mehr als Sprache, Volkstum und Geschichte der Wille eines Volkes, ja er einzig und allein, bestimmend sei. Er schließt seine Diskussion mit Mommsen folgendermaßen:

«Es gibt heute eine bessere Handhabe, als die Geschichte sie uns bietet. Wir besitzen nämlich einen Grundsatz des öffentlichen Rechts, der unendlich viel klarer und unanfechtbarer ist, als euer vermeintliches Prinzip des Volkstums. Nach unserm Grundsatz kann eine Bevölkerung nur mit Hilfe solcher Einrichtungen regiert werden, die sie mit freiem Willen annimmt; sie darf auch nur auf Grund ihres eigenen Willensentschlusses und zu ihrer ungezwungenen Zufriedenheit einem Staate angehören. – Das ist der neuzeitliche Grundsatz der Ordnung, und ihn muß jeder befolgen, der ein Friedensfreund und zugleich ein Anhänger des menschlichen Fortschritts ist.»

---

[58] Französische Zeitung in der Zwischenkriegszeit.
[59] Numa Denis Fustel de Coulanges (1830-1889), französischer Historiker.
[60] Johann August Wilhelm Mommsen (1821-1913), deutscher Historiker und Altphilologe.

Politik und Gewaltpolitik in Elsaß-Lothringen

Ein hervorragender Franzose also beruft sich hier mit Stolz einem Deutschen gegenüber auf einen neuzeitlichen Grundsatz, einen Rechtsgrundsatz, der eine spezifisch französische Auffassung darstelle. Jede Bevölkerung hat danach das unbedingte Recht der eigenen Selbstbestimmung, das liegt im Interesse der Ordnung, des Friedens und des Fortschritts. Weshalb soll dieses Axiom heute nicht mehr gelten?

Bekanntlich vertrat im Weltkriege vor allem der Präsident Wilson mit großem Nachdruck den Gedanken des Selbstbestimmungsrechts. Er sagte am 11. Februar 1918: «Dieser Krieg wurzelt in der Verachtung der Rechte der kleinen Nationen und Nationalitäten, die der Einheit und Macht entbehren, um ihren Forderungen nach der Selbstbestimmung, ihren Anhänglichkeiten und ihrer politischen Lebensführung Geltung zu verschaffen.»

Während des Krieges sprachen sich auch die französischen Sozialisten wiederholt zugunsten einer Volksabstimmung aus. S. Grumbach[61] nimmt zu der ganzen Frage eingehend Stellung in seinem im Jahre 1915 in der Schweiz erschienenen Buche «*Das Schicksal Elsaß-Lothringens*». Auch im Falle, daß Frankreich siege, sagt Grumbach, sei es notwendig, daß die Frage der Volksabstimmung gestellt werde.

«Es wäre die Pflicht der französischen sozialistischen Partei, den Kampf gegen jene aufzunehmen, die sich in Frankreich für die einfache Reannexion aussprechen. Da sie verschiedene Male seit dem Beginn des Krieges offiziell für die Befragung eingetreten ist, – womit sie sich in völligster Übereinstimmung mit der erdrückenden Mehrheit der elsaß-lothringischen Sozialisten befindet – wird sie nur ihren unzweideutigen Beschlüssen gemäß zu handeln haben.»

Wiederholt betont Grumbach, daß die sozialistische Partei sich für jeden Fall «zugunsten der Befragung» der Elsaß-Lothringer ausgesprochen habe. Auch Jean Longuet[62], der sozialistische Député[63] des Seine-Départements, habe in einem Artikel der «*Humanité*» (April 1915) die Befragung der Elsaß-Lothringer verlangt mit «allen mandatierten Rednern, die es im Saal Wagram am 2. August, dem Vorabend des Krieges, proklamierten». Und mindestens drei Minister,

---

[61] Salomon Grumbach (1884-1952), französischer Politiker und Journalist elsässischer Herkunft, Abgeordneter des Oberelsaß (1928-1932), Abgeordneter des Tarn (1936-1940, 1945-1946), Senator des Tarn (1946-1948).
[62] Jean-Laurent-Frederick Longuet (1876-1938), französischer sozialistischer Politiker, Rechtsanwalt und Journalist, Abgeordneter der Seine (1914-1919, 1932-1936); seine Mutter, Jenny Marx (1844-1883) war die älteste Tochter von Karl Marx.
[63] *frz.* Abgeordneter.

41

Politik und Gewaltpolitik in Elsaß-Lothringen

hebt Grumbach ferner hervor, «haben sich als Mitglieder der sozialistischen Partei für die Befragung ausgesprochen»: Jules Guesde[64], Marcel Sembat[65] und Albert Thomas[66].

In seinen weiteren Ausführungen lehnt Grumbach auch im voraus die Einwendungen jener ab, die auf Grund des «Unrechts» von 1871 und des «Protests von Bordeaux» Frankreich «das Recht der einfachen Reannexion» zusprechen wollen. Sie vergessen, sagt er, «daß die 45-jährige Zugehörigkeit zum Deutschen Reich, ob die Elsaß-Lothringer sie nun gern oder widerwillig ertrugen, mitsamt ihren Folgen, ein historischer Faktor geworden ist, der sich ebensowenig einfach ausschalten läßt, als die Niederlage Napoleons des III., welche die Losreißung ermöglichte.»

Die einfache Reannexion würde nach Grumbach in keinem Falle eine Lösung «des politischen Problems» bilden. «Die Lösung erfordert nicht nur eine Befriedigung der elsaß-lothringischen und der französischen Wünsche, sondern die Ausschaltung der Frage als Konfliktstoff zwischen Deutschland und Frankreich.» Nähme Frankreich Elsaß-Lothringen ohne Volksbefragung an sich, so würde es die Gelegenheit versäumen, «der ganzen Welt eine Lektion demokratischer Selbsterziehung zu geben».

Ja, Grumbach geht noch weiter! Der einzige Schluß, «welcher der politischen Rolle würdig wäre, nach der zu trachten nun einmal die Elsässer auf Grund ihrer geographischen Lage und ihrer ganzen historischen Vergangenheit heute mehr als je berufen sind», ist nach Grumbach der, «daß die Elsaß-Lothringer, selbst wenn sie etwa im ersten Augenblick der Begeisterung den Willen zu erkennen geben würden, ohne Abstimmung zu Frankreich zurückzukehren, schon aus Gründen politischer Klugheit von ihren Führern dazu gezwungen werden müßten. Denn über unsern elsaß-lothringischen Wünschen und Interessen stehen die Interessen Europas!»

Grumbach faßt zusammen: Vom sozialistischen, vom elsässischen, vom deutsch-französischen und vom europäischen Standpunkt sind die elsässischen Sozialisten gezwungen, die Befragung der Elsaß-Lothringer zu fordern!

---

[64] Jules Guesde (1845-1922), französischer sozialistischer Politiker, Abgeordneter des Nord (1893-1898, 1904-1922), Minister ohne Portefeuille (1914-1916).
[65] Marcel Sembat (1862-1922), französischer sozialistischer Politiker, Abgeordneter der Seine (1893-1922), Mitglied der französischen Liga für Menschenrechte.
[66] Albert Thomas (1878-1932), französischer sozialistischer Politiker, Abgeordneter der Seine (1910-1919), Abgeordneter des Tarn (1919-1921), Staatssekretär für die Artillerie und Militärausrüstung (1915-1916), Rüstungsminister (1916-1917).

Politik und Gewaltpolitik in Elsaß-Lothringen

Der Wille Grumbachs und aller elsässischen und französischen Sozialisten ist jedoch bei der Lösung der elsaß-lothringischen Frage unberücksichtigt geblieben! Allerdings muß im Interesse der historischen Wahrheit hinzugefügt werden, daß die Sozialisten daran selbst schuld sind, denn sie haben seit Kriegsende ihren so ehrlichen Willen und ihre so aufrichtigen Worte mit einem Zynismus verleugnet, wie er in der Geschichte der Parteien wohl einzig dastehen dürfte. Sie haben aber damit nicht bloß ihre eigenen Prinzipien verleugnet, sondern sie haben auch das hochgepriesene Interesse des elsaß-lothringischen Volkes, «einer kultivierten Bevölkerung» (nach Grumbach), schmählich verraten und den noch höher stehenden Frieden Europas skrupellos einer unsicheren Zukunft überantwortet.

*

Wenn wir also auf Grund des Selbstbestimmungsrechts der Völker einen Anspruch — mindestens einen moralischen — auf Volksabstimmung hatten, wenn diese jedoch tatsächlich nicht stattgefunden hat, sondern — nach der «*Volonté*» — vielleicht sogar in betrügerischer Absicht der Welt vorgetäuscht wurde, so braucht man sich nicht zu wundern, wenn heute noch die nicht erfolgte Volksabstimmung von vielen Seiten verlangt wird. Gleich nach dem Waffenstillstand, im Dezember 1918, hat ein Mitarbeiter der eben genannten «*Volonté*», nämlich Armand Charpentier[67], auf einem Kongreß der Liga für Menschenrechte, der in Paris stattfand, das Plebiszit für Elsaß-Lothringen gefordert. Umsonst. Auch späterhin verteidigte er, z.B. im «*Journal du Peuple*» (19. Dezember 1925), die Plebiszitforderung nachdrücklich. Unter dem Titel «Autonomie oder Plebiszit» schrieb er:

«Die Autonomie würde die Frage (Elsaß-Lothringen) nicht entscheiden, denn sie würde im Gegenteil nicht verhindern, daß eine imperialistische deutsche oder französische Regierung diese beiden Provinzen von neuem zu gewinnen suchte. Die Lösung, klerikale oder kommunistische, wäre keine Friedenslösung. Das Plebiszit allein, durch welches die Elsaß-Lothringer ihre Vorliebe aussprechen würden, wäre eine Lösung, vor welcher alle Welt sich beugen würde, und das wäre dann die große Beruhigung zwischen Deutschland und Frankreich. Wenn die Revision des verbrecherischen Vertrags von Versailles vorgenommen wird — und sie wird nicht zögern können, — wird die Frage in ihrem

---

[67] Armand Charpentier (1864-1949), bretonischer Schriftsteller und Journalist.

43

Politik und Gewaltpolitik in Elsaß-Lothringen

ganzen Umfang notwendigerweise sich aufwerfen, und dann muß Frankreich die Loyalität besitzen, sie zu lösen im Sinne der Gerechtigkeit, der Wahrheit, der Freiheit.»

Sehr eingehend und streng sachlich befaßt sich mit dem elsaß-lothringischen Problem Alcide Ebray, früherer französischer Generalkonsul und Gesandter. In seinem vielbesprochenen Buche «*La paix malpropre*» (der unsaubere Frieden) widmet er dem Gegenstand zwei besondere Abschnitte, von denen der eine «die deutsch-französische Frage und Elsaß-Lothringen», der zweite kurz «Elsaß-Lothringen» überschrieben ist. Die vorzüglichen Ausführungen bieten eine Klärung oder Bewertung aller wichtigen Fragen in sachlicher, juristischer und psychologischer Hinsicht. Jeder, der in unsere Angelegenheiten hineinreden will – und gar viele tun es leider, ohne kompetent zu sein –, sollte wenigstens die betreffenden Abschnitte aus Ebrays Buch ohne Voreingenommenheit studieren; dazu sollte er ferner aus einem andern Buche desselben Verfassers («*Chiffons de papier*», Papierfetzen), dessen sehr aufschlußreiche Darstellung über die Kurzlebigkeit der Verträge kennen, die namentlich seit der Großen Revolution von allen Nationen als «Papierfetzen» behandelt wurden.

Geben wir nun aus dem ersterwähnten Buche einige Stellen wieder, die immerhin eine Rechtfertigung bilden für alle, die auch heute noch nach «Lösungen» des elsaß-lothringischen Problems suchen, weil nach ihrer Meinung die augenblicklichen Zustände so nicht weiter gehen können. Denn, sagt Ebray:

«... im Friedensvertrag war von den Elsaß-Lothringern, ihren Rechten und Interessen nicht die Rede... Wenn jemand das Recht hat, sich zu beklagen, so waren es die Elsaß-Lothringer, über die zum dritten Male, ohne sie zu fragen, verfügt wurde. Denn es wäre ein Beweis von Kinderei oder Heuchelei, wollte man behaupten, sie hätten die Lösung verlangt, die durch den Willen der Friedenskonferenz erfolgte. Es wäre ein Beweis gleicher Kinderei oder Heuchelei, ein Geschrei zu erheben, weil es Leute gibt, die dies nicht als Axiom anerkennen... Alles, was in Elsaß-Lothringen seit November 1918 sich zugetragen hat, ist geeignet, zu beweisen, daß dies Land, sogar nach dem Zeugnis anerkannter Franzosen, etwas von Frankreich Verschiedenes ist, dem eine Verschmelzung mit Frankreich Schwierigkeiten bereitet. Daraus geht hervor, daß der Gedanke eines völlig unabhängigen Elsaß-Lothringens, eines Pufferstaates zwischen Frankreich und Deutschland, durchaus nichts Phantastisches ist.»

Man sieht also, wie weit A. Ebray der Diskussion freies Spiel läßt. Er faßt schließlich sein Urteil über das ganze Problem in folgende, sehr gemäßigte Worte zusammen, denen jeder gerecht Denkende zustimmen muß:

Politik und Gewaltpolitik in Elsaß-Lothringen

«Aus dem Gesagten geht hervor, daß Frankreichs Besitzrecht an Elsaß-Lothringen unwiderleglich ist, soweit es das Recht aus dem Sieg und dem von Deutschland als Friedensbasis angenommenen Programm Wilsons ableitet. Aber die Tatsache, daß man sich nicht bemühte, unter den Elsaß-Lothringern den «Willen von heute» (nach einem Worte von Marcel Sembat) zu erkennen, könnte es (das Recht) strittig werden lassen zugunsten eines besonderen Regimes, das Frankreich Elsaß-Lothringen zubilligen müßte.»

Wenn wir Elsaß-Lothringer solche Fragen nur aufwerfen, auch ohne die staatliche Selbständigkeit zu verlangen oder in Betracht zu ziehen, werden wir als «antinational», als Separatisten hingestellt.

*

Es erübrigt sich, auf die Ausführungen näher einzugehen, die Poincaré in seiner Straßburger Rede (12. Februar 1928) über das «Plebiszit» – wie er es versteht – gemacht hat. Es war ein Plädoyer, das von dem allerdings richtigen Gedanken ausging, daß uns das Recht (wenigstens das moralische) auf ein Plebiszit zugestanden hätte. Wäre dies nicht die Voraussetzung bei Poincaré, so brauchte er heute nicht mehr den verzweifelten Nachweis zu versuchen, daß das elsaß-lothringische Volk seinen «Willen» im Jahre 1918 sowie später durch die Wahlen zur Kammer ausgesprochen habe.

Sehr bemerkenswert ist gegenüber der Poincaré'schen Auffassung vom «Akklamationsplebiszit» von 1918 und der folgenden «Wahlplebiszite» eine neue These, die vom sozialistischen Straßburger Bürgermeister Peirotes vertreten wird. Nach seiner Meinung haben diese sogenannten «Plebiszite» die elsaß-lothringische Frage nicht gelöst. Peirotes sagte beim Poincaré-Essen: «Tatsächlich ist das Schicksal der beiden Provinzen ein für allemal in Locarno entschieden worden», und seither gebe es keine elsaß-lothringische Frage mehr. Am 4. Februar hat Peirotes in einer Privatversammlung von Wählern dieselbe Ansicht mit folgenden Worten ausgedrückt (nach der «*Freien Presse*»): «Nur um Probleme könne es sich handeln, denn die elsässische Frage ist mit dem nachträglichen freiwilligen Verzicht seitens Deutschlands auf Elsaß und Lothringen definitiv gelöst.» Also nicht der Versailler Vertrag, nicht die Akklamationen und Manifestationen, sondern erst der Verzicht von Locarno hat nach Peirotes die elsaß-lothringische Frage endgültig gelöst. Bis dahin bestand demnach die elsaß-loth-

Politik und Gewaltpolitik in Elsaß-Lothringen

ringische Frage! Das Dogma des «*Le plébscite est fait*» wird von Peirotes nicht anerkannt. Das muß festgehalten werden.

Auch für den so sehr nationalen Abgeordneten Dr. Pfleger von der Katholischen Volkspartei brachte weder der Friedensvertrag noch irgend ein «Plebiszit» die letzte Entscheidung, denn sonst hätte er s. Zt. in der Kammer nie und nimmer Herriot zurufen können, daß die elsaß-lothringische Frage wieder aufgerollt werde, falls man die Einführung der Laiengesetze versuchen sollte. Demnach ist für ihn die elsaß-lothringische Frage noch immer nicht restlos, also auch nicht endgültig gelöst. Sie kann es für den Abgeordneten Pfleger gar nicht sein, denn er hat sich früher ebenfalls als überzeugten Anhänger des Selbstbestimmungsrechts bekannt. Am 21. Oktober 1918 schrieb er an den damaligen elsässischen Zentrumsführer Hauß: «Das unbeschränkte Selbstbestimmungsrecht der Völker ist schon lange ein Artikel meines politischen Glaubensbekenntnisses.»

Ein Schweizer Blatt («*Basler Nachrichten*»[68], 13. Februar 1928) bemerkt übrigens zu unserer Frage: «Es war ein Formfehler der Franzosen, daß sie 1918 oder 1919 kein richtiges Plebiszit veranstaltet haben.» Der Berichterstatter eines andern Schweizer Blattes, der wie viele andere ebenfalls einer Einladung zum offiziellen Poincaré-Essen gefolgt war, sprach sich sehr begeistert über die treufranzösische «Willenskundgebung» der Elsaß-Lothringer aus, was ihn aber nicht hinderte, auf einer andern Seite seines Blattes einer nüchternen Auffassung über das «Problem des Volkswillens» Raum zu geben. Es hieß dort sehr richtig: «Der Volkswille kann leicht «gemacht» werden… Aber nur derjenige Volkswille ist wert, Staatswille zu werden, der als das Resultat einer sachlichen Auseinandersetzung angesprochen werden darf.» Nun, über die «sachliche» Auseinandersetzung Poincarés in Straßburg wird an anderer Stelle noch kurz zu sprechen sein.

Wie dem auch sei, unser Recht auf Plebiszit oder Volksabstimmung wird ausgerechnet von Poincaré dadurch bejaht, daß er es als vollzogen bezeichnet, während es in Wahrheit nie vollzogen wurde. Und ernsthafte französische Politiker sprechen sich im Interesse der Gerechtigkeit heute immer noch dafür aus, ohne deswegen «antinational» zu sein.

---

[68] 1844 gegründete liberal-konservative Tageszeitung.

Politik und Gewaltpolitik in Elsaß-Lothringen

7.
Doppelte Moral?

Das Eintreten für das Selbstbestimmungsrecht und die Autonomie kann überhaupt gar nichts Antinationales sein, im Gegenteil, es ist gut national-französisch. Es liegt ganz in der Linie der Politik, die Frankreich selbst im besetzten Rheingebiet durch seine Generäle von 1919-1924 begünstigt hat, obwohl es behauptet, jene Bewegung weder materiell noch moralisch unterstützt zu haben. Doch die Welt weiß darüber Bescheid.

Jener Autonomismus allerdings war gleichbedeutend mit Separatismus. Vielleicht rührt daher die Überzeugung der wohlwissenden Regierung, daß nun auch unsere Autonomiebewegung unbedingt separatistische Ziele verfolgen müsse. Vielleicht auch schließt auf Grund eigener Erinnerungen die Regierung von sich auf andere und behauptet steif und fest, daß Deutschland hinter unserer Bewegung stehe. Vielleicht denkt sie, Deutschland wolle nun mit Hilfe des elsaß-lothringischen Autonomismus die französiche Reichszertrümmerungspolitik in den besetzten Rheinlanden wettmachen. Vielleicht glaubt sie, daß nun Deutschland sich derselben Mittel bedienen würde, die von den französischen Generälen in der Pfalz und im Rheinland angewandt wurden. Vielleicht hält sie es für selbstverständlich, daß Deutschland nun ebenfalls Millionen für Zeitungsgründungen ausgebe, daß Deutschland den elsaß-lothringischen Autonomisten Waffen (nach dem «*Temps*»: 2 Maschinengewehre mit Luftkühlung, neuestes Modell!) liefere, – alles nach berühmtem Muster.

Das ganze Komplott gegen die Sicherheit des Staates, daß die elsaß-lothringischen Autonomisten vorbereitet haben sollen, hat in der Tat eine verzweifelte Ähnlichkeit mit den Vorgängen, die unserer Regierung vom besetzten Gebiet her so wohl bekannt sind. Selbst unsere imaginäre Ministerliste wurde von französischen Schwindlern jener Ministerliste des famosen Dr. Dorten nachgebildet, usw.

Immerhin nehmen wir aber zur Ehre Frankreichs an, daß es damals von dem ethischen Prinzip des «Selbstbestimmungsrechtes der Völker» ehrlich durchdrungen war. Unter dieser Flagge marschierte doch der pfälzische und rheinische Separatismus, unter dieser Flagge und unter dem Schutze, mit der Unterstützung und Duldung Frankreichs. Wenn aber Frankreich damals dieses Prinzip anerkannt hat unter Umständen, die einer autonomistischen Bewegung viel weniger innere Berechtigung verliehen, als in unserem Falle, weshalb erkennt es

Politik und Gewaltpolitik in Elsaß-Lothringen

heute dasselbe Prinzip nicht auch für uns an? Weshalb legt es heute einen andern Maßstab an? Bekennt sich Frankreich zu einer doppelten Moral?

Man könnte gewiß interessante Parallelen ziehen zwischen der rheinischen Bewegung und der unsrigen, aber nach einer Seite hin, die von unsern Gegnern peinlich zugedeckt wird.

Einst wie heute arbeitet ein Riesenheer französischer Propagandisten, Politiker, Zeitungsleute, Spitzel und Spione: einst mit dem Zweck, dem Selbstbestimmungsrecht zum Siege zu verhelfen, – jetzt mit dem Zweck, unser Selbstbestimmungsrecht im Sinne eines Anspruchs auf Selbstverwaltung in Verruf zu bringen und niederzukämpfen.

Unter diesen traurigen Söldlingen befinden sich z.T. dieselben Kreaturen, die heute bei uns das verdammen helfen, was sie vor noch nicht langer Zeit einer fremden Bevölkerung mit dem gleichen Fanatismus als alleinseligmachendes Evangelium gepredigt haben. Ganz besonders traurige Berühmtheit erlangt dabei ein Prachtexemplar, das durch seine Wandlungsfähigkeit zu allem qualifiziert ist, hat es doch binnen einiger Jahre sich zweimal umnaturalisieren lassen und somit die dritte Staatsangehörigkeit erlangt.

Dieselbe Regierung, die einst die Führer des rheinischen Separatismus unterstützte und verhätschelte, wirft heute die Führer und Anhänger des elsaß-lothringischen Autonomismus ins Gefängnis.

Separatistische Verbrecher, die ihr deutsches Vaterland wollten zertrümmern helfen, finden das Asylrecht in Frankreich und in Elsaß-Lothringen. Elsässische Autonomisten aber, alteingesessene Einwohner unseres Landes, die für ihre Menschen- und Volksrechte kämpfen, werden unter dem Terror derselben Regierung gezwungen, ihre Heimat zu verlassen und in der Fremde Zuflucht zu suchen.

Das ist wahrhaftig ein trauriges Kapitel von doppelter Moral, von schreiender Ungerechtigkeit.

Politik und Gewaltpolitik in Elsaß-Lothringen

8.
Das «*argument boche*»: Die Beschimpfung der Elsaß-Lothringer.

Um dem gegen uns erhobenen Vorwurf der antinationalen Gesinnung oder Tendenz einen recht gruseligen Inhalt zu geben, fügen unsere Gegner als Begründung hinzu, die Autonomisten seien deutche Agenten.

Leider wird die ganze elsaß-lothringische Politik von unsern Gegnern, auch von der Regierung, unter diesem Gesichtswinkel betrachtet und... betrieben! Es spricht daraus, wie auch aus der Haltung der Regierung in der hohen Politik, ein gegen Deutschland gerichtetes Mißtrauen, das mit dem Bewußtsein der moralischen Stärke Frankreichs in Elsaß-Lothringen nicht ganz zu vereinbaren ist. Nicht als ob für die gegen uns vorgebrachten verdächtigungen bisher auch nur der Schatten eines Beweises erbracht worden wäre, aber das Schreckgespenst «Deutschland» ist nun einmal immer noch wirksam, und es muß schon im Interesse der hohen Politik dafür gesorgt werden, daß es nicht in Vergessenheit gerät. Das sog. «*argument boche*» ist in der Tat das Hauptargument, mit dem man uns niederzuknüppeln sucht. Es verlohnt sich daher, sich etwas eingehend mit allen seinen Nuancen zu befassen.

An die Beschimpfung «*Boche*», die im zehnten Jahre des Friedens und im Zeitalter von Locarno und der Völkerversöhnung eigentlich in erster Linie eine Beschimpfung für Deutschland ist, haben wir uns so langsam gewöhnt, ja wir haben uns beinahe völlig damit abgefunden. Es ist ja bekannt, daß man im friedliebenden Frankreich die Kosebezeichnung mit ganz besonderer Vorliebe verwendet. Sie ist so eine Art Universal-Kosemittel. Die schönen Worte Painlevés (Pfingstrede 1925 in Straßburg), daß wir nicht dazu da seien, um mitzuhassen, sondern um mitzulieben, waren ja nur – Worte. Worte waren es auch bloß, die da gesprochen wurden von einer «Brücke», die Elsaß-Lothringen bilden solle als Verbindung zwischen zwei großen Kulturen. Gemeint war eine... armierte Brücke, hat kürzlich ein Pariser Journalist geschrieben. Von versöhnlichem und friedensbereitem Geiste merkt man eben im großen und ganzen noch nicht recht viel, wenn man die Pariser Presse («*Temps*», «*Écho de Paris*», «*Journal*» u.a.) liest. Selbst in der Schule und in Schulbüchern wird, gelinde gesagt, das Mißtrauen und die Abneigung gegen Deutschland großgezogen. Der chauvinistische Haß gegen alles, was deutsch ist, geht zumal im politischen Leben Elsaß-Lothringens so weit, daß es schon gar nicht mehr genügt, nicht deutschfreundlich zu sein, sondern es wird einem beinahe zur Pflicht gemacht, durch Wort

Politik und Gewaltpolitik in Elsaß-Lothringen

und Tat sich als deutschfeindlich auszuweisen, ansonsten man eben doch trotz allem ein «*Boche*» ist und bleibt.

Früher betitelte man uns als «Wackes» (vgl. Zaberner Fall 1913), und aus einer solchen Lappalie wurde eine Staatsaffäre gemacht; übrigens gilt heute noch jener Ausdruck bei unseren Nachbarn (selbst in der Schweiz) als unser Spitzname, den wir auch nicht so tragisch nehmen. Seitdem wir aber Frankreichs übertünchte Höflichkeit kennen gelernt haben, sind wir gleich «Wackes, *Boches* und Sauhunde» (vgl. den Hagenauer Polizeiskandal vom 6. Juli 1927 und viele andere ähnliche Zwischenfälle). Heute wird keine Staatsaffäre daraus gemacht. Wir kuschen.

Kaum waren die Franzosen in unser Land eingezogen, da ging es schon los, da wurde bei uns jeder als «*Boche*» traktiert, der es wagte, öffentlich seine Muttersprache zu sprechen, denn es war die «Sprache der Feinde»! R. Gillouin[69] («*l'Europe Nouvelle*»[70], 14. Januar 1928) bestätigt, daß Innerfranzosen wiederholt sich Redensarten bedienten, wie «*C'est des Boches ici, c'est pire que des Boches*» Dieses liebliche Wort wurde sogar von hohen Beamten im dienstlichen Verkehr ganz geläufig gebraucht, wenn sie von etwas Deutschem (von Einrichtungen, Sachen oder Personen) sprachen. Auch heute noch! Alcide Ebray bedauert dies Verhalten seiner Landsleute in der Studie über «die neue elsaß-lothringische Frauge» (Juli/Augustheft 1927 der «*Revue de Hongrie*», wo er von den Ursachen des «*Malaise*» spricht. Er sagt dort: «Angesichts der völkischen und sprachlichen Besonherheiten, des politichen Partikularismus und der allgemeinen Geistesart der Elsaß-Lothringer haben sich gewisse Innerfranzosen – in einem verhängnisvollen Irrtum (?) – soweit vergessen, sie als *Boches* zu beschimpfen.» Mit einer solchen Mentalität aber, sagen wir, kommt man bei uns nicht weit, und an einem solchen französischen Wesen wird die elsaß-lothringische Welt nicht genesen.

Wer im politischen Leben seinen Gegner heruntermachen will, der verdächtigt dessen Absichten am erfolgreichsten dadurch, daß er ihn als einen «*agent allemand*» oder «*agent boche*» bezeichnet. Das kommt in Innerfrankreich gar nicht selten vor, – sogar in der Kammer. Daß einmal der sozialistische Abg. Uhry[71] dem elsässischen Abg. Walter[72] «*Boche*» zugerufen habe, sollte nachher nicht

---

[69] René Gillouin (1881-1971), französischer Schriftsteller, Journalist und Politiker.
[70] 1918 von Louise Weiss gegründete französische Wochenzeitung für Außenpolitik, Wirtschaft und Literatur, die bis 1940 erschien.
[71] Jules Uhry (1877-1936), französischer sozialistischer Politiker, Abgeordneter der Oise (1919-1932, 1933-1936).

Politik und Gewaltpolitik in Elsaß-Lothringen

wahr gewesen sein. Wahr hingegen ist, daß in der «*Victoire*»[73] (9. Dezember 1927) G. Hervé[74] über die Kammerrede des elsässischen Abg. Hueber (vom 8. Dezember) unter dem geschmackvollen Titel berichtete: «*Un langage de Boche*»!! Die gemeine und herausfordernde Hetze des «*Temps*» gegen die um ihre Rechte kämpfenden Elsaß-Lothringer erfährt mit vollem Recht im *Bulletin* der *Ligue des Droits du Nord* (August 1926) folgende treffende Interpretation: «*Ah, ces Alsaciens-Lorrains, ce qu'ils nous portent sur les nerfs... À la longue, on aura ces Boches comme on a eu les autres!*» (Ach, was uns diese Elsaß-Lothringer auf die Nerven gehen... Auf die Dauer werden wir diese *Boches* schon kleinkriegen wie die andern auch.) So verstehen unsere Freunde in Nordfrankreich (übrigens während des Krieges «*Les Boches du Nord*» genannt) den wahren Geist des «*Temps*». Sie kennen ihn! Wie sollen wie da gegen so viel Bosheit und Gemeinheit noch aufkommen?

Doch man tröste sich, das «*argument boche*» ist schon alt. Es stammt aus der Zeit der Revolution und hat sich seither wunderbar erhalten. Ferd. Brunot berichtet in seiner «*Geschichte der französischen Sprache*», daß schon damals mit dem famosen Argument gegen die Elsässer operiert wurde; als unsere Vorfahren gegen die Sprachenunterdrückung ankämpften, behaupteten die damaligen guten «Patrioten», es stecke österreichischer und preußischer Einfluß dahinter. Die chauvinistische Verbohrtheit ist eben in Frankreich ein Erbübel. Am 27. Mai 1862, als die Führer unseres Volkes sich gegen die Vergewaltigungsmethoden (*tyrannie intolérable*) der Delcasso'schen Schulpolitik durch aktiven und passiven Widerstand auflehnten, schrieb der in Wut geratene Delcasso an den Minister nach Paris, daß das Verhalten der Elsässer auf den Einfluß deutscher Machenschaften zurückzuführen sei. Er sprach in seinem «*Rapport*» von einer... «*Conspiration teutonique qui, depuis 2 siècles, retarde l'assimilation de l'Alsace à la France*»! (... teutonische Verschwörung, die seit 2 Jahrhunderten die Assimilierung des Elsasses an Frankreich verzögert). Schon damals also galten in den Augen der französischen Regierung wir und die Deutschen als unverbesserliche Böse-wichte.

---

[72] Michel Walter (1884-1947), elsässischer frankophiler Politiker, Abgeordneter des Unterelsaß (1919-1940), Präsident des unterelsässischen Bezirkstags (1931-1940).
[73] *La Victoire* war eine 1906 von Gustave Hervé gegründete Zeitschrift; sie hieß bis 1915 «*La guerre sociale*».
[74] Gustave Hervé (1871-1944), französischer sozialistischer, später faschistischer Politiker.

Politik und Gewaltpolitik in Elsaß-Lothringen

9.
Das «*argument boche*»: Die «deutsche Mache».

Ist es bei einer solche Mentalität verwunderlich, daß man auch auf die Heimatbewegung selbst das «*argument boche*» übertragen hat? Es stecke nichts als deutsche Propaganda dahinter, das Ganze sei eine deutsche Mache.

Merkwürdig, sehr merkwürdig, daß heute auf einmal die deutsche Propaganda bei unserm Volke Wunder wirken soll, daß sie eine große Volksbewegung hervorrufen soll, während doch früher dieselbe Propaganda (wie man immer wieder betont) gar nichts auszurichten wußte, obwohl damals die Deutschen leibhaftig im Lande waren und über alle Machtmittel unmittelbar verfügten! Was also früher den Deutschen gar nicht gelungen ist, das soll ihnen auf einmal heute so ganz leicht gelingen! Wir meinen, schon allein dieser Hinweis müßte einen vernünftigen Menschen von der Haltlosigkeit des «*argument boche*» überzeugen. Oder hält die Regierung in der Tat alle Elsässer und Lothringer für ausgesprochene Esel, ich meine Esel nach dem Urbilde auf jenem bekannten Bilderbogen von Épinal («*Histoire d'un âne*»), wonach die Elsässer zu dumm sind, um etwas anderes zu lernen als «J–aaa» und daher wegen dieser ihrer Dummheit zu nichts anderem zu gebrauchen sind als zu Hausknechten und Stiefelputzern? So werden wir doch auf jenem Kulturdokument vor aller Welt hingestellt! Dann allerdings, wenn wir solche Esel wären, ließen wir uns durch fremde Propaganda einfangen!

Wenn es aber mit der «deutschen Mache» dennoch seine Richtigkeit haben sollte, so müßten unsere Gegner endlich einmal handgreifliche Beweise bringen. Wo ist er aber, der Beweis, daß mit den Millionen Röchlings[75] in unserem Volke die Heimatbewegung künstlich geschaffen worden sein soll? Wo ist der andere Beweis, daß mit den Millionen Röchlings die Rückkehr Elsaß-Lothringens zu Deutschland vorbereitet werden soll? Obwohl jeglicher Beweis fehlt – weil die Behauptungen frei erfunden sind –, fahren unsere Gegner hartnäckig in ihren Verdächtigungen fort. Es handelt sich eben hier um eine Propagandalüge großen Stils, die in der ganzen Presse immer wiederkehrt, soweit sie unter französischem Einfluß oder selbst in französischem Solde steht.

---

[75] Hermann Röchling (1872-1955), Montanunternehmer, der bis 1918 die Carlshütte in Diedenhofen bzw. die Eisenerzgruben in Lothringen sowie die Völklinger Hütte (Saarland) besaß.

Politik und Gewaltpolitik in Elsaß-Lothringen

Man sollte auch wissen, daß schon mehrfach von der Polizei ganz peinliche Untersuchungen und Nachforschungen angestellt wurden, um den Ursprung des Geldes herauszufinden, das man in unserer Bewegung vermutet. Ein deutscher Ursprung konnte aber noch nie festgestellt werden. Der Kuriosität halber wollen wir ferner daran erinnern, daß von der Regierung bereits vor einem Jahre eine gerichtliche Untersuchung über die Frage nach der Herkunft des Geldes in der autonomistischen Bewegung angeordnet war. Der Generalstaatsanwalt Fachot von Colmar aber, dem der Auftrag zuteil wurde, berichtete bei dieser Gelegenheit an den Justizminister, daß er den Instruktionen der Regierung keinerlei Folge geben werde: «denn die Tatsache, daß eine Zeitung oder eine politische Organisation vom Ausland Geld empfängt, sei weder ein Verbrechen noch ein Vergehen». Dies erfahren wir aus einem Briefe des Colmarer Rechtsanwalts und Senators Helmer (vom 24. Januar 1928) an den Justizminister Barthou.

Aber noch etwas viel Kurioseres müssen wir mitteilen. Den Herren Sozialisten nämlich, die alle ihre Gegner so gern in nationaler Hinsicht verdächtigen und insbesondere gegen die Heimatrechtler das «*argument boche*» und das «deutsche Geld» vorbringen, wurde kürzlich vom «*Mülhauser Volksblatt*» (3. Februar 1928) die Maske vom Gesicht gerissen. Dabei erfuhr man, daß die französischen Sozialisten sich vor den Wahlen von 1924 fremde Sammelgelder geben ließen zu einem politischen Zweck, nämlich «zur Führung des Kampfes gegen die Fortsetzung der Poincaré-Politik». So hieß es auf einem im Jahre 1923 vom sozialistischen Kongreß in Hamburg verfaßten Zirkular, das im Einverständnis mit unseren Sozialisten hergestellt war, denn es ist stolz unterzeichnet von dem deutschen Sozialisten Otto Weels und dem französischen Sozialisten Paul Faure. Das ist natürlich heute für die hochpatriotischen Sozialisten eine peinliche Sache, nachdem sie den Mund so voll genommen haben gegen die Autonomisten. Sie suchten daher zu «berichtigen» und gestanden nun ein («*Republikaner*» vom 4. Februar 1928), daß es sich bei diesen Sammelgeldern um eine internationale Unterstützung für die sozialistische französische Zeitung «*Populaire*» gehandelt habe! Damit wissen wir also aus authentischer Quelle, daß die französische sozialistische Presse von fremdem Gelde gespeist ist! Und solche Leute wollen sich als Richter über andere aufspielen.

Wenn das Wort von der deutschen Mache wahr wäre, so müßte dieselbe fremde Triebkraft gleichzeitig in der klerikalen (den Ausdruck gebrauchen wir der Kürze wegen) Anhängerschaft und in den kommunistischen Arbeiterkreisen erfolgreich am Werke sein, denn in beiden herrscht bekanntlich der Heimatgedanke sehr stark. Die geschickte Hand möchten wir aber kennen, die es fertig

Politik und Gewaltpolitik in Elsaß-Lothringen

brächte, zwei politisch und weltanschaulich so entgegengesetzte Richtungen mit derselben Idee, und zwar künstlich, zu beleben. Übrigens weisen beide Parteien mit Entrüstung jede Verdächtigung im angedeuteten Sinne zurück. Und dasselbe tun mit gleichem Rechte alle übrigen Heimatrechtler (oder «Autonomisten»), die weder mit dem Kommunismus noch mit dem Klerikalismus etwas zu tun haben. Nein, die Heimatbewegung, die wir gleicherweise in den kommunistischen und in den klerikalen Volksmassen, überhaupt in allen Berufs- und Gesellschaftsschichten ohne Rücksicht auf Partei und Weltanschauung (ausgenommen bei einer gewissen «Bourgeoisie») feststellen, ist keine deutsche Mache, sondern eine bodenständige Volksbewegung! Das ist eine Tatsache, – die selbst dann ihre Richtigkeit hätte, wenn die Bewegung mit fremden Geldmitteln unterstützt würde. Jedenfalls ist es eine Tatsache, die unsern Gegnern nicht in ihre politische Rechnung paßt.

Klarsehende Franzosen sind der Meinung, man solle sich über den Ernst und die innere Berechtigung der Bewegung nicht hinwegtäuschen lassen mit der Behauptung, sie sei das Werk deutscher Agenten. Pierre de Quirielle[76] sagt in der angesehenen Zeitschrift «*Le Correspondant*»[77] (10. Mai 1927): «Man muß sich davor hüten, die Unzufriedenheit in Elsaß-Lothringen als deutsches Fabrikat anzusehen.» Und Lucien Romier[78], der in einer vielbeachteten Artikelreihe im «*Figaro*» von einem tiefen Verständnis für unsere Lage Zeugnis ablegt, betont ausdrücklich, daß die Heimatbewegung aus der Tiefe des Volksempfindens komme.

In dem Buche «*Le Roman de l'Alsace*» von Raymond Postal heißt es: «Die autonomistische Bewegung ist weniger eine Ursache als eine Wirkung. Deutschland kann sie ausbeuten, es hat sie aber nicht geschaffen.»

William Martin bemerkte am 16. Januar 1926 im «*Journal de Genève*» zu dem beliebten Argument von der «deutschen Mache» sehr treffend und kurz: «Geht etwas nicht, so schiebt man die Schuld am einfachsten dem Nachbarn zu oder – dem Feinde. Und das eben tun gewisse Franzosen…» Von dem «deutschen Gelde», mit dem nach chauvinistischer Auffassung die «*Zukunft*» gespeist werden soll, sagt er: «Und wenn auch? Dies erklärt den Erfolg dieses Blattes nicht – oder man müßte voraussetzen, daß alle seine elsässischen Leser deutschfreundlich wären. Und das wäre schwerwiegend.»

---

[76] Pierre de Quirielle (1863-1944), französischer Schriftsteller und Journalist.
[77] Französische katholische Zeitschrift, die zwischen 1829 und 1937 in Paris erschien.
[78] Lucien Romier (1885-1944), französischer Historiker, Journalist und Politiker; Mitglied des französischen *Conseil National* (1941) bzw. Staatsminister (1941-1943).

Politik und Gewaltpolitik in Elsaß-Lothringen

10.
Das «*argument boche*»: Die deutsche «*Irredenta*».

Man behauptet, auch die politischen Gedanken und insbesondere das Ziel der Autonomie, die von den Führern der Heimatbewegung als einzige Lösung der Schwierigkeiten vertreten werden, seien deutscher Import, seien das Ergebnis deutscher Inspiration, und die Führer seien, kurz gesagt, deutschfreundlich und erstrebten letzten Endes die Rückkehr Elsaß-Lothringens zu Deutschland. Die Autonomisten wollten also eine deutsche «*Irredenta*» schaffen.

Wer nun die Geschichte unseres Landes und den Charakter unseres Volkes nur einigermaßen kennt, der weiß, daß die autonomistischen Gedanken und Ziele keineswegs erst vom Auslande her eingeführt zu werden brauchten, da sie schon seit Generationen in unserem Lande selbst heimisch, ja hier entstanden und der Veranlassung und den Bedürfnissen des elsaß-lothringischen Volkes entsprungen sind. Sämtliche Parteien haben vor dem Kriege die Autonomieforderung in jahrelangen Kämpfen verteidigt, nicht zum wenigsten die Sozialdemokraten in besonders heftiger Weise. Gerade Männer, wie der verstorbene elsässische Zentrumsführer Hauß[79] der frühere Landtagspräsident Dr. Ricklin[80] u.a. die heute sich von den Parteisümpfen fernhalten, sind übrigens auch nach 1918 überzeugte Autonomisten geblieben und haben ihr Ziel und ihre Absichten jedenfalls rein erhalten. Der partikularistische Sinn, der Wille zum Eigenleben, der Autonomiegedanke sind in unserm Volke nie erstorben, und so ist es begreiflich und nur folgerichtig, wenn die Autonomiebewegung sich auch über den Krieg hinaus fortgesetzt hat. Sie ist heute innerlich eher noch begründeter als früher, denn die Lebensinteressen, namentlich auf geistig-kulturellem Gebiete, sind heute den schwersten Gefahren ausgesetzt. Die Heimatbewegung entspricht somit einer Notwendigkeit, man könnte sagen, sie folgt dem Natur-

---

[79] Karl Hauß (1871-1925), elsaß-lothringischer Journalist und Politiker (Zentrum); Mitglied des Reichstags (1898-1903, 1907-1918), Mitglied des Landesausschusses (1903-1911), Mitglied des Landtags (1911-1918) und Obmann der Zentrumsfraktion im Landtag (1911-1918), Staatssekretär im Ministerium (Landesregierung) für Elsaß-Lothringen (1918).
[80] Eugen Ricklin (1862-1935), genannt der «*Sundgauer Leeb*», elsaß-lothringischer Arzt und Politiker (Zentrum); Bürgermeister von Dammerkirch (1896-1902), Mitglied des oberelsässichen Bezirkstags (1896-1918, 1928-1934), Mitglied des Landesausschusses (1900-1911), Mitglied des Reichstags (1903-1918), Mitglied des Landtags (1911-1918), Präsident des Landtags (1911-1918), Präsident des oberelsässischen Bezirkstags (1917-1918), 1919/20 zeitweise von den Franzosen inhaftiert, Herausgeber der Wochenzeitung «*Die Zukunft*», Gründungsvorsitzender des Heimatbundes, Abgeordneter des Oberelsaß (1928).

Politik und Gewaltpolitik in Elsaß-Lothringen

gesetz der Selbsterhaltung und bedarf keiner künstlichen Triebkraft weder von innen noch von außen!

Doch unsere Gegner halten sich verzweifelt und hartnäckig an ihren Argumenten fest und schrecken auch vor Geschichtslügen größeren Stils nicht zurück. In einer Artikelserie des «*Quotidien*»[81] hat Herr Guernut[82], der Sekretär der Liga für Menschenrechte, den Standpunkt vertreten, die autonomistische Bewegung sei das Werk einer Minderheit von deutschfreundlichen Intellektuellen. Zum Beweise dafür zieht er («*Quotidien*» vom 13. Juli 1926) einen scharfen Trennungsstrich zwischen der Autonomiebewegung von vor und nach dem Kriege. Zu deutscher Zeit, sagt er (und mit ihm auch andere), seien die Autonomisten Anhänger Frankreichs gewesen. Franzosen durften sie nicht sein, Deutsche wollten sie nicht sein, also beschränkten sie sich auf ihr Elsässertum, um der preußischen Herrschaft zu entrinnen. Die wahre Gesinnung jener Leute habe sich gleich nach dem Kriege gezeigt, als das Elsaß französisch wurde. Denn da hätten sie nichts mehr von Autonomie wissen wollen, und dann habe eine andere Kategorie von Elsaß-Lothringern die autonomistische Idee auf den Schild erhoben, nämlich Leute, die früher nie von Autonomie sprachen. Diese sagten nun (*mutatis mutandis*): Franzosen mögen wir nicht sein, Deutsche können wir nicht sein, also sind wir einfach Elsässer, – natürlich um damit ihre Anhänglichkeit an Deutschland zu verdecken!

Diese Beweisführung ist schon falsch, weil sie eben auf einer notorischen Geschichtslüge beruht. Es ist nämlich gar nicht wahr, daß die Autonomiebewegung im Rahmen des Deutschen Reiches von dem Wunsche einer Wiedervereinigung mit Frankreich ausging oder beseelt war. Das Ziel der Autonomie wurde vielmehr den zum Partikularismus, zum Eigenleben neigenden Elsaß-Lothringern ursprünglich von Bismarck selbst gestellt. Diese griffen es in ihrem erstarkenden Volksbewußtsein auf, und so wurde bald eine Sache des elsaß-lothringischen Volkes daraus. Der Wunsch, ein eigenes politisches Leben zu führen, wurde Gemeingut des Volkes. Die Franzosenfreunde allerdings, die übrigens die ersten Autonomisten (Schneegans)[83] als «Verräter» bezeichnet hat-

---

[81] Französiche Tageszeitung der Zwischenkriegszeit.

[82] Henri Guernut (1876-1943), französischer Politiker; Abgeordneter der Aisne (1928-1936), Unterrichtsminister (1936), Generalsekretär der französischen Liga für Menschenrechte (1912-1932).

[83] August Schneegans (1835-1898), elsaß-lothringischer liberaler Journalist, Schriftsteller und Politiker; Redakteur bei der Pariser Zeitung «Le Temps» und beim Straßburger «*Niederrheinischen Kurier*», Gründer der Zeitung «*Helvetia*» (1870), stellvertretender Bürgermeister von Straßburg (1870), Abgeordneter des Unterelsaß in der französischen Nationalversamm-

Politik und Gewaltpolitik in Elsaß-Lothringen

ten, suchten bald die autonomistische Bewegung nach Frankreich hin zu orientieren. Und in welchem Sinne die französische Presse sich ihrer annahm, ist ebenfalls bekannt. Es ist ein offenes Geheimnis, welche Rolle vor dem Kriege das französische Geld im Elsaß spielte! Das Rätsel der «Sphinx», von dem Poincaré in Straßburg sprach, ist gar nicht so unlösbar.

Für die vielverästelte geheime französische Propaganda in Elsaß-Lothringen in der Zeit vor dem Kriege ließe sich eine Fülle von Beweisen bringen. Einige «Agenten» trieben diese Propaganda ganz offen und in gehässiger Weise, unter den Augen der deutschen Regierung!

Der Priester Wetterlé[84] aus Colmar wurde von französischen Zeitungen ganz unverblümt als Verteidiger des französischen Gedankens im Elsaß gefeiert. Von ihm bezog u.a. der «*Matin*»[85] Nachrichten, die dazu benutzt wurden, in Frankreich die Idee der *Revanche* zu nähren. Wir erinnern uns noch – um nur einen einzigen Punkt herauszugreifen – an eine Pressekampagne aus Anlaß der Einführung der deutschen Amtssprache in großen Gemeinden der Kreise Diedenhofen und Metz. Wetterlé gewährte damals einem Mitarbeiter des «*Matin*» eine Unterredung, über die das Blatt am 11. Mai 1910 berichtete. In dem dort gebotenen Stimmungsbild tritt der Herr Abbé ganz ungeschminkt als Kronzeuge Frankreichs gegen Deutschland auf. Seine Worte enthalten die Aufforderung an die lothringische Jugend, die in der deutschen Schule erworbene «Kultur» baldigst wieder abzustreifen und sogar den beim Militär geleisteten Fahneneid zu vergessen, usw.!! (So etwas schreibe oder sage heute einer.)

Auch der Ehrendomherr Collin[86] aus Metz wandelte auf ähnlichen Pfaden. Wir können es uns versagen, die Stimmungsmache näher zu kennzeichnen, die dieser Herr in seinem Blatte «*Le Lorrain*» täglich betrieb, ohne von der deutschen Regierung ernstlich behelligt zu werden. Lassen wir vielmehr ein Pariser Blatt, den katholischen «*Univers*»[87] vom 25. August 1910, sprechen. In einem Bericht

---

lung in Bordeaux (1870), Chefredakteur des liberalen «*Journal de Lyon*» (1871-1873), Chefredakteur des «*Elsässer Journal*» (ab 1873), Mitglied des Reichstags (1877-1879), Ministerialrat in der Abteilung des Inneren der Regierung für Elsaß-Lothringen (1879), deutscher Konsul in Messina (1880-1888), deutscher Generalkonsul in Genua (1888-1898).

[84] Émile Wetterlé (1861-1931), elsässischer Geistlicher, Journalist und frankophiler Politiker; Chefredakteur des «*Journal de Colmar*» und des «*Nouvelliste d'Alsace-Lorraine*», Mitglied des Reichstags (1898-1914), Mitglied des Landtags (1911-1914), Abgeordneter des Oberelsaß (1919-1924).

[85] Französische Tageszeitung, die von 1883 bis 1944 in Paris erschien.

[86] Henri Collin (1853-1921), lothringischer Geistlicher und frankophiler Politiker; Chefredakteur der Zeitung «*Le Lorrain*» (ab 1887), Senator von Deutschlothringen (1920-1921).

Politik und Gewaltpolitik in Elsaß-Lothringen

über die Teilnahme verschiedener geistlicher Würdenträger am Eucharistischen Kongreß in Montreal wird auch Abbé Collin genannt und folgendermaßen charakterisiert:

«Der Kanonikus Collin ist Leiter des «*Lorrain*» in Metz. Er steht an der Spitze der französischen Bewegung in Elsaß-Lothringen, – was man die Protestbewegung nennt. Mit seinem prächtigen Blatte kämpft er Schritt für Schritt gegen die germanische Welle, die ganz Lothringen überflutet. Er ist von der französischen Regierung schon dreimal mit der Ehrenlegion dekoriert. Für die Elsaß-Lothringer ist der Kanonikus Collin ein wahres blau-weiß-rotes Banner!»

Herr Collin wurde also von der französischen Regierung aus Anerkennung für seine auf dem Gebiete der französischen Propaganda geleisteten Dienste dreimal mit der Ehrenlegion ausgezeichnet! Eine solche Tatsache spricht Bände, sie erklärt auch das Rätsel der «Sphinx».

Wenn nun nach dem Kriege einige Träger des französischen Einflusses in der früheren Autonomiebewegung (Wetterlé u.a.) ein offenes Geständnis ihrer nicht gerade ehrlichen Motive ablegten und erklärten, daß die Forderung der Autonomie für sie nicht das wahre Ziel, sondern nur ein Mittel war, um die Erinnerung an Frankreich wachzuhalten, so mögen die Herren das mit ihrem Gewissen abmachen und auch die Frage prüfen, inwieweit sie damit den französischen Revanchegedanken gefördert und den Frieden gefährdet haben! Aber ihre Mentalität war noch lange nicht die der Mehrzahl der Autonomisten. Die Behauptung des Gegenteils wäre eine Geschichtslüge. Gerade die hervorragendsten Vertreter und Führer des Autonomismus meinten es ehrlich und erstrebten tatsächlich weiter nichts als die Selbständigkeit ihres Landes.

Unehrliche Nebenabsichten liegen ebenso auch uns heute fern. Nur deshalb schiebt man den heutigen Autonomisten den Gedanken des Separatismus unter oder gar die Absicht, sie bezweckten die Rückkehr Elsaß-Lothringens zu Deutschland, weil im Laufe der Vorkriegszeit die Franzosen dank einer entsprechenden Propaganda und dem Beispiel von Wetterlé und Genossen die unaustilgbare Überzeugung bekamen und bekommen mußten, daß der Autonomismus mit irgendwelchen politisch unehrlichen Hintergedanken verbunden sein müsse!!

Unehrlich nennen wir solche Absichten, weil sie nicht in Einklang zu bringen sind mit der aufrichtigen Loyalität, die wir dem Staate schuldig sind, dem wir

---

[87] Französische katholische Tageszeitung, die von 1833 bis 1919 in Paris erschien.

Politik und Gewaltpolitik in Elsaß-Lothringen

jeweils durch irgend einen Friedensvertrag zugesprochen werden. Und die Loyalität verlangt man doch jedesmal von uns!

Ein Blatt wie der «*Temps*», der ein Regierungsblatt ist und in der vordersten Reihe der chauvinistischen Hetzer steht, sollte sich schämen, wider besseres Wissen und im Widerspruch mit der Wahrheit von der autonomistischen Bewegung zu schreiben (am 1. Januar 1928), sie verlange offen nicht nur die Lostrennung des Elsasses von Frankreich, sondern Wiedervereinigung mit Deutschland. Der «*Temps*» lügt, in diesem Falle und in vielen anderen Fällen, und andere Pariser Blätter lügen mit ihm um die Wette.

William Martin schrieb im «*Journal de Genève*» (16. Januar 1926):

«Die autonomistische Bewegung im Elsaß ist keineswegs eine Angliederungsbewegung an Deutschland. Die Franzosen, die derartiges leichthin behaupten, haben schwer unrecht...»

Einsichtsvolle Männer lassen sich eben durch die lügnerische Hetze unserer chauvinistischen Gegner den Blick nicht trüben. Auch Alcide Ebray sieht die Dinge richtig, wenn er sagt («*Revue de Hongrie*», Juli/Augustheft 1927):

«Es ist zu bemerken, daß keine der Protestgruppen (der Heimatbewegung) die Rückkehr zu Deutschland fordert, – was jedoch nicht hindert, daß man in Frankreich den Autonomismus, den Separatismus und sogar den einfachen Regionalismus als deutsche Mache hinstellt und in ihnen versteckte Mittel sieht, die jene Rückkehr vorbereiten sollen.»

Politik und Gewaltpolitik in Elsaß-Lothringen

11.
Das «*argument boche*»: die Kriegsgefahr
und der Wahn von der «deutschen Gefahr».

Eine Kriegsgefahr oder eine Gefahr für den Frieden Europas, auf die übrigens namhafte Politiker und Pazifisten hinweisen, liegt auch nach unserer Meinung vielmehr darin, daß es an einem geographisch wichtigen Punkte des Erdteils noch immer anderthalb Millionen Menschen gibt, die sich in ihren elementarsten Rechten bedroht sehen. Solange die gerechten Wünsche und Forderungen dieser vieler Hunderttausende nicht befriedigt sind, solange auf den «Krieg des Rechts» nicht auch ein Friede des Rechts für uns gefolgt ist, wird man von einer wahren Befriedung Europas nicht sprechen können. Soll dies aber geschehen, und es muß im Interesse der gesamten Menschheit geschehen, dann wird man den Elsaß-Lothringern endlich wenigstens die geistige Freiheit geben müssen, um deretwillen angeblich die Völker in den Krieg gezogen sind. Läßt man hingegen den Herd der Unzufriedenheit bestehen, dann hat die Welt allen Grund, den elsaß-lothringischen Verhältnissen ihre erhöhte Aufmerksamkeit zu widmen. Die Angelegenheiten, die als innerfranzösische geregelt werden könnten und müßten, werden wohl oder übel eine internationale Bedeutung erlangen!

Einen Weg nur gibt es, die Befriedung Europas durch eine Befriedung Elsaß-Lothringens zu fördern, das ist der Weg der Gerechtigkeit, die den Elsaß-Lothringern ihr Eigenleben gestattet und sichert durch die Selbstverwaltung. Die französische Regierung aber glaubt einen andern Weg einschlagen zu müssen nämlich den Weg der Gewalt, indem sie versucht, die Volksforderungen und die Volksbewegung vollends niederzudrücken und zu ersticken. Sie fügt Gewalt zur Gewalt. Ob damit aber dem Frieden gedient ist, das wird die Zukunft lehren.

Vielleicht hat die Regierung sich von ihren schlechten Ratgebern, zu denen vorzugsweise unsere Sozialisten gehören, sagen lassen, die Heimatbewegung müsse erdrückt, die Forderung der Autonomie müsse aus den Köpfen ausgetrieben werden. Während nämlich nach unserer Überzeugung die Gewährung der Autonomie nicht nur im Interesse des elsaß-lothringischen Volkes, sondern auch in dem des Weltfriedens liegt, behaupten die Sozialisten heute für beide Fälle das Gegenteil. Insbesondere bezeichnen sie die Autonomie Elsaß-Lothringens als eine unmittelbare Gefahr für den Weltfrieden. Ein solches Argument wäre schon zugkräftig, wenn es glaubhaft wäre. Unzufriedenheit im Inte-

Politik und Gewaltpolitik in Elsaß-Lothringen

resse des Friedens zu erhalten, die Wünsche des Volkes im Interesse des Friedens zu unterdrücken, ist ein Widerspruch in sich. Weshalb sind die Sozialisten denn vor dem Kriege so energisch für unsere Autonomie eingetreten und haben so laut betont, daß damit der Friede gefestigt werde?

Im Beschluß der elsaß-lothringischen Sozialdemokraten auf dem Straßburger Parteitag vom 5. Juli 1914 heißt es:

«Der Landesparteitag der elsaß-lothringischen Sozialdemokratie würde es begrüßen, wenn auf Initiative der deutschen und französischen Genossen der Internationale Sozialistische Kongreß in Wien in Übereinstimmung mit dem Jenaer Parteitag 1913 erklären würde, daß die Gewährung der republikanischen Autonomie an Elsaß-Lothringen innerhalb des Deutschen Reichs die günstigste Basis schaffen würde zu der im Interesse des Weltfriedens gebotenen deutsch-französischen Annäherung.»

Noch am 14. Juli 1914 sagte Georges Weill auf dem Parteitag der französischen Sozialisten:

«Wir Elsässer wollen vor allem den Frieden und wollen im Frieden unsere nationale Persönlichkeit (!) aufrecht erhalten. Deshalb fordern wir die Autonomie, die das Zusammenarbeiten aller Völker ermöglicht!»

Und unter dem brausenden Beifall der französischen Genossen sagte Weill ferner:

«Es wird sich zeigen, daß die Verwirklichung eines dauerhaften Weltfriedens möglich ist und die deutsch-französische Annäherung kein Wahn zu sein braucht, sondern lebendige Wirklichkeit werden kann!»

Weshalb soll nun heute die Autonomie eine Gefahr für den Weltfrieden sein? – Nein, das Argument der Sozialisten kann wirklich nicht ernst genommen werden. Sie wissen es übrigens selbst, denn sie haben für alle Fülle noch ein zweites in Reserve. Unter Berufung auf die Marxistische Doktrin behaupten sie nämlich, die Autonomie sei «ein Rückfall in kleinlich-nationalistische Betrachtungsweise». Sie stutzen dabei die Marxistische Doktrin für ihre Zwecke genauso zurecht wie ihre übrigen Parteigrundsätze. Aber selbst wenn nach jener Doktrin die Autonomie zur «Krähwinkelei» führte – was nicht der Fall ist –, so käme doch die Erleuchtung durch Marx reichlich spät. Die Marxistische Doktrin hätte nämlich auch früher schon ihre Gültigkeit haben müssen.

Auf den wahren Grund des heutigen sozialistischen Antiautonomismus und Assimilationismus werden wir an anderer Stelle eingehen.

Politik und Gewaltpolitik in Elsaß-Lothringen

Man hört vielfach sagen, durch die Gewährung der Autonomie von Elsaß-Lothringen würde «der Appetit» Deutschlands gereizt und gewissen Hoffnungen geweckt werden. Es ist aber wirklich nicht gut einzusehen, worauf sich ein solches Wechselverhältnis gründen sollte. Da übrigens Deutschland seit 1918 und erst recht seit Locarno keinerlei politischen Anspruch mehr auf uns zu erheben hat, so müßte sein Interesse für uns – falls es ein solches trotz allem noch haben sollte – umso geringer werden, je weniger wir Grund haben, mit unsern jetzigen Verhältnissen unzufrieden zu sein. Und umgekehrt: je zufriedener wir mit unsern Verhältnissen wären, desto fester würden wir uns an Frankreich anschließen, und desto weniger könnte Deutschland auf unsere «Karte» setzen! Wie man die Sache auch ansehen mag, die Erfüllung unserer Volksforderungen nach Selbstverwaltung würde in jedem Falle Ruhe und Frieden in unserer engern Heimat schaffen, die Sicherheit Frankreichs fördern und den Völkerfrieden festigen.

William Martin sagt im «*Journal de Genève*» (16. Januar 1926):

«Wir wünschen sehnlich, daß eine Lösung gefunden werde. Nicht nur aus Sympathie zu Frankreich. Nicht nur, weil das Elsaß unser nächster Nachbar ist, mit dem uns seit Jahrhunderten Bande der Freundschaft verknüpfen. Und nicht bloß, weil es uns gleichgültig sein kann, ob wir es glücklich und wohlhabend sehen: sondern auch, weil es um die Ruhe Europas geht.»

Und weiter:

«Die Stabilität Europas hat keine andere Grundlage als die Zufriedenheit der Völker.

*

Wir sind – nicht erst seit der Straßburger Rede Poincarés vom 12. Februar 1928 – zur Überzeugung gelangt, daß unserer Forderung nach Autonomie zwei Haupthindernisse im Wege stehen, richtiger in den Weg gelegt werden. Das eine ist staatspolitischer Natur, nämlich der Zentralismus, die nationale Einheit des französischen Staates; das andere aber ist die macht- und kulturpolitische Frage und richtet sich in der Hauptsache gegen Deutschland. Wenn das erstere beseitigt würde, und es ließe sich wenigstens soweit modifizieren, daß wir mit unserer Selbstverwaltung innerhalb des französischen Staates Platz fänden, – dann bestände immer noch das zweite, und dieses scheint in Anbetracht der

Politik und Gewaltpolitik in Elsaß-Lothringen

französischen Auffassung oder Geistesverfassung und der maßlosen chauvinistischen Hetze gegen Deutschland schlechterdings unüberwindlich zu sein. Die Worte «*Germani trans Rhenum incolunt*» (die Deutschen wohnen jenseits des Rheins), die Poincaré in Straßburg sich zu eigen gemacht und in die Debatte geworfen hat, sprechen Bände!

Unser Kampf muß daher mehr noch als bisher gegen jeden hirnlosen Chauvinismus und gegen jeden Imperialismus geführt werden, schon im Interesse des Friedens und der Völkerversöhnung.

Hören wir, wie A. Ebray (in der genannten Revue) über ein etwaiges Interesse Deutschlands an der Lösung unserer Fragen urteilt. Er sagt:

«Eines der Haupthindernisse für die Lösung besteht darin, daß man sich in Frankreich einbildet, man würde durch eine Befriedigung der Elsaß-Lothringer auch den Deutschen Genugtuung geben, insofern, als man ein Elsaß-Lothringen schüfe, das gegebenenfalls leichter zu Deutschland zurückkehren könnte. Doch gerade das Gegenteil ist der Fall. Die Deutschen wissen einen Unterschied zu machen zwischen «Deutschland» und «Deutschtum». Sie verstehen recht wohl, daß Länder mit deutscher Kultur nicht zum deutschen Staate gehören. Doch wenn in diesen Ländern die deutsche Kultur bedroht ist, dann können diese Länder wünschen, jenem Staate anzugehören. Umgekehrt werden die Volksteile dieser Länder umso weniger ihre Blicke dann nach Deutschland richten, wenn ihre deutsche Kultur von denjenigen Staaten, denen sie als Fremdvölkische angehören, nicht bedroht ist. In Frankreich fehlt es nicht an Leuten, die diese Dinge verstehen. Aber es gibt wenige, die es zu sagen wagen!»

So etwas will Poincaré nicht hören! Er spricht in seiner Straßburger Rede von dem Verhältnis Frankreichs zu den französisch-sprechenden Schweizern, Belgiern und Kanadiern. Dabei weist er in viel sagender Weise auf eine Parallele hin, der er selbst offenbar in dem Verhältnis zwischen Deutschland und den deutschprechenden Elsaß-Lothringern erblickt. Nun bemerkt er aber dazu, daß Frankreich sich niemals erlauben würde, jenen französischen Stammesgenossen ihre heutige Nationalität streitig zu machen oder sich, etwa mit Hilfe des Völkerbunds, um die Erhaltung der französischen Sprache und Kultur jener Volksteile zu kümmern. Er will damit sagen, daß auch Deutschland folglich nicht das Recht habe, in elsässisch-französische Angelegenheiten sprachlicher und kultureller Natur sich einzumischen oder eine Intervention des Völkerbunds herbeizuführen. Abgesehen nun davon, daß von einer Einmischung fremder Staaten oder des Völkerbunds in unsere Angelegenheiten bis heute noch kein Mensch etwas gemerkt hat, daß vielmehr gerade Deutschland sich

Politik und Gewaltpolitik in Elsaß-Lothringen

heute viel zurückhaltender zeigt, als Frankreich es im umgekehrten Falle vor dem Kriege getan hat, beruht die Argumentation Poincarés auf einem jener Sophismen, die bei ihm nicht ungewohnt sind. Es fehlt nämlich in seinem Vergleich das «*tertium comparationis*», der Vergleichsgrund. Poincaré verschweigt seinen Zuhörern völlig, daß die französischen Stammesgenossen in der Schweiz, in Belgien und Kanada in ihrer Sprache und Kultur nicht im geringsten bedroht sind, daß sie vielmehr uneingeschränkte Rechte und Freiheiten genießen, was bei den deutschsprechenden Elsaß-Lothringern nicht der Fall ist! Was aber nicht bedroht ist, sondern sich ungehemmt entfaltet, bedarf auch keines besondern Schutzes, und deshalb hat Frankreich nicht den geringsten Anlaß, seinen Stammesgenossen im Auslande irgendwelche Unterstützung zu gewähren.

Der Vergleich aber zwischen den französichsprechenden Schweizern, Belgiern und Kanadiern einerseits und den deutschsprechenden Elsaß-Lothringern andererseits ist uns sehr willkommen, und schon lange haben wir verlangt, Frankreich möge uns in sprachlicher und kultureller Hinsich doch auch dieselben Rechte und Freiheiten gewähren, die seine eigenen Stammesgenossen in der Schweiz, in Belgien und in Kanada so glücklich genießen. Möge also Poincaré, nachdem der auch ihm so willkommene Vergleich in der Hauptsache richtiggestellt ist, daraus die unabwendbaren Folgerungen ziehen und sich ein Vorbild der Großzügigkeit nehmen an der Schweiz, an Belgien und an England! Mehr braucht er nicht zu tun, mehr verlangen auch wir nicht! Sicher gibt es viele Franzosen, die unsere Forderungen richtig verstehen, aber «es gibt wenige, die es zu sagen wagen!»

Und warum gibt es in Frankreich, dem Lande der Menschenrechte, leider wenige, die so wahre und gerechte Dinge zu sagen wagen? – Weil sie sich nicht dem chauvinistischen Terror aussetzen wollen, von dessen Wüten wir in Elsaß-Lothringen Proben genug kennen gelernt haben.

Wie aber soll und kann trotz allem an Stelle der «armierten» Brücke über den Rhein jene geistige Brücke gebaut werden, die als Bindeglied zwischen der französischen und deutschen Kultur dem Gedanken der Völkerversöhnung und dem Menschheitsgedanken so wertvolle Dienste zu leisten vermag? Auch für diese Frage schlägt uns A. Ebray die einzig mögliche Lösung vor, die zugleich die Lösung des ganzen elsaß-lothringischen Problems in sich schließt. Er sagt:

«Damit das Elsaß diese Rollen spielen könne, muß man endlich aufhören, es als ein französisches Land zu betrachten, das nur oberflächlich während eines halben Jahrhunderts deutscher Okkupation germanisiert worden sei, und das nun um jeden Preis wieder französiert werden müsse.»

Politik und Gewaltpolitik in Elsaß-Lothringen

12.
Das «*argument boche*»: von den naturalisierten Deutschen.

Noch sind wir nicht am Ende mit dem «*argument boche*». Sehr häufig begegnet man (namentlich auch in derjenigen Auslandspresse, die unter französischem Einfluß steht) der Behauptung, die Autonomie sei vorwiegend Sache der naturalisierten Deutschen, die in Elsaß-Lothringen verblieben und «Deutsche» geblieben sind. Es sei ein «Unglück» für das französische Elsaß-Lothringen, daß man die Naturalisation in so weitgehendem Maße gestattet habe. Die Naturalisierten seien die geheime Triebkraft, der Herd des Autonomismus. Sie seien die geistigen Väter, ja die Führer der «antinationalen» Bewegung.

Auch das ist eine Lüge der französischen Presse, eine Zwecklüge, die von den chauvinistischen Hetzern in unserm eigenen Lande, die es besser wissen sollten, nachgebetet wird. Sollte unser Volk wirklich geistig so arm sein, daß es weder eigene Gedanken noch eigene Führer hervorzubringen vermöchte, dann wäre es in der Tat reif für die Assimilation, und es wäre nicht wert, daß man für es auch nur noch einen Finger rührte. Die Sache liegt in Wirklichkeit so, daß unser Volk weder von naturalisierten Deutschen – die wir übrigens als vollberechtigte Bürger ansehen – noch von übertünchten Franzosen geführt sein will. Denn es ist mündig.

Sämtliche führenden Personen in der elsaß-lothringischen Heimatbewegung sind, wie jeder bei uns weiß, ausnahmslos Einheimische, alteingesessene Elsässer und Lothringer. Sie wohnen alle im Lande selbst. Wohl gibt es auch Elsaß-Lothringer, die außerhalb ihrer Heimat leben, zum Teil wider ihren Willen, denn viele wurden bekanntlich gegen alles Recht und Gesetz aus dem Lande hinausgejagt. Jene Menschenjagden bilden in unserer Geschichte ein Kapitel, auf das Frankreich nicht stolz sein kann. Die meisten unserer vertriebenen Landsleute befinden sich in Deutschland und betrachten noch immer Elsaß-Lothringen als ihre Heimat. Wer will ihnen das verwehren, und wer kann ihnen verbieten, an dem Schicksal ihrer Heimat Anteil zu nehmen? Sie besitzen zum großen Teil sogar noch die französische Nationalität. Doch die Verbände, zu denen sich die vertriebenen Elsaß-Lothringer in Zeiten äußerster Not zusammengeschlossen haben, stehen zu unserer Bewegung in keinerlei Beziehung! Auch unter den im Lande wohnenden naturalisierten Deutschen wird man keinen in irgend einer maßgebenden Stellung bei uns namhaft machen können. Es wird überhaupt nirgendwo und nirgendwie ein deutscher Einfluß, eine deutsche Inspiration nachzuweisen sein.

Politik und Gewaltpolitik in Elsaß-Lothringen

Doch können umgekehrt wir den Nachweis führen, daß unter unsern Gegnern gerade die Naturalisierten bzw. Abkömmlinge von zugewanderten Reichsdeutschen, und auch sonstige Ausländer, die größte Rolle spielen. Von den im französischen Solde stehenden Propagandaschweizern wollen wir dabei absehen. Da sogar die Sozialdemokratie, die nach ihren Grundsätzen «international» sein will, gegen uns mit dem chauvinistischen «*argument boche*» hetzt, möchten wir zur Entgegnung nur auf den Umstand hinweisen, daß einer ihrer prominenten Führer, der Ex-*Capitaine* und frühere Reichstagsabgeordnete Georges Weill, pfälzischer Abstammung ist. Bemerken wir sodann, daß die sozialistische Partei, die in ihrer Presse gewisse Führer der Heimatbewegung ständig als «preußische Leutnants» u. dgl. hinstellt, sich für den Kreis Zabern als demnächstigen Kammerkandidaten einen waschechten «naturalisierten» Deutschen auserkoren hat, der ebenfalls im ehrenwerten Offiziersrang steht. Doch das hindert die Herren Sozialisten nicht, sich als die Hauptstützen des französischen Gedankens in Elsaß-Lothringen aufzuspielen und sich als solche feiern zu lassen vom geistesverwandten «*Journal de l'Est*». Bei diesem Blatt nämlich ist auch nicht alles «hasenrein», das weiß Herr Jules Albert Jaeger mit seinem bayrisch-hessischen Stammbaum.

Es ist in diesem Zusammenhange recht bezeichnend, daß ein Daniel Blumenthal (aus Ostgalizien!) im «*Journal d'Alsace et de Lorraine*», dem übelsten Hetzblatte, dem sogar die polizeilichen Personalakten der Elsässer zugänglich sind, jüngst in einem Artikel («Gefährliche Beschwerden und Drohungen», 24. Januar 1928) angelegentlich bittet, man möge im Anschluß an die «Polemiken über den Autonomismus und Separatismus» doch nicht so sehr in der Vergangenheit der politischen Gegner herumwühlen und mit Enthüllungen drohen! Dabei hat kein Blatt eingehender und gehässiger als gerade das «*Journal d'Alsace et de Lorraine*» sich mit der «Naturgeschichte» der Elsässer beschäftigt. Herr Blumenthal weiß eben, daß es unter seinen Freunden allerhand Leute gibt, die allen Grund haben, ihre Vergangenheit und ihre «Naturgeschichte» zu verbergen und zu verleugnen! Wir wollen jedoch seinem Wunsche folgen und von der vollständigen Aufzählung aller bekannten Namen und Tatsachen absehen. Es würde uns übrigens viel zu weit führen. Erwähnen wir bloß noch den Senator Eccard, der sich als besonderer Kenner «deutscher Mentalität» durch seine Hetze gegen Deutschland auszeichnet. Es ist überhaupt bemerkenswert, daß diese übertünchten Franzosen heute die übelsten Chauvinisten sind und sich überall in frecher Weise als die bessern Patrioten aufspielen, die uns Einheimischen Lehren in Patriotismus glauben erteilen zu dürfen. Auch ein Stück Tragik des Grenzlands!

Politik und Gewaltpolitik in Elsaß-Lothringen

13.
Bilden die Elsaß-Lothringer
eine Einheit und eine völkische Minderheit?

Schon durch die Anwendung des Begriffs «Elsaß-Lothringen», an dem wir trotz allem Geheul der Chauvinisten festhalten, sollen wir nach der Meinung der Assimilationsfanatiker unsere deutsche Mentalität kundgeben. Elsaß-Lothringen sei keine natürliche Einheit, sondern eine künstliche «Bismarck'sche Schöpfung». Doch wir behaupten, daß trotz allem Elsaß-Lothringen eine Einheit bilden, und sprechen daher von Elsaß-Lothringen und von einem elsaß-lothringischen Volke. Auf eine kurze Begründung unseres Standpunktes und der daraus sich ergebenden Folgerungen legen wir den größten Wert. Wir haben es dabei nicht einmal nötig. Geschichtsklitterung zu treiben oder – wie die *Basler Nachrichten* (13. Februar 1928) zu Poincarés Straßburger Rede bemerken – eine «krampfhafte Zurechtstutzung der Geschichte *ad usum Delphini*» vorzunehmen und bis auf Tacitus zurückzugehen.

Wenn auch die Geschichte die Elsässer und Lothringer nicht immer vereinigt gesehen hat, so ist es doch Tatsache, daß sie während langer Jahre ein Stück Weges gemeinschaftlich zurückgelegt haben. Und gerade die Periode der letzten 57 Jahre war in unserem Leben entscheidend. Diesen Zeitraum aber kann man aus unserer Geschichte nicht einfach ausstreichen; er ist ein «historischer Faktor», der sich nicht ausschalten läßt, sagt sogar Grumbach. In Freud und Leid, im Kampf, im Erfolg und im Mißerfolg wurden wir fester denn je zusammengeschmiedet. Gerade unsere gemeinsame Geschichte, und vielleicht am allermeisten noch die letzten Jahre seit unserer «Befreiung» haben in uns das Bewußtsein der Zusammengehörigkeit erst recht geweckt und auch die Überzeugung von der eigenen Volkspersönlichkeit mächtig gestärkt. Unsere heutige Lage ist ganz besonders dazu angetan, unser Gemeinschaftsgefühl und unser Einheitsbewußtsein wachzuhalten, denn wir kämpfen denselben Kampf, wir verteidigen dieselben Güter geistig-sittlicher, religiöser, sozialer, ja auch wirtschaftlicher Art.

Doch unsere Interessengemeinschaft beruht nicht nur auf der geschichtlich gewordenen und auf der moralischen Einheit, sondern auch auf der ethnischen Einheit. Die Behauptung, wir seien zwei verschiedene Stämme, nämlich Alemannen und Franken, ist in dieser Form eine Irreführung. Denn eine wesentliche ethnische Verschiedenheit liegt nicht vor, und das Gemeinschaftsbewußt-

Politik und Gewaltpolitik in Elsaß-Lothringen

sein wird durch den Stammesunterschied in keiner Weise beeinflußt. Übrigens waren Alemannen und Franken von jeher germanische Brüderstämme.

Mit der ethnischen Einheit hängt auch die sprachliche Einheit zusammen, die das stärkste Bindemittel zwischen Elsaß und Lothringen bildet. In beiden Landesteilen wird im Gegensatz zum ganzen übrigen Frankreich seit uralter Zeit eine deutsche Mundart gesprochen. Mundartliche Abweichungen gibt es natürlich manchmal schon von Ort zu Ort, wie übrigens in jedem Lande. Aber was beide ohne Zweifel gemeinsam und unabhängig von lokalen Unterschieden besitzen, das ist seit ihrem Bestehen die deutsche Gemein- und Schriftsprache, in der unsere Bücher und Zeitungen geschrieben sind, in der wir selbst lesen und schreiben, singen und beten, und je nach Ort und Gelegenheit auch sprechen! Ganz besonders verwenden wir in der Kirche von jeher für Predigt und Gesang, für Unterricht und Gebet überhaupt nur die Schriftsprache. Auch im Hause und auf der Straße bedienen wir uns des Hochdeutschen beim Singen von Volks- und Wiegenliedern, beim Sprechen von Kinder- und Spielreimen. Die gemeinsame Muttersprache der Elsaß-Lothringer ist in der Tat nicht der Dialekt, sondern die hochdeutsche Sprache!! In diesem wesentlichen Sinne ist die Einheit Elsaß-Lothringens voll und ganz vorhanden. Und das ist von der größten Bedeutung.

Da aber die Sprache der Hauptträger der Kultur und jeder Kulturvermittlung ist, so ergibt sich aus der Gemeinschaftlichkeit der Sprache auch jene der Kultur. In der Tat besitzen wir Elsässer und Lothringer aufgrund unserer Stammesverwandtschaft und Sprachgemeinschaft eine einheitliche Kultur und ein einheitliches Volkstum. Wir haben miteinander Anteil an denselben hohen geistig-sittlichen Werten und Werken, die für uns auf einem gemeinsamen Mutterboden gewachsen und uns überkommen sind. Auch unsere Sitten und Gebräuche lassen jeden vernünftigen Beobachter erkennen, daß wir ein einheitliches Volk darstellen.

Zu alledem kommt nun noch gegenüber allen Unterdrückungs- und Assimilierungsversuchen der französischen Regierung unser gemeinschaftlicher Lebenswille sodaß auf uns die Definition von der «nationalen Minderheit» voll und ganz zutrifft, wie wir sie z.B. in dem Buche von Jean Lucien Brun (*Le problème des Minorités*) finden. Es heißt dort, daß der gemeinschaftliche Lebenswille ein wesentliches Kriterium der «Minderheit» sei und «dieser gemeinschaftliche Lebenswille kann sich ergeben aus einer längeren gemeinsamen Geschichte, oder aus der Gemeinschaft der Sprache, oder der der Sitten, oder endlich aus sozia-

Politik und Gewaltpolitik in Elsaß-Lothringen

len oder wirtschaftlichen Lebensnotwendigkeiten, die besonders mächtig sind, da sie die Interessengemeinschaft hervorrufen.»

Unsere Gegner wissen wohl, warum sie den Einheitsbegriff von «Elsaß-Lothringen» und den Begriff «elsaß-lothringisches Volk» bestreiten, denn sie wollen damit auch die Schlußfolgerung bestreiten, daß wir eine nationale, oder sagen wir, wenn das weniger Anstoß erregt: eine ethnische oder eine sprachliche Minderheit sind, die auf eine besondere Verwaltungsform Anspruch hat. Gegen die hier festgestellten Tatsachen aber werden sie mit allen Sophismen und Ableugnungen nicht ankommen.

Um der Beibehaltung des Begriffs der Einheit von Elsaß-Lothringen entgegenzuarbeiten, suchen daher die Assimilationisten das Land auch räumlich zu zerreißen. Sie treten für eine regionale Neueinteilung ein, bei der gewisse Teile des Oberelsaß zum Territorium von Belfort, gewisse Teile Lothringens zu Nancy geschlagen werden sollen. Damit wollen sie die alten Zustände auflösen, eine geschlossene Region Elsaß-Lothringen illusorisch machen und den elsaß-lothringischen Regionalismus mit einer möglichen Selbstverwaltung hintertreiben! Wenn einmal erst einzelne Teile unseres Landes im alten Frankreich mit seiner alten Gesetzgebung und Verwaltung aufgegangen sind, dann ist ein Stück Assimilation unwiderruflich vollzogen, und die übriggebliebenen Teile werden dem Beispiel der andern bald folgen. So denken unsere Fanatiker.

Ein greifbares Beispiel für das Bestreben, die Einheit von Elsaß-Lothringen zu zerstören, liefern auch die neuerlichen Versuche der Verlegung einer Kammer des Appellationshofs von Colmar nach Metz. Aus «praktischen» Gründen, hieß es zuerst, wolle man diese Abtrennung vornehmen. Doch die eigentlichen Beweggründe der Interessenten wurden bald klar, als man im hetzerischen «*Messin*» las:

«Herr Georges Weill erklärte sich in aller Offenheit als Anhänger der Abtrennung, weil er darin ein Mittel sieht zur Auflösung dieser Einheit, dieser absurden Sache genannt «Elsaß-Lothringen».

Die wahren Ziele des Herrn Weill, des «*Messin*» und aller Hintermänner sind damit einmal mehr ausgesprochen: sie erstreben die Assimilation auf Schleichwegen und stückweise, wenn es nicht anders geht.

Das Kläglichste dabei ist jedoch, daß für die Auflösung der «absurden Einheit» auch solche Abgeordnete eintreten, die sonst von Heimatrechten und Verwaltungsautonomie reden, oder die wenigstens über die Wahrung der kirchlich-religiösen Rechte große Worte machen. Diesen Herren muß doch klar sein, daß

Politik und Gewaltpolitik in Elsaß-Lothringen

mit der Auflösung der Einheit Elsaß-Lothringen auch alles andere – ganz, teilweise oder stückweise – «aufgelöst» wird. Aber was liegt ihnen daran? Wenn man sie auf Herz und Nieren prüft, sind sie selbst schon so weit assimiliert, daß ihnen Heimatrechte jeder Art und erst recht die Verwaltungsautonomie als «absurde», bereits überwundene Sachen vorkommen.

Ausgerechnet der Abgeordnete Michel Walter, der *Gérant* der Elsässischen Volkspartei (früher Zentrum), hat im Gegensatz zu seinen elsässischen Parteikollegen geglaubt, der Regierung seinen kostbaren Rat zugunsten der Metzer Berufungskammer nicht vorenthalten zu dürfen. Doch der «*Elsässer Kurier*» (15. März 1928), das Parteiorgan des Oberelsasses, lehnt diesen Schritt, zu dem Herr Walter von seiner Partei keinerlei Auftrag erhalten hatte, ganz entschieden ab und erteilt dem Partei*gérant* folgende Belehrung:

«Uns scheint, daß er dabei außer Acht gelassen hat, daß die Errichtung des Appellhofes von Metz nicht geeignet ist, die Einheit zwischen Elsaß und Lothringen zu fördern, sondern daß damit vielmehr das letzte große Band zerschnitten wird, welches heute Elsaß und Lothringen noch zusammenhält, die Einheit der Gesetzgebung auf dem Gebiet der Kirche und Schule und auf den verschiedensten andern Gebieten.»

Die Einheit Elsaß-Lothringen ist in der Tat die Grundlage der elsaß-lothringischen Heimatpolitik. Das weiß auch Herr Walter. Er muß es wissen! Es ist daher von dem Führer einer Partei, der die Heimatpolitik am Herzen liegt, nicht anzunehmen, daß er einen so wichtigen Punkt und alle daraus sich ergebenden Konsequenzen sollte übersehen haben. Vielmehr will es uns bedünken, daß er «aus nationalen Gründen» zielbewußt darauf ausgeht, die Einheit Elsaß-Lothringen zu sabotieren, unbekümmert um die Folgen, die sich notwendigerweise einstellen müssen.

Ob aber Herr Walter das politische Grundprinzip erfaßt hat oder nicht, ob er die Folgen übersehen oder ob er sie gewollt hat: in beiden Fällen muß darauf hingewiesen werden, daß ein solcher Mann an der Spitze der Volkspartei steht und seit Jahren sein zweideutiges Spiel treibt.

Die «*Lothringer Volkszeitung*» (17. März) macht kein Hehl daraus, daß sie diesen Volksvertreter durchschaut hat. Sie nennt ihn «den wankelmütigen Herrn Walter» und bemerkt: «Von einem Michel Walter nimmt uns ein solcher Umfall gar nicht wunder.» Und weiter sagt sie: «Es ist nicht das erste Mal, daß man die Kurzsichtigkeit und Wankelmütigkeit von Abgeordneten zu bedauern hat, auf welche die elsaß-lothringische Bevölkerung gerechnet hat zur Wahrung ihrer

Politik und Gewaltpolitik in Elsaß-Lothringen

Rechte.» Damit ist die ganze Tragik unserer Verhältnisse ausgesprochen und auch die Schuld festgestellt.

Es ist von großer Wichtigkeit, daß gerade die «*Lothringer Volkszeitung*», der doch sicher die besondern Interessen Lothringens am Herzen liegen, gegen den Plan einer Metzer Berufungskammer Stellung nimmt. Sie bezeichnet den ganzen Streit um die Frage als eine «politische Mache» und schreibt über die Tragweite des Projekts:

«Nach der Zertrümmerung der elsaß-lothringischen Handwerkskammer durch den jetzigen URL[88]-Kreisrat Goulon, nach der Loslösung der landwirtschaftlichen Organisationen Lothringens von dem Elsaß ist dies ein neuer Schritt auf dem beschrittenen Wege, der die Einführung der innenfranzösischen Gerichtsordnung und die Aufteilung des Moseldepartements zur Folge haben wird.»

Und nicht nur dies. Die Verteidiger des Projekts haben selbst offen verkündet, daß überhaupt die Zertrümmerung der Einheit Elsaß-Lothringen kommen müsse und die Einführung der gesamten französischen Gesetzgebung! Also restlose Assimilation, – keine Autonomie, keinerlei Regionalismus!

---

[88] Lothringische Volkspartei.

Politik und Gewaltpolitik in Elsaß-Lothringen

14.
Die Ablehnung des Begriffs der völkischen Minderheit.

Eine Ableugnung der oben festgestellten Tatsachen, daß unsere ethnischen und sprachlichen Besonderheiten uns zu einer Minderheit stempeln, hat kürzlich in einer etwas plumpen Weise der «*Temps*» (3. Februar 1928) versucht. Seine Ansicht ist natürlich die offizielle und wir finden sie in der Tat seit Poincarés Rede allenthalben ausgesprochen.

Der «*Temps*» läßt einen von den ungezählten Gelegenheitsreisenden und «Spezialgesandten», die in unserem Lande zwischen zwei Zügen die famosen «Enqueten» anstellen, in auffallend wohlwollender Weise zu Worte kommen. Diesmal ist es nicht etwa Herr Bardoux, sondern ein dänischer Journalist namens Andreas Grau, der schon aus der Kriegszeit als Propagandist bekannt ist. Dieser gelehrige Herr sagt genau das, was der «*Temps*» und die Assimilationisten hören wollen und für ihre Argumentation brauchen, denn sie alle wissen, welches der Kernpunkt der elsaß-lothringischen Frage ist. Die hier wiedergegebenen Erklärungen des Herrn Grau aus Soenderborg sind daher «maßgebend» und werden für uns vom «*Temps*» eigens in Sperrdruck hervorgehoben. Wir lesen u.a.:

«Es handelt sich hier (bei Elsaß-Lothringen) nicht um eine Minoritätenfrage im gewöhnlichen Sinne des Wortes. In dieser Bedeutung kennt man es bloß hinter Kehl. Dort wird es in einer Weise ausgelegt, die weder den Tatsachen, noch dem Interesse des europäischen Friedens entspricht, denn in Elsaß-Lothringen gibt es keine einzige politische Partei (die dieses Namens würdig ist), die eine Rückkehr zum alten Zustand wünschte.»

Die elsaß-lothringische Frage sei eine rein innerfranzösische Angelegenheit (ebenfalls in Sperrdruck). Ja, man könne sogar sagen, ein Gegensatz zwischen zwei nationalen Kulturen sei nicht vorhanden!

So spricht Herr Grau als Kronzeuge des «*Temps*». Doch... «grau, Herr Grau, ist alle Theorie!» In Wirklichkeit sieht die Sache etwas anders aus. Welches die Merkmale einer Minderheit sind, darüber bestehen allgemein gültige Begriffsbestimmungen, die wir oben dargelegt haben und an denen weder Herr Grau, noch der «*Temps*», noch die Karnickel «hinter Kehl» etwas werden ändern können. Jene Merkmale sind aber – wenigstens in sprachlicher Hinsicht – bei den Elsaß-Lothringern unstreitig vorhanden, auch ohne Zutun der Leute «hinter

Politik und Gewaltpolitik in Elsaß-Lothringen

Kehl», und auch ohne daß wir vom Völkerbund bisher offiziell als Minderheit bezeichnet worden sind.

Daß nun aber nach der Ansicht des «*Temps*» der Minderheitenschutz dem europäischen Frieden nicht entsprechen solle, das ist im Widerspruch mit der Weltmeinung eine gewaltsame Umstülpung der Wahrheit mit gar zu durchsichtigem Zweck. Und wenn schließlich der «*Temps*» uns den Charakter einer Minderheit gar mit der Begründung absprechen will, daß bei uns niemand die «Rückkehr zum alten Zustand» wünsche, so verschiebt er damit absichtlich die ganze Frage, oder aber er beweist, daß er, bzw. sein Herr Grau vom Minoritätenproblem keinen grauen Schimmer hat. Denn sonst müßten beide wissen, daß der Separatismus (das meint er doch wohl mit der «Rückkehr zum alten Zustand») den Begriff der Minderheit von vornherein gegenstandslos und auch jeden Anspruch auf Minderheitenschutz ohne weiteres hinfällig macht.

In der Resolution der Völkerbundsversammlung vom 21. September 1922 heißt es nämlich ausdrücklich, daß die selbstverständliche Voraussetzung für die Gewährung von Minderheitenrechten die ist, daß die geistig befreiten Nationen loyal ihre Pflichten gegenüber ihren Staaten erfüllen («*coopérer, en citoyens loyaux, avec la nation à laquelle ils appartiennent maintenant*»). Separatismus aber wäre nicht loyal, und deshalb gerade will man ihn uns aufbinden, um uns als nichtloyal hinstellen zu können. Das aber wissen wir. Man müßte uns also schon für Esel (vgl. Epinaler Bilderbogen) halten, wenn man glaubte, wir würden auf der einen Seite die Loslösung von Frankreich erstreben und auf der andern Seite gleichzeitig Anspruch auf Minderheitenschutz geltend machen. Gerade weil wir das erste ablehnen, verlangen wir das zweite.

Im übrigen ist der Vergleich, den Herr Grau im «*Temps*» zwischen Elsaß-Lothringen und dem dänischen Schleswig zieht, um unser Recht auf Selbstbestimmung zu verneinen ganz unzutreffend und irreführend. Es fehlt nämlich der wesentliche Vergleichsgrund. Alcide Ebray antizipiert zu einem solchen Vergleich in seinem Buche «*La paix malpropre*» sehr richtig:

«Schleswig, das nur sechs Jahre früher als Elsaß-Lothringen erobert wurde, war dänisch nach Rasse und Sprache. Elsaß-Lothringen war nach Rasse und Sprache eher deutsch als französisch. Andererseits hatte auch Schleswig seine Oppositionsabgeordneten in den deutschen Reichstag entsandt. Hatte also der Versailler Vertrag die Abstimmung für Schleswig zugelassen, so hätte er sie mit noch viel größerem Rechte für Elsaß-Lothringen zugeben müssen.»

Politik und Gewaltpolitik in Elsaß-Lothringen

15.
Die Bejahung des Begriffs der völkischen Minderheit.

Alcide Ebray läßt in seinem Aufsatz in der «*Revue de Hongrie*» (Juli/Augustheft 1927) keinen Zweifel darüber, daß die Elsaß-Lothringer in ethnischer und sprachlicher Hinsicht eine Minorität sind.

Die neue elsaß-lothringische Frage, sagt er, hängt zusammen mit einem «... Problem von allgemein europäischer Bedeutung, nämlich dem der völkischen oder nationalen Minderheiten. Daher geht sie nicht bloß Frankreich und Deutschland an, sondern als Sonderfall und Musterbeispiel verdient sie die Aufmerksamkeit mehrerer der Staaten, die nach Ablauf des Weltkriegs neu entstanden sind, oder mehr oder weniger umgebildet wurden. Denn dieser Krieg der angeblich im Namen des Selbstbestimmungsrechts der Völker geführt wurde, ließ in mehreren Staaten die Frage der fremdvölkischen Minderheiten ungelöst!»

Freilich gibt A. Ebray zu, daß vielleicht gerade in Frankreich das Verständnis für das Problem der fremdvölkischen Minderheiten sowie die Lösung dieses Problems am meisten Schwierigkeiten begegnen: «Schwierigkeiten im Verständnis, da Frankreich zu seinem Vorteil ein verhältnismäßig einheitlicher Staat ist; Schwierigkeiten in der Lösung, da Frankreich in seinem politischen Aufbau ein äußerst zentralisierter und vereinheitlichter Staat ist.» Doch ausschlaggebend für die Verwicklungen sei bei vielen Franzosen die Unkenntnis grundlegender Tatsachen bezüglich des Wesens der Elsaß-Lothringer.

Das Urteil Ebrays ist sicher zutreffend, nur möchten wir hinzufügen, daß jene Unkenntnis unseres Wesens, soweit es der Ausdruck und das Ergebnis geschichtlichen und kulturgeschichtlichen Erlebens ist, überhaupt jene Unkenntnis aller grundlegenden Tatsachen nicht beseitigt, sondern befestigt wird durch einseitige, unwahre und tendenziöse Darstellungen, wie sie z.B. Poincaré neulich wieder in seiner Straßburger Rede (12. Februar 1928) gegeben hat. Diese Art Geschichtsunterricht wurde sogar von neutralen Berichterstattern bei aller Höflichkeit, zu der sie sich gegen den Gastgeber für verpflichtet hielten, rundweg abgelehnt. Die «*Basler Nachrichten*» (13. Februar 1928) bemerken dazu:

«Was ihnen (den Elsässern)... nicht zugemutet werden kann, ist die Anerkennung der Geschichtsauffassung, die im zweiten Teil der Rede Herrn Poincarés zu Tage trat. Da hat der Ministerpräsident die Völkerwanderung, die die ganze elsässische Rheinebene mit Germanen besiedelte und dem elsässischen Mittel-

Politik und Gewaltpolitik in Elsaß-Lothringen

alter einen durchaus deutschen Typus gab, einfach aus der Weltgeschichte weg-
gezaubert und hat die Eroberung durch Louis XIV., die doch vorwiegend ein
Werk von Gewalt, List und Hochverrat war, in ein französisch-patriotisches
Melodrama verwandelt. Wenn der Satz des Tacitus «die Germanen wohnen
jenseits des Rheins» unerschüttert durch die Jahrhunderte weitergälte, so würde
Herr Poincaré freilich vielleicht heute im Elsaß regieren, aber nicht als französi-
scher Regierungschef, sondern als Prokonsul des *Imperator Romanus* Mussolini.»
In der Wirkung allerdings käme es für uns schließlich auf dasselbe heraus...

Doch nicht nur Unkenntnis grundlegender Tatsachen liegt bei «vielen» Franzosen vor, sondern bei manchen, und zwar maßgebenden Persönlichkeiten, steht
einer gerechten und vernünftigen Lösung unserer Fragen auch noch der
schlechte Wille im Wege.

Mit der Machtpolitik wird Frankreich um das Problem Elsaß-Lothringen nicht
herumkommen. Wenn erst die ausländische Presse anfängt, die Frage der Minderheiten in die Debatte zu werfen, so beweist das zur Genüge, daß man auch
außerhalb Frankreichs eine völkerrechtliche Lösung für den einzigen Ausweg
hält, falls die französische Regierung nicht vorzieht, die Frage als eine innerfranzösische auf staatsrechtlichem Wege zu lösen. In diesem Gedankengang erinnern wir nochmals an die Auffassung des eingangs erwähnten «*Journal de Genève*» (11. Januar 1928). Aus ihr geht hervor, daß man uns den tatsächlichen
Verhältnissen entsprechend als eine Minderheit ansieht, wenn auch vom reinen
Rechtsstandpunkt aus die Frage noch nicht in diesem Sinne entschieden ist, da
ja Frankreich keinen Minderheitenvertrag unterzeichnet habe. Daß wir zum
mindesten eine sprachliche Minorität im französischen Staate sind, das wagt offen doch wohl niemand zu bestreiten. Ein anderes Schweizer Blatt («*Le
Travail*», Genève, 30. Januar 1928) sagt:

«Man kann es den Autonomisten nicht übel nehmen, wenn sie das Elsaß als eine nationale Minderheit ansehen, denn das ist wahr!»

Im Anschluß an Poincarés Rede in Straßburg deuten übrigens die «*Basler Nachrichten*» (13. Februar 1928) an, daß eines Tages unser Volk doch noch eine andere Lösung als das «Akklamationsplebiszit» von 1918 verlangen könnte,
«wenn die französische Regierung den unverzeihlichen Fehler beginge, sich auf
eine schikanöse Sprachenpolitik festzulegen».

Nun aber ist die heutige Sprachenpolitik der französischen Regierung in Elsaß-
Lothringen schikanös!

Politik und Gewaltpolitik in Elsaß-Lothringen

16.
Allgemeines zur Minderheitenfrage.

Es verlohnt sich wohl, in diesem Zusammenhang auf das Minoritätenproblem noch etwas näher einzugehen. Wir verkennen keineswegs die bisher angedeuteten Schwierigkeiten, die einer Regelung unserer Verhältnisse im Sinne des Minderheitenrechts entgegenstehen. Aber die Schwierigkeiten können überwunden werden.

Im August 1926 fand in Wien eine Tagung der «*International Law Association*», einer Art internationalen Parlaments von hervorragend moralischer Bedeutung, statt, die sich mit der Minderheitenfrage beschäftigte. Eine wesentliche Forderung dieser Versammlung bestand darin, daß jede geschlossen siedelnde Gemeinschaft, die von anderer Volkszugehörigkeit ist als die Mehrheit des Landes, die Möglichkeit haben müsse, vor einem internationalen Forum als Partei aufzutreten. Nun aber sind die Elsaß-Lothringer zweifellos eine «geschlossen siedelnde Gemeinschaft», die sich vom übrigen französischen Volke unterscheidet. Es ist daher bemerkenswert, daß auf jener Wiener Tagung gerade der französische Vertreter sich gegen die erwähnte Forderung der Versammlung aussprach. Er meinte, man dürfe nicht eine juristische Realität schaffen, die mit den bisher gültigen Begriffen nicht zu erlassen sei und vor allem mit der absoluten Souveränität der Staaten nicht übereinstimme.

Hören wir, was Aulard[89] («*Quotidien*», 20. Juni 1926) zu diesen «bisher gültigen Begriffen» sagt:

«Das nationale Recht ist heute noch beherrscht von dem Dogma der Souveränität der Staaten. Der Nationalstaat, der sich noch ganz souverän dünkt, bedeutet einen Zustand internationaler Wildheit, wie es auch die Wildheit des Individuums bedeuten würde, sich so aufzuführen, wie wenn man allein da wäre. Es ist Aufgabe eines jeden Bürgers auf der ganzen Welt, eine Bresche zu legen in dieses Dogma. Es ist ein Glück, daß die lebendige Entwicklung dem Begriff der nationalstaatlichen Souveränität schwere Schläge versetzt hat. Das Dogma der nationalstaatlichen Souveränität wird aus der Vorstellung und der Sprache der Menschheit umsomehr ausgelöscht werden, als Aussichten vorhanden sind, den Frieden einmal zu organisieren in einer zivilisierten Menschheit und insbesondere in unserem gequälten Europa.»

---

[89] François-Alphonse Aulard (1849-1928), französischer Historiker, Gründer und Präsident der französischen Liga für Menschenrechte.

Politik und Gewaltpolitik in Elsaß-Lothringen

In der Tat kommt man mit den alten Vorstellungen von Staatsouveränität und auch von Staat und Nation sowie deren Wechselverhältnis im neuen Europa nicht mehr aus. Ohne auch nur im geringsten für den Gedanken einer grundsätzlichen Trennung von Nation und Staat einzutreten und so die «nationale Einheit» zu gefährden, sind wir (mit namhaften Rechtskundigen) der Meinung, daß die Begriffe und Kompetenzen beider sich nicht decken. Die Gewährung der «national-kulturellen» Freiheit hat als ethisches Prinzip für die Völkerbeziehungen Anerkennung gefunden. Und nach einer heute ziemlich allgemein geltenden Auffassung kann die Gewährung dieser Freiheit auch die staatliche Souveränität ernstlich nicht beeinträchtigen. Der Staat wird in jedem Falle die Wahrung der gesamtnationalen Interessen in der Hand behalten. Die Selbstverwaltung, die er einer Minderheit überläßt, ist niemals eine Einrichtung gegen den Staat, sondern eine Entlastung für den Staat. Sie nimmt ihm eine Reihe von Sorgen und Pflichten ab, ähnlich wie z.B. berufsständische Körperschaften, und ermöglicht ihm so, seine Aufmerksamkeit mit aller Intensität den gemeinsamen nationalen Angelegenheiten zu widmen.

Mit dem traditionellen Begriff vom absoluten Nationalstaat allerdings müßte zuerst aufgeräumt werden. Der Comte de Pange («*Les soirées de Saverne*») legt in diesem Sinne seinem Kanadier die eindeutigen Worte in den Mund: «Ich hasse diese verhängnisvolle Doktrin, welche die Rechte der Nation und die des Staates verwechseln!»

Mit dieser Doktrin ist letzten Endes die Völkerbundsidee Wilsons überhaupt nicht zu verwirklichen. Wenn tatsächlich die nationale Freiheit, die in den Vierzehn Punkten der Welt verheißen wurde, erreicht werden soll, so genügt nicht eine Änderung der politischen Machtverhältnisse, sondern es muß auch eine Änderung der Rechtsbegriffe und der internationalen Vorstellungen vom Leben der Staaten Platz greifen. Der Staat mag und muß wohl seine innern und äußern Lebensnotwendigkeiten mit Hilfe seiner Machtmittel schaffen und sichern. Die Nation hingegen, die Fragen der Nationalität, Sprache, Schule und Kulturförderung haben mit Macht über andere nichts zu tun. Das Volkstum, die Volkspersönlichkeit sind geistige Begriffe, und wenn man uns vorhält, wir würden den elsässischen «Nationalismus» predigen, so kann das höchstens ein berechtigter geistiger «Nationalismus» sein, ein entpolitisiertes Kulturbewußtsein, ein naturgegebenes Heimatbewußtsein, das nicht aggressiv und nicht expansiv ist und vom machtpolitischen und kulturimperialistischen Nationalismus sich wesentlich unterscheidet.

Politik und Gewaltpolitik in Elsaß-Lothringen

Diesen letztern, also den eigentlichen Nationalismus, lehnt auch der schon genannte Comte de Pange ab: «Reden Sie mir nicht von Nationalismus, ich hasse dieses Wort, selbst seinen Klang.» Daher verabscheut er auch die französische Assimilierungs- und Nivellierungspolitik im Elsaß, die jedoch von dem *Sous-Préfet* als dem Vertreter der Regierungspolitik gutgeheißen wird. Dieser tritt sogar dafür ein, daß auch die deutsche Sprache bei uns ausgerotten werde, weil das Elsaß ein Grenzland sei; denn, wenn es fortfahre, deutsch zu sprechen, könnte Deutschland eines Tages wieder seine Rechte auf das Land geltend machen. Darüber haben wir schon gesprochen: diese Auffassung ist eine Wahnidee, eine nationalistische Verbohrtheit, aber damit treibt man keine vernünftige und ersprießliche Kulturpolitik!

Wir lehnen den Separatismus ab, bringen dem Staate des Mehrheitsvolkes die gebührende Achtung entgegen und wünschen nichts sehnlicher, als an der Lösung der gesamtnationalen Fragen des Staates loyal, aber gleichberechtigt mitzuarbeiten. Doch wir verlangen auch umgekehrt von Staate und der Mehrheit, daß sie die Nationalität (Sprache und Volkstum) der Minderheit, die wir (nach Comte de Pange) gleich den Kanadiern sind, achten und berücksichtigen, und daß sie den Nationalstaatsgedanken sowie die nationalstaatliche Souveränität im Sinne einer direkten oder indirekten Assimilierung der Minderheit nicht überspannen.

Unter solchen Voraussetzungen würde es Frankreich nicht schwer fallen, uns gerecht zu werden und auch die Resolution der Völkerbundsversammlung (vom 21. September 1922, Abs. IV) zu verwirklichen, die zum Ausdruck gebracht hat, daß auch jene Staaten, die nicht durch Minderheitenschutzverträge gebunden wurden, zur Beobachtung der in den Minderheitenschutzverträgen ausgesprochenen Grundsätze moralisch verpflichtet sind.[90]

Vom allgemeinen Gesichtspunkte aus ist es auch sehr lehrreich, den «Motivenbericht zum estnischen Autonomiegesetz» (vom 5. Februar 1925) zu kennen. Es heißt dort:

«Die stets wachsende Einsicht, daß jede Nationalität ein natürliches Recht auf Schutz, Anerkennung seiner staatlichen Bedeutung und auf feste Verankerung dieser Forderung besitzt, hat die Minderheitenfrage im Laufe der letzten Jahrzehnte von Jahr zu Jahr immer mehr vom rein machtpolitischen Boden auf den rechtspolitischen übergeführt. Dadurch ist sowohl im Völkerrecht als auch im Staatsrecht ein wichtiges neues Gebiet geschaffen worden, an welchem wohl

---

[90] Siehe den Text im Anhang, Seite 213.

Politik und Gewaltpolitik in Elsaß-Lothringen

kein europäischer Staat seine Mitarbeit versagen dürfte. Dieses Rechtsgebiet umfaßt verschiedene Fragen des Minderheitenschutzes, darunter auch die Frage der Sicherstellung des ungestörten kulturellen Eigenlebens, welche zweifellos den Eckstein des Problems bildet. Wenn der Grundsatz der Gleichberechtigung aller Staatsbürger gelten soll, so müssen die zu einer Minderheit gehörigen Staatsbürger, d.h. jede nicht zum Mehrheitsvolk gehörige Gruppe, die den Willen und die Fähigkeit zu kulturellem Eigenleben hat, auch dieselben nationalkulturellen Entwicklungsmöglichkeiten haben wie das Mehrheitsvolk, dem die Entwicklung seiner völkischen Eigenart schon durch seine eigenen staatlichen Organe gesichert ist. Es ist ja eine unbestreitbare Tatsache, daß kein Volk die kulturellen Bedürfnisse eines andern Kulturvolkes ebensogut erkennen und befriedigen kann, wie dieses selbst.»

Die Erkenntnis, daß eine allgemeine Lösung des Minderheitenproblems im höchsten Interesse des Weltfriedens liegt, ist so sehr durchgedrungen, daß heute alle internationalen Körperschaften sich mit der Frage befassen. Von besonderer Wichtigkeit sind außer den Beschlüssen der Interparlamentarischen Union jene des «Weltverbands der Völkerbundsligen» (*Union Internationale des Associations pour la Société des Nations*). Auf ihrer Tagung vom 29. Juni bis 3. Juli 1926 (zu Aberystwyth)[91] hat letztere Gruppe beschlossen, aus Sorge um die «Zukunft der nationalen Minderheiten» sich an den Völkerbund zu wenden mit der besondern Bitte, er möge jene Staaten, die nicht durch Minderheitenschutzverträge besonders gebunden, aber zur Beobachtung der betreffenden Schutzbestimmungen mindestens ebensosehr verpflichtet sind, wie die Verträge es vorschreiben, dringend an die entsprechende Resolution des Völkerbunds (vom 21. September 1922) erinnern. In der Begründung des Wunsches heißt es, die Minderheiten könnten ihrem Staate gegenüber nicht loyal sein, wenn sie unzufrieden mit ihrem Lose sind infolge einer Behandlung, die gegen ihren Willen auf völlige Assimilation ausgeht. Ferner wird gesagt, daß die völkische und sprachliche Verschiedenheit der Staatsbürger nicht im Widerspruch stehe mit deren Loyalität («*loyalisme*») und auch nicht mit der nationalen Einheit, und daß infolgedessen die Assimilierungsbestrebungen unangebracht und ungerecht sind. Im Gegenteil, man solle den Minderheiten besondere Vergünstigungen gewähren zum Schutze ihrer Sprache und ihres Volkstums; damit sei der Gerechtigkeit und dem Staatsinteresse gedient![92]

---

[91] Stadt in Wales.
[92] Siehe den Text im Anhang, Seite 214.

Politik und Gewaltpolitik in Elsaß-Lothringen

Diesen Ausführungen haben wir nichts hinzuzufügen als unser aufrichtiges Bedauern darüber, daß ausgerechnet Frankreich, das Land der Menschenrechte, dem Minoritätenproblem so wenig Verständnis entgegenbringt und sich so in Gegensatz stellt zur allgemeinen Weltmeinung.

Politik und Gewaltpolitik in Elsaß-Lothringen

17.
Gehässige Kritik an Frankreich?

Es dürfte klar sein, daß das Minderheitenproblem nicht – wie der «*Temps*» und andere Chauvinisten, namentlich seit der Straßburger Rede Poincarés (12. Februar 1928) glauben machen wollen – eine («*ad hoc*») von den Deutschen «hinter Kehl» erfundene Sache ist. Doch mit dieser Feststellung ist das «*argument boche*» noch nicht ganz abgetan. Man bringt noch andere Dinge gegen uns vor, mit denen wir angeblich unsere deutsche Mentalität beweisen.

Wir hätten, so heißt es, im Vergleich mit den französischen Zuständen und Methoden, die wir tadelten, die frühere deutsche Verwaltung unseres Landes als besser hingestellt und dadurch unsere Vorliebe für Deutschland kundgegeben. Wir hätten ungerechte, maßlose Kritik geübt, und diese sei von der Gehässigkeit gegen Frankreich eingegeben gewesen.

Nun, was haben wir getan? Wir haben Wahrheiten festgestellt und Lügen gebrandmarkt. Natürlich haben wir dabei an den bisherigen und augenblicklichen Zuständen und Regierungsmethoden scharfe Kritik geübt. Anlässe dazu gab und gibt es bekanntlich in Hülle und Fülle! Ist das etwa zu bewundern bei einem System, unter dem es – wie Poincaré selbst (Sitzung vom 7. März 1928) sagt, in unserem Lande «jeden Augenblick grausame, schmerzliche Mißverständnisse gibt, die gerade dadurch entstehen, daß die Verwaltungen – wollen sie mit gestatten, eine familiäre Formel zu gebrauchen – nichts davon verstehen, absolut nichts! Und daß sie die unglaublichsten Ungeschicklichkeiten begehen in einem Lande, das seit 50 Jahren unter fremder Herrschaft stand, und dessen Wiederanpassung nicht von einem Tag auf den andern erfolgen kann.» Kann ein Staatsmann sein eigenes System schärfer beurteilen und verurteilen, als es hier der Ministerpräsident Poincaré selbst tut gegenüber einer Verwaltung, deren Chef er ist? Und warum setzt er dennoch die «Politik der starken Hand» gegenüber Elsaß-Lothringen fort? Und die unglaublichsten Ungeschicklichkeiten?

Unsere Kritik mag den Betroffenen peinlich und schließlich verhaßt gewesen sein, aber sie war vor allem richtig und wahr! Die Methoden und die maßlose Ausdrucksweise des Bulach'schen Blattes «*Die Wahrheit*» haben wir jedoch ausdrücklich abgelehnt. Wenn heute «*Zukunft*» und «*Wahrheit*» in einen Sack gesteckt werden, so ist das eben unrecht. Uns hat man in wesentlichen Punkten nie widerlegen können.

Politik und Gewaltpolitik in Elsaß-Lothringen

Gewiß, wir haben oft Vergleiche angestellt und anstellen müssen. Was ist lehrreicher und was liegt gerade einem Volke, das ständig seinen «Herrn» wechselt, näher als das Vergleichen? Und wir geben zu und betonen es auch jetzt noch, daß diese Vergleiche leider jedesmal zuungunsten Frankreichs ausgefallen sind. Deshalb mißfielen sie natürlich gewissen Leuten, jene «*comparaisons déplaisantes*». Doch nicht wir haben z.b. das famose Wort geprägt von der «*politique du chien crevé*», die man in Elsaß-Lothringen bis zum heutigen Tage treibt. In französischen Blättern aber konnte man es lesen und dazu allgemeine Kritiken an der Regierung, wie wir sie niemals schärfer und vernichtender hätten zum Ausdruck hätten bringen können! («*Action française!*»)

Allen voran stellen sich die heute so sehr patriotischen Sozialisten sittlich entrüstet über den Ton und den Ausdruck unserer Kritik und heißen daher sogar die Unterdrückung unserer Zeitungen gut. Wir könnten ihnen aus ihren eigenen Blättern («*Freie Presse*» und «*Republikaner*») zahllose Belege unterbreiten, die an maßloser Schimpferei und an Gehässigkeit gegen Frankreich ihresgleichen suchen. Allerdings waren die Herren Führer in jener Zeit, wo ihre Presse so tobte, noch nicht «salonfähig»; sie sind es erst seit den Wahlen von 1924 geworden. Wie die Sozialisten sich in den ersten Jahren (als es noch keine «*Zukunft*» gab) zum französischen Regime stellten, zeigt folgende Aufzählung französischer Mißgriffe aus dem «*Republikaner*» (22. März 1920):

«Identitätskarten, *Commission de triage*, *Boches*, Zensur, Militärautokratie, Hilflosigkeit der Verwaltungsbehörden, einseitige Günstlingswirtschaft, Intervention des Militärs und der zivilen Organe bei Streik- und Lohnbewegungen zuungunsten der Arbeiter, Regierungsattentate auf die deutsche Sprache in den Schulen, im Justizwesen, in den amtlichen Bekanntmachungen, Import von Beamten, die in Kolonialpolitik machen, Zurücksetzung der einheimischen Lehrer gegenüber denen aus dem Innern... Wohin führen diese ersten Anfänge in ihrer weiteren Entwicklung, wenn die Regierung sich nicht anschickt, ernsthaft den Stein des Anstoßes aus dem Wege zu räumen. Will sie es soweit kommen lassen, bis das elsaß-lothringische Volk (!) mit Tell ausruft: In gärend Drachengift hast du die Milch der frommen Denkart mir verwandelt.»...

Den französischen Beamten widmet der «*Republikaner*» (5. Mai 1920) folgende Stelle:

«Wie sie wieder einmal geschrien und geplärrt haben, die Herren «*Bons patriotes*». Es war zum Lachen... ja, wäre die Frage der Bezahlung und der Rechte der elsaß-lothringischen (!) Landeskinder nur einigermaßen, nur annähernd so geregelt wie die der «Herren» Beamten und Lehrer, die aus Innerfrankreich zu uns

Politik und Gewaltpolitik in Elsaß-Lothringen

gekommen sind, dann könnte man zufrieden sein. Warum zögert man denn, den Elsaß-Lothringern (!) dieselbe Zulage zu geben wie den «*Nouveaux venus*»... und diese «*Nouveaux venus*» sind in der Regel auch die Zeter- und Mordio-schreier, die uns als *Boches* titulieren, wenn wir unser Recht, und weiter nichts als unser Recht vertreten oder verlangen!»

Am 20. Mai 1920 beurteilt der «*Republikaner*» die Lage folgendermaßen:

«Keiner von uns dachte, daß es in Frankreich möglich wäre, daß man gegen El-sässer mit Kavallerie-Attacken vorgehen würde, daß man in Lothringen die ein-heimischen Arbeiter brotlos machen würde, um Zugewanderten, sogar Bel-giern, den Platz einzuräumen..., daß man noch vieles andere tun und unterlas-sen würde, was man in Elsaß und Lothringen nie gedacht oder geglaubt hätte. Wenn nicht baldigst Remedur geschaffen wird... müssen wir uns in Elsaß-Lothringen sagen, wir sind keine Franzosen. Man behandelt uns schlimmer als Kolonialeinwohner. Und wenn wir so weiter behandelt werden, wenn man so fortfährt, dann müssen wir auf diese oder jene Art sehen, wie wir uns unser Recht verschaffen (Völkerbund?). Denn so kann und darf das nicht weiter-gehen. Das sind wir uns und der Menschheit schuldig.»

Die «*Freie Presse*» vom 1. September 1920 schrieb:

«Wird man nicht endlich oben einsehen, daß es nach kaum zwei Jahren franzö-sischer Herrschaft schon so weit ist, daß alles in Scherben geschlagen ist, was im November 1918 so schön gebaut wurde?»

In einem geharnischten Artikel (vom 12. Juli 1920) mit dem Titel «Der Geßler-hut» protestierte die «*Freie Presse*» dagegen, daß man von den Elsaß-Lothringern verlange, sie sollten die Regimentsfahne grüßen, «vor einer Fahnenstange mit buntem Tuch den Hut ziehen». Sie erinnert daran, daß Hervé einst «die Regi-mentsfahne auf den Mist gepflanzt» habe. Und was redet und tut die «*Freie Presse*» heute?

Auch in der Sprachenfrage nahm einst die sozialistische «*Freie Presse*» einen an-dern Standpunkt ein als heute. Es gab eine Zeit, wo sie unsere deutsche Mut-tersprache mit viel Verständnis verteidigte, und wo sie ausdrücklich darauf hin-wies, «daß die französische Sprache für 90 Prozent unserer Kinder eine Fremd-sprache ist.» Für den auch von uns scharf bekämpften, unsinnigen Sprachen-drill in der Schule fanden die Sozialisten eine sehr einfache, aber treffende For-mel. Sie lautete («*Freie Presse*», 8. November 1920): «Wir erziehen Paradepup-pen, die beim Druck auf den Knopf ihr Sprüchlein herplappern, aber keine Menschen.» Schärfer kann man wohl das französische Unterrichtssystem nicht

Politik und Gewaltpolitik in Elsaß-Lothringen

verurteilen. (Die «*Freie Presse*» bemerkt in einer Fußnote mit besonderm Nachdruck, daß sie die Auffassung des «geschätzten Fachmannes» «restlos» teile!) Nun, das System des Sprachendrills und der Unterdrückung unserer Muttersprache ist seither dasselbe geblieben. Aber die «*Freie Presse*» hat ihre Auffassung geändert: sie ist heute für restlose Assimilierung! Die Sozialpatrioten schämen sich heute, daß sie einst folgende Sätze geschrieben haben: «Es ist das unbestreitbare Recht eines jeden Volkes, seine Muttersprache zu sprechen und zu pflegen... Und wenn unser Generaldirektor des Unterrichtswesens es als Notwendigkeit bezeichnet, «Elsaß-Lothringen zu einer Gegend zu machen, wo das Französische die Landessprache werden muß», so wissen wir, daß wenn dieses Muß Zwang bedeutet, das gesteckte Ziel nie erreicht werden wird... Daß der jetzt beschrittene Weg nicht der richtige ist, lehren die Früchte unserer Schulpolitik.» – Was die Sozialisten im Jahre 1920 (als sie noch keine Vertretung in der Kammer hatten und nur von der Kritik lebten) mit Recht sagten, das kann man heute alles mit demselben Rechte wiederholen. Wenn wir es tun, werden wir als «bochophil», als «antinational» bezeichnet. Der im Kampf um die Erhaltung unserer deutschen Muttersprache hochverdiente Senator Prof. Dr. Müller wird heute von den sozialistischen Bonzen in gehässiger Weise als der «Muttersprachen-Müller» verhöhnt!

*

Wem das Vergleichen unserer heutigen und früheren Zustände wehtut, bloß weil wir die Vergleiche vornehmen, der lese nach, was z.B. Lucien Romier (im «*Figaro*») geschrieben hat. Dieser Mann sagt, er begreife unseren partikularistischen Stolz und die Denkweise eines Volkes, das während 50 Jahren den gewaltigen Aufschwung des Deutschen Reiches mitgemacht habe, während es jetzt unter der Inkompetenz und Inkohärenz des französischen Regimes leidet. Er erkennt auch die fortschrittlichen und modernen Einrichtungen an, die wir selbst uns durch unser eigenes Parlament (das wir jetzt nicht mehr besitzen) geschaffen haben. Und Lucien Romier ist nicht der einzige, der im Hinblick auf das, was wir in deutscher Zeit erworben und heute zum Teil schon ganz verloren haben, unsere jetzige Lage bedauert. Bei Alcide Ebray («*Revue de Hongrie*», Juli/Augustheft 1927) lesen wir:

«Der Präsident Wilson hat in seinem Buche «*Der Staat*» anerkannt, daß Deutschland das am besten verwaltete Land ist. Die Elsaß-Lothringer hatten den Vorteil dieser guten Verwaltung genossen, und gerade in diesem Punkte ist

Politik und Gewaltpolitik in Elsaß-Lothringen

nicht zu leugnen, daß sie im Jahre 1919 durch ihren Übergang von einem Staat zum andern nichts gewonnen haben.»

Der Académicien Louis Bertrand, Lothringer und Patriot wie Poincaré, übte in einem Artikel, «Pour notre Lorraine» («*Figaro*», 28. Juli 1927) eine geradezu vernichtende Kritik an der französischen Verwaltung Lothringens. Er kam von einem Besuche in Metz zurück und berichtete über seine Eindrücke u.a. folgendes:

«Angesichts dieses schleppenden Lebens, dieser Hemmung in Handel und Wandel, dieses um sich greifenden Verfalls, dieser steigenden Schmutzflut (denn die Demagogie führt überall die Unsauberkeit ein, wo sie durchgeht, sagte ich mir von neuem: Das also hat die Republik gemacht aus einem ehedem blühenden, von Leben und Arbeit übersprudelnden Lande. Und wenn ich erst sehe, wie völlig es ihr mißlungen ist, die Herzen zu gewinnen, sie Frankreich zu- oder zurückzuführen... Doch wie will man Frankreich jenen Leuten anpreisen, die auf tausend Arten gekränkt werden in ihren Sitten und Bräuchen wie in ihrem Glauben...

«Das Ergebnis dieser hirnlosen Politik ist, daß alle Welt unzufrieden ist. Unsere Leute sind wütend, so gegen jeden gesunden Menschenverstand regiert zu werden, ohne Sicherheit und in der Ungewißheit des kommenden Tages zu leben, ständig behindert zu werden durch die Bummelei einer rückständigen und unzulänglichen Verwaltung, fortgesetzt belästigt zu werden in ihrem innersten Gewissen, – um zum Schluß zu merken, daß man ihnen die jakobinische und zentralistische Zwangsjacke anlegen will und sie wie das übrige Frankreich zum Herdenvieh machen möchte...»

Haben wir selbst je schärfere Worte gebraucht? Sie haben auch dem Lothringer Bertrand, der übrigens selbst nicht frei ist von einer guten Dosis Nationalismus, die heftigsten Angriffe seitens der Presse und der hypernationalen Politiker eingebracht. Keiner aber dachte daran, nach dem Rechten zu sehen oder der Regierung Vorschläge zu Besserung der bejammernswerten Verhältnisse zu unterbreiten. Und so geht es bei uns bereits jahrelang.

Das *Bulletin* der «*Ligue des droits du Nord*» (Augustheft 1926) liest dem «*Temps*» ganz gehörig die Leviten wegen seines unduldsamen, gehässigen Nationalismus, mit dem er die rücksichtslose Assimilierung der Elsaß-Lothringer fordert. (Nebenbei bemerkt: der «*Temps*» bezeichnet die Beibehaltung der deutschen Sprache im Elsaß als unerträglich, weil sie gleichbedeutend sei mit einer... Verlängerung der deutschen Okkupation!!) Die nordfranzösische Liga nimmt Stellung zugunsten unserer Heimatbewegung und verteidigt den Gedan-

Politik und Gewaltpolitik in Elsaß-Lothringen

ken der regionalen Autonomie. Mit dem «*Temps*» (vom 3. Juni 1926) rechnet sie in einem längeren, sehr lesenswerten Artikel ab, dem wir als «Kritik an Frankreich» folgendes entnehmen:

«Das, was der Patriotismus des «*Temps*» wünscht, was er für das moralische Wohlergehen der Republik fordert, ist, daß dieser so blühende und frische Menschenschlag von Elsaß-Lothringen in demselben Stall untergebracht und mit denselben Bindestricken angebunden werde wie unsere politisierenden, von der Fäulnis und vom Krebsübel der Entvölkerung befallenen Departements; daß diese Volksmasse in demselben Staatstiegel zusammengestampft und besudelt werde wie soviele unserer Provinzen, die zu Kirchhofsregionen geworden sind; daß diese Physiologie und Denkart einer Elite in der Fäulnis des südstaatlichen Massengrabes untergehen und verschluckt werden sollen; daß sie vernichtet werden sollen in der Einheit und Unteilbarkeit der Todeslatinität[93].»

Entvölkerung... Kirchhofsregionen... Fäulnis... Todeslatinität!! Solche Worte müssen doch auf uns einen tiefen Eindruck machen und uns zu ernstestem Nachdenken zwingen. Sollen wir das Los sterbender Völkerschaften teilen? Tausendmal nein! Die «*Ligue des droits du Nord*» ermuntert uns daher zur Festigkeit im Widerstand gegen jede Assimilierung und mahnt uns zur Vorsicht gegenüber allen hinterlistigen Mitteln, die man anwenden werde. Denn sie kennt ihre Pappenheimer. Gehässige Kritik? Nein, – Wahrheit!

*

Wohl hatten wir auch zu deutscher Zeit unsere Beschwerden vorzubringen, doch die Verwaltung und Organisation, schon rein technisch genommen, klappten vorzüglich. Heute aber plagen wir uns herum mit einer alten, eingerosteten Maschine. Der «merovingische Ochsenwagen» – wie viele sich ausdrücken – ist sprichwörtlich geworden. Die Politik dünkt einen ein Irrlicht, das aus dem Wahlsumpf hemporsteigt. Das parlamentarische Leben wird beherrscht von Korruption und Parteiinteressen. Von der Gesetzgebung mit ihren veralteten und verstaubten Paragraphen, sowie von Zöpfen aller Art wollen wir schon gar nicht sprechen.

---

[93] *Nécrolatinité.*

Politik und Gewaltpolitik in Elsaß-Lothringen

Was aber gar erst die vielgerühmte «Freiheit» angeht, die wir heute haben sollen und früher nicht gehabt haben, so ist das in Frankreich ein ganz eigen Ding. Schon Assimilierung bedeutet doch das Gegenteil von Freiheit, nämlich Unterdrückung. Mit den spezifischen Freiheiten steht es nicht besser. Früher – so sagt man – hätten wir z.B. die Pressefreiheit nicht in dem Masse gekannt wie heute. Wir hätten uns damals nie erlauben dürfen, Dinge zu schreiben, die man heute zuläßt. Zur Illustration dieser Behauptung genügt es, an Zeitungen aus deutscher Zeit, wie «*Dur's Elsaß*» (von Zislin), und an Männer wie Wetterlé und dessen Gesinnungsfreunde, oder an die früheren Protestler, oder an Einrichtungen, wie den «*Souvenir Français*» usw. zu erinnern. Man zähle uns einmal die Verfolgungen aus jener Zeit auf. Wann sind etwa früher elsässische Zeitungen französischer Sprache aufgrund eines Fremdsprachenparagraphen (der damals mehr Sinn gehabt hätte als heute) unterdrückt worden? Wann sind einmal Haussuchungen und Verhaftungen in dem Maße wie jetzt vorgenommen worden? Wann ist die Versammlungsfreiheit geknebelt worden? Doch lassen wir die Vergleiche, sonst machen wir uns noch mißliebiger.

Hören wir lieber, was die Presse der heutigen Sozialpatrioten einst über das «preußische Joch» zu schreiben wußte, zu einer Zeit, wo sie noch keinen Vertreter im Parlament und in den *Antichambres* der Minister sitzen hatten. In einem Artikel vom 20. März 1920 spricht die «*Freie Presse*» von Universitätsprofessoren, «die in einer durch nichts zu erschütternden Voreingenommenheit sich die Zustände in Elsaß-Lothringen immer vorstellen, als hätten wir vor dem Einzug der Franzosen an Sklavenketten gelegen»;… «es kann gesagt werden, daß unsere Freiheiten selbst damals weiter gesteckt waren, als sich mancher Zugewanderte vorstellt.»

Der «*Republikaner*» vom 24. März 1920 sagt:

«Wir protestieren im Namen der Gerechtigkeit gegen dieses Vorgehen, welches keine frühere preußische Willkürherrschaft gewagt hätte, der Arbeiterschaft zu bieten.»

Und am 30. Juni 1920 fügt er hinzu:

«Dürfen wir es aussprechen, daß wir in der schlimmsten wilhelminischen Zeit derartige Urteile nicht zu verzeichnen hatten… und darum dürfen wir es wohl aussprechen, daß das Gros der Bevölkerung von Elsaß und Lothringen unter *Liberté, Égalité, Fraternité* etwas anderes verstand und erhoffte, als das, was man ihr bietet.»

Politik und Gewaltpolitik in Elsaß-Lothringen

Und heute behaupten die Sozialisten, wir lebten in einem Paradies der Freiheit, früher aber hätten wir Bleikugeln an den Füßen getragen.

René Gillouin bemerkte kürzlich in der «*Liberté*»: «Man muß sich völlig freimachen von der konventionellen, durch eine gewisse Richtung verfochtenen Idee eines geketteten und unter dem Joche des Siegers seufzenden Elsasses, das während eines halben Jahrhunderts seinen Glauben und seine Treue gegenüber Frankreich unverbrüchlich bewahrt habe.»

Führen wir jetzt auch noch an, was der elsässische Senator Helmer zu dem Kapitel Freiheit, Gleichheit und Gerechtigkeit zu sagen weiß. In seinem aufsehenerregenden Briefe (vom 24. Januar 1928) an den Justizminister Barthou bemerkt er über die von dem Generalstaatsanwalt Fachot in Colmar gegen die Autonomisten angeordnete Hetze folgendes:

«Es ist ganz natürlich, daß man daran gedacht hat, H. Fachot habe eine Ablenkung versucht wegen der schweren Anklagen (Kalisequesterskandal, Verschiebung von 2½ Millionen, Fälschung und Unterschlagung von Dokumenten), die ich gegenüber der Machtlosigkeit sämtlicher Regierungen seit 7 Jahren mich entschlossen hatte, vor die Öffentlichkeit zu bringen. Es mußte doch ein wichtiger Grund vorliegen, wenn H. Fachot nach jahrelanger Untätigkeit plötzlich ein Strafverfahren einleitete, wie es die Deutschen vom 6. August 1870 bis zum 31. Juli 1914 im protestlerischen Elsaß nie versucht haben. Selbst im Jahre 1887 in der Affäre der Patriotenliga, der einzigen, die ganz Elsaß und Lothringen umfaßte, hat Deutschland keine 120 Haussuchungen und 25 Verhaftungen vorgenommen.»

Derjenige, der dies schreibt, der nicht bloß so unerhörte Anklagen gegen einen hohen Justizbeamten erhebt, sondern sogar einen für Frankreich und dessen Justiz beschämenden Vergleich mit Deutschland zieht, ist kein Autonomist, sondern ein Nationalist, ein Freund Wetterlés, einer der Berater der französischen Regierung während des Krieges, ein alter Rechtsanwalt am Oberlandesgericht und Senator seit 1919. Wenn ein solcher Mann solche Worte schreibt, dann muß wirklich etwas «faul» sein im Staate Frankreich.

Wenn auch wir Vergleiche gezogen haben und ziehen mußten und noch immer ziehen, so geschah und geschieht das weder aus Haß gegen Frankreich noch aus Liebe für Deutschland, sondern einzig und allein im Interesse unserer Heimat und unseres Volkes. Es geschah in der Verteidigung unserer angestammten Rechte, es geschah in einer Art Notwehr, im Kampfe um die Selbsterhaltung, bei der es im letzten Grunde um unsere Seele geht. Und diese werden wir uns nimmermehr rauben lassen. Diejenigen aber, die sie uns rauben wollen, lie-

Politik und Gewaltpolitik in Elsaß-Lothringen

ben uns sicher nicht. Sollen wir also ihre Stiefel küssen? Das tun wir nicht. Wir beugen uns vor keinem Landvogt und vor keinem Geßlerhut. Freiheit wollen wir haben im «Lande der Freiheit»!

Politik und Gewaltpolitik in Elsaß-Lothringen

18.
Das «klerikale» und das «kommunistische» Argument.

Außer dem abgedroschenen «*argument boche*» bleiben uns nun noch einige andere gegnerische Lügen zu entlarven.

Die Heimatbewegung soll eine «klerikale Mache» sein. So behaupten diejenigen Parteien, denen es in ihrem blinden Antiklerikalismus (lies: Religions- und Kirchenhaß) bei der Assimilation in der Hauptsache darauf ankommt, daß die französischen Laiengesetze restlos eingeführt werden. Die Hauptvertreter dieser «These» sind die Sozialisten und ein Häuflein ebenso gesinnungstüchtiger Radikaler. Letztere haben im Lande und beim Volke überhaupt keine Nummer, dafür schreien sie aber im Verein mit den Sozialisten umso lauter gegen die Autonomisten, weil diese gegen die Assimilation sind.

Es ist erwähnenswert, daß die Sozialisten ihren Assimilationismus offiziell natürlich nicht auf ihren Antiklerikalismus, sondern – man staune – auf ihren Patriotismus stützen. Wie dieser sozialistische Ruhmesanspruch auf den Patriotismus innerlich zu bewerten ist, hat jüngst René Gillouin (in der «*Liberté*»), kein Klerikaler, auch denjenigen klar gemacht, die es vielleicht noch nicht wußten. Er erinnert die Peirotes, Weill, Grumbach und ihre Gesinnungsfreunde zunächst daran, daß der internationale Sozialismus doch kaum die Idee des Vaterlandes in die erste Reihe seines Denkens oder seiner Aktion stellen könne. Was insbesondere das französische Vaterland angehe, so sei auch noch zu gut bekannt, daß der elsässische Sozialismus einstmals die Gunst der deutschen Regierung genoß, da diese in ihm ein Werkzeug der «Germanisation» sah.

R. Gillouin hätte unsere Sozialisten, die einstigen «kaiserlichen» Sozialdemokraten, auch daran erinnern können, daß sie noch vor einigen Jahren das von ihnen heute gepriesene Vaterland maßlos gelästert und den Haß gegen Frankreich landauf, landab mit der «Lüge von der sog. *Mère Patrie*» gepredigt haben. Er hätte ferner darauf hinweisen können, daß vor dem Kriege (1912) die Wahl des heutigen Ex-*Capitaine* Georges Weill zum Reichstag als ein «deutscher (!) Sieg» gefeiert wurde, und daß überhaupt von vier sozialistischen Abgeordneten drei Altdeutsche waren.

Doch das sind wohl nur Kleinigkeiten. Wir geben im übrigen gern zu, daß einige Sozialistenführer, darunter Weill und Peirotes, es verstanden haben, rechtzeitig ihr Mäntelchen nach dem Wind zu hängen, als sie einmal «Morgenluft» gewittert haben. Sie erkannten ziemlich schnell für sich die unbegrenzten Mög-

Politik und Gewaltpolitik in Elsaß-Lothringen

lichkeiten im laikalen, antiklerikalen Frankreich. Das war doch für sie das Land ihrer Träume! Was lag näher, als nun das «bunte Tuch» zu ehren, das man noch kurz vorher respektlos beinahe «auf den Mist gepflanzt» hätte!

Der ehrliche Arbeiter allerdings kam da in seinem einfacheren Verstande zunächst nicht schnell genug mit. Infolgedessen gab es Unstimmigkeiten, als plötzlich die sozialistischen Führer auf einem patriotischen Gaul dem Gros um einige Pferdelängen voraus waren. Eine Zeitlang verweigerten daher die Anhänger ihre Gefolgschaft. So kam es, daß eine Mitgliederversammlung der soz. Sektion Mülhausen am 27. September 1920 die «antisozialistische» Haltung des Genossen Peirotes brandmarkte, die dieser bekundet hatte anläßlich des Besuchs des Ministerpräsidenten Millerand durch eine Rede, «die an die hochpatriotisch-chauvinistische Phraseologie des Nationalblocks erinnert» und «eines Sozialisten unwürdig ist». Die Parteisektion Mülhausen betrachtete daher «Peirotes als außerhalb des Rahmens der Partei stehend. Ob er seither wieder *de plein droit* reintegriert» wurde, hat man nie erfahren. – In einem Bericht des «*Republikaner*» vom 2. August 1921 über eine Tagung der Mülhauser Parteisektion konnte man auch lesen, daß die Häuserbeflaggung «besonders bei patriotischen Anlässen» als «Prinzipienverletzung» bezeichnet und scharf mißbilligt wurde!

R. Gillouin durchschaut den wahren Grund, weshalb der Sozialismus heute so patriotisch und französisch-national, anti-autonomistisch und assimilationistisch tut. Er sieht ihn mit Recht in dessen Religionsfeindschaft und im Machthunger. Die Sozialisten, sagt er, glauben im «freidenkerischen» und «radikalsozialisierenden» Frankreich besser auf ihre Rechnung zu kommen und eine größere Zukunft zu haben. Da es bekanntlich in Frankreich besonders vorteilhaft ist, dem «Klüngel» der Freimaurerloge anzugehören, haben auch die sozialistischen Führer sich ihr mit Haut und Haar verschrieben. Im Dienste der Loge opfern sie ihre eigenen Parteigrundsätze sowie die Volks- und Arbeiterinteressen. «Das sind gute Gründe, französisch zu sein,» können wir da mit R. Gillouin sagen.

In der Tat glauben und wünschen die elsässischen Sozialisten (und Radikalen) in ihrem blöden Antiklerikalismus, von dem sie allein leben, daß mit der Einführung der französischen Trennungsgesetze auch die «Macht des Klerikalismus» im Lande endgültig gebrochen werde. Dann würde ihr Weizen besser blühen. Hiergegen aber – so behaupten sie – wehren sich die Klerikalen mit Händen und Füßen und haben deshalb zur Stärkung ihrer Position die Heimatbewegung erfunden und ins Werk gesetzt.

Wäre die Heimatbewegung antiklerikal, so würde sie natürlich eher die Gnade der Sozialisten finden. Doch sie ist eben nicht antiklerikal! Die Tatsache aber,

Politik und Gewaltpolitik in Elsaß-Lothringen

daß wir für die kirchlich-religiösen Forderungen ebenso bestimmt eintreten wie für die allgemein kulturellen genügt doch wohl nicht, um uns als «klerikal» zu bezeichnen. Sie genügt aber wohl den Sozialisten, um uns mit allen Mitteln zu bekämpfen.

Gewisse Antiklerikale behaupten, daß die Elsässische Volkspartei («Zentrum») eine zweideutige Haltung einnehme, indem sie unter «Heimatrechten» mit einer gewissen «*reservatio mentalis*» ausschließlich kirchlich-konfessionelle Interessen verstehe und im Falle einer gesetzlichen Sicherstellung dieser Interessen über alle andern heimatrechtlichen Forderungen leichten Herzens hinwegginge. Damit sei dann endgültig erwiesen, daß die Heimatbewegung – deren Anhängerschaft in großer Zahl der «klerikalen» Partei angehöre – eben in ihrem Wesen und ihren Zielen «klerikal» sei. Sollte es wahr sein, daß die Elsässische Volkspartei in der Frage der Heimatrechte eine zweideutige Haltung einnimmt, so kann das höchstens auf gewisse Führer zutreffen. Wir glauben aber, daß in jedem Falle die Mehrheit ihrer Anhänger mit uns den Kampf um Sprache und Volkstum weiterführen wird. Die Bewegung hätte dann erst recht nichts «Klerikales» mehr an sich, so wenig wie sie heute in ihrem Wesen klerikal ist oder von Klerikalen oder aus klerikalen Motiven erfunden worden ist.

*

«Die Unzufriedenheit im Elsaß», sagt auch William Martin im «*Journal de Genève*» (16. Januar 1926), «ist keine Erscheinung konfessioneller Art und nur durch die Einführung der Laiengesetze verursacht, wie es die Klerikalen und deren Gegner ihrem Interesse gemäß hinzustellen suchen.» Denn nicht erst seit 1924, als Herriot die Einführung der Laiengesetze ankündigte oder versuchte, geht eine Gährung durch das elsaß-lothringische Volk. Die Mißstimmung zeigte sich vielmehr bedeutend früher, schon unter dem Nationalblock, der sich im nationalistischen Übereifer von den wütenden Assimilationisten auf der schiefen Ebene immer weiter vortreiben ließ. Unsere *Députés* allerdings waren – moralisch – zu schwach, um die Aufgabe zu erfüllen, die ihnen das Interesse des Volkes vorzeichnete.

Als erster hat bei uns der Journalist Camille Dahlet, kein Klerikaler, in der damals von ihm geleiteten «*République*» der Volksstimmung scharfen, aber treffenden Ausdruck verliehen. Und wer im Juli 1922 die sog. Bulach-Versammlung im Straßburger Sängerhaus besucht hat, der konnte schon merken, welcher

Politik und Gewaltpolitik in Elsaß-Lothringen

Wind wehte. Wir sehen hier ganz davon ab, welch scharfe Kritik schon in den ersten Jahren die sozialistische Presse an den Zuständen übte. Aber gerade gewisse «Klerikale» waren es, die im Verein mit den Chauvinisten sich nicht scheuten, Dahlet zu verdächtigen und zu beschimpfen. Und im Sängerhause versuchte sogar ein bekannter Volksparteiführer, mit seiner Mannschaft durch Schreien, Pfeifen und Johlen die Versammlung unmöglich zu machen.

Nein, nicht die Klerikalen haben die Heimatbewegung geschaffen, sondern sie ist aus dem Volke, ohne künstliche Hilfe, mit elementarer Wucht hervorgegangen. Einige klerikale Führer sind heute noch Gegner der Heimatbewegung und scheuen sich sogar nicht, in Wahlzeiten gemeinsame Sache mit den Sozialisten und Radikalen zu machen!

Die Heimatbewegung umfaßt nicht bloß katholische und evangelische gläubige Kreise, sondern ebenso Freidenker und Kommunisten. Gerade auf letztere ist in der Hauptsache das sozialistische Argument, die Bewegung sei eine klerikale Mache, berechnet. Die «antiklerikalen Instinkte» sollen gereizt werden. Das zieht aber nicht, denn es gibt Freidenker und religiös indifferente Kreise, die nicht unbedingt vom Antiklerikalismus und Religionshaß leben müssen; bei ihnen ist eben der Heimatgedanke stärker. Das glauben wir auch von den elsässischen Kommunisten im Gegensatz zu den Radikalen und Sozialisten sagen zu dürfen.

*

Dieselben Sozialisten, die sich bekanntlich zu einer «bürgerlichen» Partei, zu einer «Ordungs»-Partei durchgemausert haben und von ihren revolutionären Grundsätzen gelegentlich nur noch in der Theorie sprechen, haben im Kampfe gegen uns ein weiteres Argument erfunden, mit dem sie auf die ordnungsliebenden «*Bourgeois*» Eindruck zu machen suchen. Aus diesen Kreisen erwarten sie nämlich eine Stärkung ihrer dünnen Reihen. Um dort die Heimatbewegung in Verruf zu bringen, behaupten sie, die Autonomisten (und zwar alle «gemäßigten» Heimatrechtler) seien nur ein Hilfstrupp der Kommunisten!

Wie steht es nun damit? Wer die Entwicklung der Verhältnisse kennt, weiß ganz genau, daß die Heimatbewegung ihren Ausdruck in der «*Zukunft*» bereits im Mai 1925 gefunden hatte, während die Kommunistische Partei in Straßburg erst im September desselben Jahres zu der Frage der Heimatrechte Stellung nahm und ihr Manifest veröffentlichte. So wenig wie die Heimatbewegung eine

Politik und Gewaltpolitik in Elsaß-Lothringen

«klerikale» Mache ist, ebensowenig ist sie eine «kommunistische». Vielmehr beruht sie auf der breiten Grundlage heimatrechtlicher Forderungen, die allen Volksschichten ohne Rücksicht auf Parteizugehörigkeit und Weltanschauung gemeinsam sind. Daß gerade die Kommunisten für unsere kulturellen Forderungen, besonders auf sprachlichem Gebiete, so klar und zielbewußt eintreten, gereicht ihnen nur zur Ehre.

Doch mit dem «kommunistischen Argument» soll dem Spießbürger bange gemacht werden: man denke, die Autonomisten, darunter «Klerikale», verhelfen den Kommunisten zur Revolution, und vor der revolutionären Gefahr ist doch den Sozen bange. Es ist schrecklich. Absolute Ruhe ist für sie heute die erste Bürgerpflicht, damit sie ihrem... Geschäft nachgehen können. Und dieses Geschäft blüht nur, wenn man gut «nationalfranzösisch» tut. Dazu aber muß man anti-autonomistisch sein.

Wir verstehen also jetzt, warum die Sozialisten den Autonomismus je nach Ort und Gelegenheit bald mit dem «klerikalen», bald mit dem «kommunistischen» Argument zu bekämpfen suchen. Es geht für sie nicht um eine Idee oder eine Überzeugung, sondern um eine reine Machtfrage, ein Geschäft.

Politik und Gewaltpolitik in Elsaß-Lothringen

19.
Der Zweck der Hetze gegen die Autonomisten.

Welches ist nun der Zweck all dieser hartnäckigen Angriffe gegen uns, all dieser Lügen und Verdächtigungen? Weshalb sucht man uns namentlich immer wieder als Separatisten und als Agenten Deutschlands hinzustellen?

Zunächst soll dadurch vor allem im Hinblick auf die Wahlen das Volk getäuscht und in Verwirrung gebracht werden. Damit wir nicht die nötige Aufklärung schaffen und sachlich diskutieren können, hat dann die Regierung einfach unsere Zeitungen unterdrückt und uns überhaupt jede Möglichkeit genommen, uns an das Volk zu wenden, sei es mit Flugschriften, sei es durch Versammlungen. Das Radikalmittel bestand schließlich darin, die mutmaßlichen autonomistischen Führer ins Gefängnis zu werfen. So können die Lügen der Hetzer ungehindert ihre Orgien feiern.

Die Gewaltmaßnahmen selbst, die der Reihe nach gegen uns ergriffen wurden, fanden ihrerseits ebenfalls ihre Vorbereitung durch die gegnerischen Verdächtigungen. Es ging darum, durch solche Denunziationen der Regierung Handhaben gegen die Autonomisten zu liefern. Ja, die Hetzer forderten – immer aus parteipolitischer Gehässigkeit – die Regierung direkt auf, mit Gewalt gegen uns einzuschreiten. Zum Teil handelte es sich da um ein abgekartetes Spiel. Daß jene Aufforderungen nämlich vielfach von der Regierung selbst im geheimen inspiriert und bestellt waren aber in gegenseitigem Einverständnis erfolgt sind, ist für denjenigen kein Geheimnis, der die französischen Regierungsmethoden und die bedauerliche Presseprostitution in Elsaß-Lothringen einigermaßen kennt. Jedenfalls versteht es die Regierung, die von ihr bestellten Pressestimmen und sonstigen Kundgebungen mannigfacher Art umgekehrt wieder zur Rechtfertigung ihrer Verfolgungsmaßnahmen auszunutzen.

Schließlich, doch nicht zuletzt, sollte die Verdächtigung unserer Bewegung auch eine bestimmte Wirkung im Auslande hervorrufen. Und in diesem Sinne ist die französische Propaganda nicht ohne Erfolg am Werk. Man kann zu seinem Erstaunen feststellen, daß unter dem Einfluß dieser Propaganda selbst neutrale Journalisten über das wahre Wesen und die innere Berechtigung unserer Heimatbewegung und des Autonomismus noch ganz diese Vorstellungen haben. Doch die Wahrheit bricht sich allenthalben Bahn.

Die Wirkung der Hetze gegen uns hat aber noch eine andere Seite. Dadurch, daß unsere Gegner und die Regierung behaupten, die Autonomisten ständen

Politik und Gewaltpolitik in Elsaß-Lothringen

im Dienste Deutschlands, wird dieses selbst als der ewige Störenfried denunziert. Obwohl ein stichhaltiger Beweis für diese Behauptung bisher nicht erbracht werden konnte, sind die Chauvinisten hartnäckig bemüht, sie zu wiederholen und weiterzuverbreiten. Ihre Absicht ist gar zu durchsichtig. Deutschland soll verdächtigt werden, als wolle es sich an den Versailler Vertrag und an die Abmachungen von Locarno nicht halten, als führe es etwas Böses im Schilde. Damit soll Frankreich neue Druckmittel in die Hand bekommen, um seine Sicherheits- und Garantieforderungen ins Endlose auszudehnen. So stellt sich schließlich heraus, daß die Hetze gegen die Autonomisten mit dem «argument boche» nur eine künstliche Mache ist, ein fein berechnetes Mittel zum Zweck, Deutschland in den Augen der Welt als eine Gefahr für den Frieden hinzustellen. Was dabei in Wahrheit für den Frieden und die Völkerversöhnung herauskommt, das schert die Chauvinisten nicht.

Politik und Gewaltpolitik in Elsaß-Lothringen

20.
Die «antinationale» nationale Elsässische Volkspartei.

Von der Hetze mit dem «antinationalen» Argument sind auch bessere Menschen als die wilden Autonomisten nicht verschont geblieben. Sie sind auch dann nicht verschont geblieben, als sie selbst die Hetze gegen die «antinationalen» Autonomisten ganz oder teilweise glaubten mitmachen zu müssen. Wir meinen die katholische Elsässische Volkspartei (früher Zentrum).

Auch in ihrem Programm haust jedoch der böse Geist des Autonomismus. Die Partei verlangt eine selbständige regionale Verwaltung mit einem eigenen Chef, einen aufgrund des allgemeinen direkten Wahlrechts gewählten Regionalrat und ein besonderes Budget. Das Ganze bezeichnet sie als «Verwaltungsautonomie». Ob diese Bezeichnung an sich richtig ist, soll hier nicht untersucht werden. Halten wir bloß fest, daß es nach dem eigenen Wort und Willen der Partei eine «Autonomie» sein soll. Und Autonomie gilt in jeder Form als «antinational», denn sie durchbricht das unitaristische und zentralistische Prinzip des französischen Staates. Es ist daher begreiflich und sogar folgerichtig, wenn die Verwaltungsautonomisten mit den andern Autonomisten in einen Sack gesteckt werden. Es nützt den Verwaltungsautonomisten auch nichts, wenn einzelne ihrer Führer die Heimatforderungen immer zaghafter und nur noch zum Schein aussprechen. Solange sie nicht offen und kategorisch das Programm, auf das sie sich haben wählen lassen, verleugnen (wie Bourgeois, Comte de Leusse, – wer noch?), gelten sie eben nicht als vollwertig national, oder als antinational.

Wie weit dieser Unfug mit dem «antinationalen» Vorwurf geht, zeigt die Tatsache, daß man ihn sogar gegen jene Mitglieder der Volkspartei erhebt, die die anerkannten Führer des schwachen nationalistischen Flügels der Partei sind. So will Daniel Blumenthal, ein Vertreter der bedingungslosen Assimilation, in seinem *Journal d'Alsace et de Lorraine*» (31. Januar 1928) sogar die Kandidatur des gut nationalen Dr. Pfleger deshalb nicht als eine «im französischen Sinne» nationale ansehen, weil auch Pfleger sich auf ein Programm wählen lasse, das für Elsaß-Lothringen ein besonderes Regime, die Verwaltungsautonomie, verlangt. Blumenthal weist darauf hin, daß dies die Autonomie im Rahmen Frankreichs bedeute. Nach seiner Meinung müßte eben die Volkspartei vor allen Dingen sich selbst, d.h. ihr Programm, von jeglichem Autonomismus reinigen, wenn sie im französischen Sinne national sein wollte. Alles Verleugnen der verfemten «Autonomisten» hilft nichts, solange die Partei noch «autonomistische» Forde-

Politik und Gewaltpolitik in Elsaß-Lothringen

rungen in ihrem Programm stehen läßt und so die vollständige und restlose Assimilation verhindert.

Diese Auffassung ist nicht bloß den Laizisten à la Blumenthal eigen, sondern sie ist Gemeingut aller «guten Patrioten» – auch solcher innerhalb der Volkspartei! – und der Regierung selbst.

Nun hat die Partei sich von den Chauvinisten terrorisieren lassen, nein sie hat – freiwillig – anläßlich der Autonomistenverfolgungen nicht nur die Autonomisten verbrennen helfen, sondern auch durch Loyalitätserklärungen sich einen nationalen Heiligenschein um das sorgenvolle Haupt gewunden. Wir meinen: neue Loyalitätserklärungen zu den schon veralteten, die in Vergessenheit geraten waren. Sie wollte sich bei den nationalen Kollegen rehabilitieren. Wie wenig aber die französische Öffentlichkeit auf die Loyalitätsbeteuerungen der Elsaß-Lothringer gibt, das hat sich bei dieser Gelegenheit deutlich gezeigt. Alle Superlative, alle schwülstigen Phrasen, auch das inbrünstigste Bekenntnis einer gut nationalen, unübertrefflich patriotischen Gesinnung, wie es z.B. der Abgeordnete Walter mit ebenso großer «Überzeugung» wie Gewandtheit ablegt, nützen nichts! Die chauvinistische Presse höhnte in allen Tonarten über die Erklärung der Volkspartei. Das nationale Bekenntnis endete schließlich in der Lächerlichkeit. «Patriotische Literatur»... nannte es mit beißendem Spot das «*Écho de Paris*», und andere Pariser Blätter sagten offen heraus, daß in Frankreich kein Mensch solchen Beteuerungen mehr traue.

Berührt es unter derartigen Umständen nicht merkwürdig, daß ein merkwürdiges Organ der eben genannten Partei, nämlich der «*Elsässer*» (vom 28. Januar 1928), sich untersteht, nach einer solchen Abfuhr sich aufs hohe nationale Roß zu setzen und den «andern» Autonomisten, denen gegenüber er sich besser dünkt, eine besonders schlau geprägte Loyalitätsformel zum Nachsprechen vorzusagen? Welches Vertrauen würde man einer Loyalitätserklärung des «Prügelknaben» Autonomismus entgegenbringen, wenn man schon dem klerikalen Musterknaben nicht traut?

Nein, wir wollen nicht auch dem Fluche der Lächerlichkeit verfallen. Wir haben dem einmal Erklärten nichts hinzuzufügen. Höchstens könnten wir hier die bekannten Worte des national durchaus zuverlässigen Abgeordneten Dr. Pfleger von ebenderselben katholischen Volkspartei wiedergeben. Er sagte in einer Protestversammlung seiner Partei im Vereinshause zu Colmar am 6. Juli 1924 angesichts der unerquicklichen Vorgänge und Zustände in unserem Lande:

Politik und Gewaltpolitik in Elsaß-Lothringen

«Dazu sind wir nicht französisch geworden. Mann kennt keine Rücksicht gegen uns, wir werden auch keine Rücksicht gegen unsere Gegner kennen. Man bleibe uns weg mit dem Vorwurf des Antipatriotismus! Der zieht nicht mehr!»
Der Redner erntete für diese Worte stürmischen Beifall, wie aus dem Versammlungsbericht hervorgeht. Doch... «*quod licet Jovi, non licet bovi*»[94], d.h. was einem Patrioten von der Volkspartei zu sagen erlaubt ist, das ist einem gewöhnlichen Autonomisten noch lange nicht erlaubt!

Und deshalb fahren gewisse Herren der Volkspartei im Verein mit andern fort, alle Heimatrechtler ohne Ausnahme in perfider Weise als antinational, als Separatisten zu denunzieren. Sie selbst aber werden dadurch in nationaler Hinsicht nicht vertrauenswürdiger, solange sie selbst noch – ehrlich? – auf ein Programm schwören, das ebenfalls autonomistisch und daher im französischen Sinne antinational ist.

In der Tat decken sich die heimatrechtlichen Forderungen der Volkspartei und des Heimatbunds in allen wesentlichen Punkten bis auf das Ziel, das bei jener abgeschwächt Verwaltungsautonomie, bei diesem offen politische oder regionale Autonomie heißt. Gewisse Führer der Volkspartei hätten wirklich keinen Grund, sich so «national» zu blähen und ins chauvinistische Geheul gegen den Heimatbund einzustimmen. Ehrenwerte Politiker der Partei sehen das auch ein und lassen sich nicht beirren. Dr. Haegy z.B. schrieb – allerdings schon vor längerer Zeit – in der «*Heimat*» (September 1926):

«Der Heimatbund vertritt Forderungen, die zu 75% oder zu 95% Dinge sind, die zum Programm der elsässischen Volkspartei gehören. Freunde der elsässischen, christlichen, katholischen Sache haben dem Heimatbund ihre Mitwirkung geliehen, weil sie von ihm einen stärkeren Aktivismus im Sinne der Verteidigung der elsässischen Heimatrechte, Traditionen und Institutionen erwarteten. Verlangt man von uns, wir sollten sie im Stiche lassen, da sie die Opfer eines Kesseltreibens geworden sind?! Wir wären keine Ehrenmänner, wenn wir das täten!»

Nun, an dem Programm und an der Tendenz des Heimatbunds hat sich seither nichts geändert! Das Kesseltreiben gegen ihn hat allerdings zugenommen. Und doch gibt es, heute noch mehr als damals, in der Volkspartei «Ehrenmänner», die den Heimatbund nicht bloß schmählich im Stiche lassen, sondern mit voller Lungenkraft, mit «der letzten Energie» in das hysterische Geschrei der chauvinistischen Rotte einstimmen: «Ans Kreuz mit ihm!»...

---

[94] Was Jupiter erlaubt ist, ist dem Ochsen nicht zulässig.

Politik und Gewaltpolitik in Elsaß-Lothringen

Die nationalen Beteuerungen, die die Volkspartei auf Antreiben gewisser Führer so liebedienerisch und so verschwenderisch von sich gibt, verfehlen aber ihre Wirkung bei der Regierung umsomehr, als die Partei gleichzeitig immer wieder bestimmte heimatrechtliche Grundforderungen wiederholt, mit deren Popularität sie eben rechnen muß. Dies trifft auch auf die Loyalitätskundgebung der Partei vom 7. Januar 1928 zu. Daher die erneuten Angriffe der Nationalisten, daher das offen ausgesprochene Mißtrauen gegen die nationale Ehrlichkeit der Partei, – und daher dann wieder neue Loyalitätsbezeugungen. Und so geht es wohl weiter. Wie lange? Bis die Partei durch das Kesseltreiben, an dem sogar einige ihrer «Führer» sich beteiligen, so weit zermürbt ist, daß sie ihre Sonderforderungen nach und nach fallen läßt und getreu ihrem wiederholten Versprechen sich «restlos und bedingungslos» zum Einen und Unteilbaren Frankreich und seiner republikanischen Gesetzgebung bekennt. Dann hat die Regierung freie Hand, ihr Ziel ist dann erreicht.

Mit dem schrittweisen Zurückweichen scheint der Anfang schon gemacht zu sein. Von der Verwaltungsautonomie spricht man bereits nicht mehr allzu laut. Einige ihrer Führer vermeiden aus Gründen, die infolge der ungestümen Hetze der Chauvinisten fast begreiflich sind, überhaupt den ominösen Ausdruck «Autonomie». Wenn sie nun dafür das Wort Selbstverwaltung gebrauchen würden, so könnte man ganz mit ihnen einig sein. Statt dessen operieren sie jetzt aber mit einem davon völlig verschiedenen Begriff, nämlich dem der Verwaltungsdezentralisation. Diese Begriffsunterschiebung oder Begriffsfälschung muß hier gekennzeichnet werden. Das Wesen jeder Selbstverwaltung, auf welchem Gebiete und in welchem Umfange diese auch verstanden sein mag, besteht darin, daß eine lokale (regionale) Körperschaft das Recht der selbständigen Verwaltung hat und in der Ausübung dieses Rechts von einer höheren Zentralinstanz unabhängig ist. Dies ist aber bei der «Dezentralisation» nicht der Fall; sie mag allerhand Befugnisse auf dem Gebiete der Verwaltung besitzen, aber die Verwaltungsbehörden werden stets abhängig sein von der Zentrale. Damit wäre jedoch für unsere Lebensnotwendigkeiten nichts gewonnen. Wer heute sich mit der reichlich verwässerten Forderung der Dezentralisation zufrieden gibt, der hat in Wirklichkeit die Forderung der Selbstverwaltung oder Verwaltungsautonomie bereits aufgegeben. Vielleicht hat er es damit auch nie ehrlich gemeint! Sie aber ist das Minimum, wenn unsere Sprache und unser Volkstum einigermaßen vor dem Untergang (lies: Assimilation) bewahrt werden sollen!

Wie weit in der Volkspartei die Entwicklung auf dieser Bahn noch geht, wird eine nahe Zukunft lehren. Es wird auch bei ihr von der Frage der Führung abhängen. Sollte sie das sog. nationale Prinzip (in französischem Sinne) in der Tat

Politik und Gewaltpolitik in Elsaß-Lothringen

über alles stellen dann lösen sich alle andern Fragen automatisch und... «restlos».

Politik und Gewaltpolitik in Elsaß-Lothringen

21.
Entweder – oder: Assimilation oder Autonomie.

Man kann der französischen Regierung schon zugestehen, daß ihre Auffassung des autonomistischen Gedankens von ihrem Standpunkt aus folgerichtig ist. Bei ihr steht nämlich obenan die Eine und Unteilbare Republik mit ihrer Gesetzgebung. Was ein wahrer, echter und guter Franzose sein will, muß sich vorbehaltlos zu dem integralen Unitarismus und Zentralismus bekennen. Das ist so etwa das «*Credo*» im französischen Freimaurerstaat. Wer es nicht anerkennt, oder wer dagegen verstößt, wird als politischer Ketzer gebrandmarkt. Daher bedeutet nach französischer Auffassung jede, auch noch so schwache Regung regionalen Eigenlebens, insofern dies auf Selbständigkeit oder Selbstverwaltung Elsaß-Lothringens ausgeht, ohne weiteres eine Bedrohung, eine Störung, eine Verletzung der «nationalen Einheit».

Mag also einer Ganzautonomist oder Halbautonomist, politischer Autonomist oder Verwaltungsautonomist sein, es bleibt sich gleich: Der Autonomiegedanke in jeder Form gilt als ein Attentat auf die Eine und Unteilbare Republik, auf die nationale Einheit, – er ist infolgedessen «antinational». Es nützt daher gewissen platonischen Autonomisten von der Elsässischen Volkspartei nichts, wenn wir als die Verstockten mit oder ohne ihre Hilfe von der Regierung und den Hetzpatrioten sollten zur Strecke gebracht werden. Denn nach uns kommen sie selbst dran, und dann wird die Regierung mit ihnen umso leichter fertig.

«Vogel, friß oder stirb!» das ist der Inbegriff des elsaß-lothringischen Problems als eines innerfranzösischen. Es gibt keinen Pardon! Entweder – oder! Nur diese eine Wahl bleibt uns in der Tat:

Entweder ist man wirklich Franzose, restlos, bedingungslos und ohne Hintergedanken, ohne «Wenn» und ohne «Aber» (wie Poincaré in Straßburg noch einmal ausdrücklich und feierlich erklärt hat), – dann muß man nach der Meinung und dem Willen der Franzosen alle republikanischen Gesetze, und zwar auch die auf dem Gebiete der Kirche und der Schule vorbehaltlos anerkennen und auf alle Sonderrechte, schließlich sogar auf das Recht der eigenen Muttersprache verzichten. So verlangen es die Assimilationisten rücksichtslos; im günstigsten Falle gewähren sie noch eine kurze... Galgenfrist!

Oder aber man will die französischen Gesetze der Republik nicht restlos anerkennen, weil man an wichtigen Gesetzen, Rechten und Traditionen der engeren Heimat festhält, – dann ist man eben Anhänger der Selbstverwaltung in ir-

Politik und Gewaltpolitik in Elsaß-Lothringen

gendeiner Form, mag man sie nun beschönigend Regionalismus oder sonstwie nennen!

Im ersteren Falle ist man für die integrale «nationale Einheit». Im zweiten Falle verstößt man nach französischer Auffassung dagegen und ist «antinational»; denn nach Poincarés Rede in Straßburg ist das Verlangen nach «weitergehenden Freiheiten» nur «ein Vorwand», ein «Deckmantel» für den Separatismus.

Im ersteren Falle ist man für völliges Aufgehen jeder Eigenart und für das restlose Aufgehen im französischen Staats-, Volks- und Kulturleben, – mit andern Worten: man ist für die Preisgabe des eigenen Volkstums (eines gleichwertigen Volkstums!!) und der eigenen Volks- und Heimatrechte und für gedankenlose Verschmelzung oder Assimilation!

Im zweiten Falle ist man gegen die restlose Assimilation und für die Wahrung des eigenen Volkstums sowie aller Heimatrechte. Diese aber sind auf die Dauer nur zu retten durch eine Verwaltungsform, die uns die Entfaltung unseres Eigenlebens gestattet und verbürgt. Daher verlangen wir die Autonomie, wenigstens die Kulturautonomie.

Wir könnten sagen: Frankreich, nicht unsere Sache ist es, sich mit diesem Punkte staatspolitisch näher auseinanderzusetzen. Sollte etwa die Verwirklichung unserer Forderung dem unitaristischen und zentralistischen Staatsprinzip Frankreichs widersprechen, dann muß halt eben Frankreich dem andersgearteten Elsaß-Lothringen zuliebe, das es in seinem Staatsverband aufnehmen wollte und – ohne uns zu befragen – aufgenommen hat, seinen «nationalen» Rahmen wenigstens so dehnen, daß wir mit unserem Wesen und unsern Forderungen darin Platz und Entwicklungsmöglichkeit finden. Frankreich, das uns gewollt hat, muß sich mit uns abfinden! «Am Elsaß stirbt Frankreich nicht, aber das Elsaß will auch nicht an Frankreich sterben!», so sagte der Abgeordnete Dr. Brom von der Volkspartei im Sommer 1926 in einer Parteiversammlung in Mülhausen.

Frankreich muß überhaupt seine sehr starren «nationalen» Begriffe so gestalten, daß wir als Fremdstämmige und Fremdsprachige in den erweiterten Schoß der «nationalen Einheit» aufgenommen werden können. Dadurch wird es uns dann die nationale Weihe geben, die wir brauchen, und uns von dem Fluch, ewig «antinational» zu sein, befreien. Die Komödie der Loyalitätsbeteuerungen würde damit ganz von selbst überflüssig werden.

So denken wir ehrlich, und weiter wollen wir nichts! Wird man uns das nun endlich glauben?

Politik und Gewaltpolitik in Elsaß-Lothringen

22.
Das Wesen unseres Autonomismus ist loyal, nicht antinational.

Man könnte von uns auch verlangen, wir sollten als Realpolitiker unsere autonomistischen Forderungen in staatsrechtlicher und staatspolitischer Hinsicht einmal klarlegen und begründen und nicht einfach dem Staate anheimstellen, wie er sich damit abfinden will. Abgesehen davon, daß die Regierung kaum den gewählten Volksvertretern willig Gehör schenkt und ihren Anregungen und Forderungen in der Praxis ernstlich Folge gibt, haben wir in der Presse die einschlägigen Probleme vielfach erörtert. Doch die Regierung will ja von allem gar nichts wissen, sie hat eine Idiosynkrasie[95] gegen uns!

Anläßlich der Rede Poincarés in Straßburg (12. Februar 1928) hat ein Schweizer Blatt («*Basler Nachrichten*», 13. Februar 1928) sehr richtig bemerkt:

«Als unitaristisch empfindendem Franzosen fehlt Herrn Poincaré jedes Verständnis für die Möglichkeit, daß man guter Partikularist und guter Patriot zugleich sein kann... Uns Schweizern scheint das nicht undenkbar.»

Haben nicht auch schon die Abgeordneten Dr. Oberkirch und Walter vor der zuständigen Kammerkommission ihren Antrag auf Verwaltungsautonomie eingehend begründet? Vielleicht nicht eingehend genug? Oder woran liegen die Hemmungen? Wo ist inzwischen der Antrag stecken geglieben? – Und hat nicht schon am 23. Januar 1920 der Abgeordnete Jean Hennessy, von dem oben als einem hervorragenden Vertreter des französischen Regionalismus die Rede war, in der Kammer einen Antrag auf «regionale Autonomie» niedergelegt, in dem er mit ausführlicher Begründung (135 Artikel) alles vorsah, was zur Verwirklichung seiner Forderung beitragen sollte? Acht Jahre sind seither verflossen. Wo ist der Antrag und dessen Verwirklichung geblieben?

Auch wir haben das Wesen unserer autonomistischen Forderungen oft genug dargelegt. Daß es sich für uns nicht um restlose staatliche Autonomie, auch nicht um einen «Vorwand» oder «Deckmantel» für die Trennung von Frankreich handelt, sondern um eine Form von ehrlichem Regionalismus, wie er auch in Frankreich im Prinzip vertreten wird, wurde mehr als einmal gesagt. Eine separatistische Tendenz liegt der heutigen Autonomieforderung so wenig zugrunde wie der früheren in deutscher Zeit.

---

[95] Überempfindlichkeit.

Politik und Gewaltpolitik in Elsaß-Lothringen

Wenn einige sagen, wir sollten wenigstens das wieder haben, was wir früher hatten, so bedarf diese Formulierung allerdings einer näheren Erklärung, denn die Lage von heute und früher ist in manchem Punkte verschieden. Die Staatsform Frankreichs hat nicht föderativen Charakter wie die Deustchlands, sondern ist unitaristisch und zentralistisch und scheint sich mit unserer Forderung der Autonomie nicht zu vertragen. Da wir «bedingungslos» zu Frankreich zurückgekommen sind, da man ferner in den Verträgen versäumt hat, auf die besondern Verhältnisse und Interessen Elsaß-Lothringens irgendwelche Rücksicht zu nehmen, so liegt es zunächst in der Hand Frankreichs, die nicht zu umgehenden Probleme zu lösen, und zwar im nationalen Rahmen. Welche Voraussetzungen dazu nötig sind, haben wir weiter oben dargelegt. Es ist auch klar, daß Frankreich unsere Forderungen nur insoweit erfüllen kann, als sie im Einklang stehen mit den – wohl verstandenen – nationalen Interessen, deren Wahrung unstreitig dem Staate als heilige Pflicht obliegt. Das ist nun der schwierige Punkt, über den z.Zt. eine Einigung unmöglich erscheint. Unmöglich schon deshalb, weil man uns kein Vertrauen schenkt und uns *à tout prix* als antinational verdächtigen will!

Es würde zu weit führen, wenn wir hier genau darlegen wollten, welch wichtige Unterschiede zwischen unseren heutigen und den früheren Autonomieforderungen infolge der zwischen Frankreich und Deutschland bestehenden Verschiedenheit der Staatsform zu berücksichtigen sind; daß und wie wir uns der Mitarbeit an den nationalen Aufgaben widmen wollen; inwieweit unsere Forderungen der wahren demokratischen Staatsauffassung entsprechen und aus diesem Grunde uns von Frankreich gewährt werden könnten; wie leicht endlich die gesetzliche Regelung und Organisation unserer Selbstverwaltung durchzuführen wäre: einmal in Anbetracht der bei uns bereits aus früherer Zeit vorhandenen autonomen Einrichtungen, sodann auch mit Rücksicht auf die regionalistische Einstellung unserer Bevölkerung (oder die Verwurzelung des autonomistischen Gedankens) und nicht zuletzt in Anerkennung der staatstreuen Gesinnung, die bei unserem Volke trotz allem doch vorhanden ist. Es würde sich bestimmt ergeben, daß eine das Volk befriedigende Erfüllung unserer Hauptforderungen – sei es nun in der Form der Kulturautonomie, der Verwaltungsautonomie oder wie man es nennen mag – eine weise Politik wäre, die wie jede weise Politik dem nationalen Interesse des Gesamtstaates nicht schaden, sondern nur nützen würde.

Wir dürfen uns hier wohl auch auf die Ausführungen berufen, die Dr. Oberkirch über die Bedeutung der Autonomieforderung vor der Kammerkommission für elsaß-lothringische Angelegenheiten gemacht hat. Auch er verspricht

Politik und Gewaltpolitik in Elsaß-Lothringen

sich die günstigsten Rückwirkungen auf die Gesamtheit des nationalen Lebens. Deshalb tritt er ein für die Schaffung neuer organischer Formen für Verfassung und Verwaltung, die den Anforderungen der neuen Zeit gerecht werden müssen.

Die von manchen Leuten an die Wand gemalte Gefahr, daß Deutschland in einem «autonomen» Elsaß-Lothringen Einfluß haben oder suchen könnte, soll nur dem Zweck dienen, zu hetzen und unsere Forderungen zu sabotieren. Der Fall liegt klar: politisch hat Deutschland seit Versailles und Locarno kein Recht mehr, sich mit uns zu befassen, und in kultureller Hinsicht hätte es samt der übrigen Welt keinen Grund mehr, sich um uns zu kümmern, sobald unsere Forderungen durch Frankreich befriedigt wären. Im übrigen könnte durch eine Befriedigung der Elsaß-Lothringer die Annäherung und wahre Verständigung zwischen Frankreich und Deutschland ebenfalls nur gefördert und überhaupt die Befriedung der Welt um einen Schritt weitergebracht werden.

Unsere Gegner – zu denen wir auch die Regierung zählen müssen – haben nun wohl das Recht, eine andere politische Meinung zu haben als wir, aber sie dürfen doch uns selbst das Recht der eigenen und freien Meinung nicht absprechen oder gar uns unehrliche Absichten unterschieben. Sollten wir nach ihrer Meinung unrecht haben, gut, dann mögen sie uns sachlich aufklären, anstatt uns das Wort zu verbieten, über uns herzufallen, uns zu denunzieren und zu verfolgen als Separatisten oder Verräter. Man mache es uns klar, daß unsere Forderungen aus diesen oder jenen Gründen in der französischen Republik einfach nicht erfüllt werden können. Oder aber man suche und gebe uns endlich eine positive und befriedigende Lösung der Fragen, die der Mehrheit des Volkes am Herzen liegen. Es wäre wahrlich nicht mehr zu früh nach bald zehn Jahren des Laborierens! Doch was reden wir! Die Regierung will nicht, sie hat ihr Ziel klar ausgesprochen: sie will uns restlos assimilieren! Assimilierung aber nach ihren Methoden bedeutet Unterdrückung.

Briand, der Europäer, sagte in seiner Locarno-Rede sehr schön:

«Was das Gleichgewicht der Welt ausmacht, das sind die verschiedenen Völker mit ihrem eigenen Genie; eines verschwinden zu machen oder so zu schwächen, daß ihm die Bekundung seiner Rasse und seines Genies, insoweit sie nichts Angreifendes für andere Völker enthalten, unmöglich gemacht wird, wäre ein Verbrechen an der Menschheit.»

Politik und Gewaltpolitik in Elsaß-Lothringen

23.
Zehn Fragen zur Aufklärung über den Autonomismus.

1. Was ist ein Autonomist?

Ein Autonomist ist ein loyaler Staatsbürger, aber zugleich ein aufrechter Elsässer oder Lothringer.

2. Wer ist Autonomist?

Autonomist ist jeder aufrechte Elsässer oder Lothringer, der ehrlich und folgerichtig für alle Heimatrechte unseres Volkes eintritt; denn nur durch die Autonomie oder Selbstverwaltung können wir Sprache und Volkstum vor dem Untergang bewahren.

3. Wer ist nicht Autonomist?

Derjenige, der kein wahrer Elsässer oder Lothringer mehr ist, – derjenige, dem die Heimatrechte unseres Volkes gleichgültig sind, oder derjenige, der es mit ihrer Verteidigung nicht ernst meint.

4. Warum werden die Autonomisten als antinational verschrien und verfolgt?

Nur deshalb, weil sie für die Wahrung ihrer Sonderrechte eintreten; denn die Regierung hat erklärt, daß sie zweierlei Staatsbürger kennt: «gute» Franzosen oder Vollfranzosen, – und «schlechte» Franzosen, die immer noch etwas Besonderes für sich in Anspruch nehmen.

5. Warum werden die Autonomisten als «klerikal» verschrien und bekämpft?

Weil sie für alle Heimatrechte, auch für die kirchlich-religiösen Forderungen der großen Mehrheit unseres Volkes eintreten und in diesem Sinne mit den «Klerikalen» zusammengehen.

Politik und Gewaltpolitik in Elsaß-Lothringen

6. Was sind die Autonomisten vor allem nicht?

Die Autonomisten sind nicht antinational, – sie sind keine Feinde Frankreichs, sie sind keine Verschwörer gegen die Sicherheit des Staates, trotzdem sie zu Bürgern zweiter Klasse gestempelt werden; sie sind keine «*boches*», – sie sind keine Irredentisten, die Elsaß-Lothringen wieder an Deutschland zurückbringen wollen; sie sind daher auch keine Verräter und keine Kriegshetzer.

7. Warum werden die Autonomisten durch die Regierung verfolgt?

Einmal, weil diese durch chauvinistische Hetzer und Berater irregeführt ist, – dann aber, weil sie aus sich selbst unsere Heimatrechte mißachtet und uns durch restlose Assimilierung zu Vollfranzosen in jeder Hinsicht machen will. Zu dem Zwecke erblickt sie das richtige Mittel nicht etwa in einer Politik der Gerechtigkeit, sondern in einer Politik der starken Hand, der Gewalt und der Diktatur.

8. Warum werden die Autonomisten von gewissen Parteien verfolgt und denunziert?

Von denjenigen, die die Heimatbewegung als eine «klerikale Mache» ansehen, werden sie aus wildem antiklerikalem Haß verfolgt, – von den gleichen Leuten aber und einigen andern ebensosehr aus Parteineid.

9. Warum werden die Autonomisten auch von solchen als antinational denunziert, die selbst als antinational gelten?

Weil eben mit dem Worte «national» ein ruchloser Schwindel getrieben wird, – weil das Wort «national» von jedem unserer Gegner als Deckmantel für seine eigene Zweideutigkeit und seine persönlichen und politischen Zwecke benutzt wird.

10. Was lehrt der Fall Hagenau?

Er lehrt, daß unser Volk trotz aller Vergiftung loyal ist, – daß es trotz einer namenlosen Hetze gegen jegliche Art des Autonomismus es ablehnt, mit sich im angeblich nationalen Interesse Schindluder treiben zu lassen, – daß es insbe-

Politik und Gewaltpolitik in Elsaß-Lothringen

sondere es ablehnt, unrer dem Feldgeschrei der «nationalen Eintracht» die elsässichen Sonderrechte einer restlosen und sinnloen Assimilation zu opfern.

Politik und Gewaltpolitik in Elsaß-Lothringen

24.
Wie die Regierung «nationale Wahlen» vorbereitet.

Die neueste Phase unserer Geschichte reiht sich würdig an die Vergangenheit an. Was hat uns Frankreich bis heute von den versprochenen Freiheiten gebracht?

Mit Verfolgung und Gewalt hat es seine Politik schon im Jahre 1918 eingeleitet, noch bevor sein rechtlicher Anspruch auf unser Land durch den Friedensvertrag überhaupt sanktioniert war.

Mit Verfolgung und Gewalt hat es seine Politik seither fortgesetzt. Und mit Verfolgung und Gewalt hat es am heiligen Weihnachtsfeste 1927 vollends den Land- und Hausfrieden gebrochen und den heiligen Herd entweiht!!

Und warum das alles? Warum ging gerade jetzt die Regierung so brutal vor?

Sie kannte die Stimmung, die in weiten Kreisen unserer Bevölkerung herrscht. Der allgemeine Ruf nach den Heimat- und Volksrechten, der immer lauter ertönte, war ihr und den Chauvinisten verhaßt. Von einem gerechten Nachgeben oder auch nur einer Erfüllung ihrer eigenen Versprechungen wollte die Regierung in ihrer Hartnäckigkeit aber nichts wissen. Deshalb mußte die Heimatbewegung tot, wenigstens mundtot gemacht werden.

Der Augenblick drängte, denn die neuen Kammerwahlen standen im Frühjahr 1928 bevor. Das war für die Regierung und deren Ratgeber ein Grund, nicht mehr länger zu warten, denn sie sahen voraus, daß bei diesen Wahlen Autonomisten in die Kammer geschickt würden. Dies durfte unter keinen Umständen geschehen, die Autonomisten mußten daher von der Wahl und dem Wahlkampf ferngehalten werden!

Damit hat aber die französische Regierung vor der ganzen Welt unumwunden eingestanden, daß sie es nicht auf eine Probe ankommen lassen darf: die Wahlen sind nämlich eine Volksabstimmung, und die Regierung traut dem Volke nicht.

Und doch wollte Poincaré sich gar zu gern auf ein neues «Wahlplebiszit» berufen. Er wird nämlich von dem Gedanken der Volksabstimmung, des «Plebiszits», wie von einem Rachegeist gepeinigt und kommt daher immer wieder auf diese Frage zurück. Es treibt ihn auch immer wieder an die Stätte zurück, wo durch die Verweigerung des Plebiszits ein historisches Unrecht geschehen ist. Und daher macht er auch immer wieder krampfhafte Versuche nachzuweisen,

Politik und Gewaltpolitik in Elsaß-Lothringen

daß tatsächlich das «Plebiszit» zu wiederholten Malen stattgefunden habe. Das sog. «Akklamationsplebiszit» von 1918, das ihm selbst nicht ausreichend erscheint, sei mehrfach bestätigt worden durch «Wahlplebiszite» und zuletzt wieder durch die Kundgebung der Bevölkerung anläßlich seines Besuchs in Straßburg (12. Februar 1928).

Diesmal, so betont Poincaré in seiner Straßburger Rede, sei er «gerufen» worden! Das Volk habe «spontan» nach ihm verlangt. Nun sieht aber die Wirklichkeit doch etwas anders aus. Man weiß, wie wochenlang vorher durch die Präfekten und Unterpräfekten eine richtige Mobilmachung erfolgte. Die Bürgermeister als Amtspersonen konnten sich der höheren *Ordre* nicht gut widersetzen, und doch hatten zunächst viele die Beteiligung am Bankett abgelehnt mit der Begründung, sie verständen doch nichts von den französischen Reden. Doch siehe da, zum ersten Male seit 1918 ließ die Regierung sich dazu herbei, die «Zweisprachigkeit» in die Tat umzusetzen, die sonst bloß auf dem Steuerzettel vorhanden ist. Sie ließ nämlich das «Menu» für den Magen und das andere für das Herz in beiden Sprachen drucken. Jetzt konnten die *Maires* nicht mehr anders, besonders da auch der… Kostenpunkt befriedigend geregelt wurde. Es konnten übrigens auch andere Leute ohne besondere Einladung, also ungeladene Gäste, kostenlos am Essen teilnehmen! In den Kulissen standen für etwa am Erscheinen verhinderte *Maires* eine Anzahl Ersatzleute (*Pseudomaires*) in Bereitschaft. Nachträglich erfuhr man, daß die nichterschienenen Bürgermeister von der vorgesetzten Behörde zur Rechenschaft gezogen wurden. Zum Feste waren ferner beordert die Mitglieder der patriotischen Vereine, der Kriegervereine, der Musikvereine usw. Köstlich ist in dieser Hinsicht ein Geständnis der patriotischen «*Freien Presse*» in einem Bericht aus Selz im Unterelsaß. Wir erfahren, daß der kleine Ort die Summe von Fr. 1.500,- zur Verfügung hatte, um eine Deputation nach Straßburg zu schicken!! Nun kann einer ja leicht die Rechnung machen, was das ganze Fest ungefähr gekostet hat.

Unter den Neugierigen fehlte vor allem nicht der französischsprechende Bevölkerungsteil, der noch Verstärkung erfahren hatte durch Zuzug aus den angrenzenden Gebieten jenseits der Vogesen. Um unangenehmen Vorfällen vorzubeugen, war ein umfangreicher Ordnungs- und Sicherheitsdienst eingerichtet. Die Verbindung zwischen den Vororten Straßburgs und der Innenstadt war durch starke Patrouillen abgesperrt.

Der katholische «*Elsässer*» verrät, daß über die Beteiligung der katholischen Bürgermeister an der Veranstaltung ernste Verhandlungen gepflogen worden seien. Die «*Freie Presse*» fragt ihn, welches der Preis gewesen ist, den die Verwal-

111

Politik und Gewaltpolitik in Elsaß-Lothringen

tung den Klerikalen geboten habe, damit sie so brav bei der Stange blieben. Einem andern patriotischen Blatte entschlüpft das vielsagende Geständnis: «Das wäre einem deutschen Bezirkspräsidenten nicht gelungen!» So also wurde das neue «Plebiszit»... gemacht. Doch die ausländischen Journalisten konnten das nicht alles wissen.

Wenn man nun noch hinzufügt, daß der *Maire* Richert von Brumath, von dem die erste Anregung (!) ausgegangen war, heute derselbe Hurrapatriot ist, als der er im Kriege alle deutschen Siege über die Franzosen tüchtig mitfeierte und im deutschen Kriegerverein das große Wort führte, so gewinnt man ein Bild von der Tragikomik des grenzländischen Patriotismus...

Und aus einem solchen Patriotismus schlägt das jeweilige Regime nach Bedarf Kapital, nur mit dem Unterschied, daß der eine es besser versteht als der andere. Wie dem auch sei, die Sache klappte, und Poincaré war seines Auditoriums sicher. Er schimpfte daher mit «Kraftausdrücken» (wie ein Schweizer Journalist sagt) auf die Autonomisten los. Er beteuerte zwar, daß er dem Gerichtsverfahren nicht vorgreifen wolle, aber deswegen stellte er doch die Autonomisten schon im voraus als schuldig und verurteilt hin, ohne daß diese überhaupt... in Anklagezustand versetzt waren. Sie waren bis dahin noch nicht einmal vernommen worden! Gerecht denkende Leute halten sich mit ihrem Urteil zurück, bis sie wenigstens das Ergebnis der Gerichtsverhandlung kennen. Doch der Zweck heiligt die Mittel, und der nächste Zweck Poincarés war, durch Niederknüppelung der «antinationalen» Autonomisten auch diesmal wieder «nationale Wahlen» vorzubereiten, ein neues «Wahlplebiszit» zu... machen. Wenn Poincaré sich auf den wahren Volkswillen berufen wollte, so hätte er – wie die «*Lothringer Volkszeitung*» hervorhebt – auch jene Kundgebung nicht unbeachtet lassen dürfen, mit der im Jahre 1924 (nicht 15 bis 20.000 wie am 12. Februar, sondern) an die 50.000 elsässische Männer auf dem Kleberplatz[96] gegen die Unterdrückung ihrer religiösen und sprachlichen Rechte und Freiheiten öffentlich protestierten. Das war auch ein Plebiszit! Aber ein ernst zu nehmendes.

Wenn ferner Poincaré den wahren Volkswillen unbehindert und ungefälscht zum Ausdruck kommen lassen wollte, so hätte er im Jahre 1928 vor den Kammerwahlen die Meinungs-, die Presse- und Versammlungsfreiheit nicht unterdrücken dürfen zu ungunsten der autonomistischen Bewegung! Die Verhinde-

---

[96] Hauptplatz der Stadt Straßburg.

Politik und Gewaltpolitik in Elsaß-Lothringen

rung und Unterdrückung autonomistischer Kandidaturen im Jahre 10 der «Befreiung» ist jedenfalls eine historische Tatsache, die festgehalten werden muß.

Wenn die Regierung unserer Bewegung schon sechs Monate vor der Wahl einfach die Zeitungen wegnahm, wenn sie damit nicht bloß die geschäftlichen Zeitungsunternehmungen, sondern auch die schon durch den Leserkreis bestehende Organisation gewaltsam zerschlug und jede weitere Organisation und jede Herstellung von Flugschriften wider alles Recht und Gesetz ebenfalls unmöglich machte, wenn sie ferner die Führer und einen Teil der Anhänger ins Gefängnis warf und durch all diese und andere Gewalt- und Terrormaßnahmen das Volk verwirrte und einschüchterte, dann hoffte sie, die Wahlen auch diesmal wieder in ihrem Sinne beeinflussen zu können. Daß ihr das in einem gewissen Maße auch gelingen wird, darüber besteht schon heute kein Zweifel.

Bereits bei den früheren Kammerwahlen von 1919 und 1924 hat die Regierung zu verhindern gewußt, daß die wahre Stimme des Volkes zur Geltung kam. Wir erinnern bei dieser Gelegenheit vor allem an den Terror, der schon gleich im ersten Jahre der «Befreiung» bei den ersten Kammerwahlen von 1919 herrschte. Schon zu jener Zeit gab es nämlich eine sog. autonomistische (föderalistische) Bewegung, an deren Spitze u.a. der verstorbene Pfarrer Sigwalt[97] von Runzenheim (Kreis Hagenau) stand. Die damals herrschende Militärdiktatur verbot den Autonomisten jede Versammlung, jede Verbreitung von Flugblättern und überhaupt jede Art von Propaganda[98]. Man hat schon damals den Dingen so wenig ihren natürlichen und rechtmäßigen Lauf gelassen wie heute.

Um auch diesmal wieder «nationale» Wahlen zu bekommen, setzt die Regierung alles daran, damit das volk von seinem wahren Interesse abgelenkt, durch Feste berauscht oder durch die drohende Faust verängstigt wird.

Unter den zahlreichen geheimen und offenen Mitteln, mit denen von der Regierungsseite die Wahlen «gemacht» werden, sei bloß die Drohrede erwähnt, die der Metzer Präfekt am 21. Februar in Bolchen gehalten hat. Wir geben daraus folgende Stellen wieder:

«Sollten unglücklicherweise… irregeführte Wähler sich dazu verleiten lassen, einen autonomistischen Kandidaten zu bezeichnen und einen solchen in die Kammer zu schicken, so hätte dieser keinen Zutritt zu irgendeiner französischen Verwaltung, und niemand könnte die Interessen der betreffenden Wähler wirksam vertreten… Wenn jemals ein autonomistischer Abgeordneter nach

---

[97] Karl Sigwalt.
[98] Siehe das Dokument im Anhang, Seite 219.

Politik und Gewaltpolitik in Elsaß-Lothringen

Paris ginge, so würde kein französischer *Député* neben einem solchen in der Kammer sitzen wollen.»[99]

Mit solchen Methoden also wird im Lande der «Freiheit» gearbeitet, um mißliebige Gegner niederzuhalten. Ein hoher Beamter spricht hier klar aus, daß der Wille des «souveränen» Volkes, wie er in den Wahlen zum Ausdruck kommen soll, von der Regierung ganz einfach unbeachtet gelassen wird, sobald die Wahl auf einen Kandidaten fällt, der der hohen Regierung nicht genehm ist! Einen zynischeren Hohn auf die fundamentalsten Begriffe von Menschen und Volksrecht kann man sich nicht gut denken. Um ganz sicher zum Ziele zu kommen und die unerwünschten Autonomisten fernzuhalten, hat die Regierung das schon erwähnte Radikalmittel angewandt: sie macht ihnen einfach durch Einkerkerung die Ausübung ihrer elementarsten Bürgerrechte unmöglich. Ein solches Vorgehen ist eines Kultur- und Rechtsstaates unwürdig! Wir können schon jetzt sagen, daß das Wahlergebnis kein getreues Bild des Volkswillens und der wirklichen Stimmung im Lande geben wird. Es wird eine Wahlfälschung großen Stils sein, gegen die wir vor der ganzen Welt Einspruch erheben.

---

[99] Siehe Anhang, Seite 255.

Politik und Gewaltpolitik in Elsaß-Lothringen

25.
Der Volksbetrug.

Die Regierung wußte, welches die Wahlparole in Elsaß-Lothringen sein würde. Während in Innerfrankreich der alte Kampf zwischen Rechtsblock und Linksblock weitergeht und die Frage der Frankenstabilität die Wahlerörterungen beeinflußt, steht bei uns der Wähler vor der Entscheidung:

«Bist du für oder gegen die Rechte deiner Heimat und deines Volkes?»

«Willst du behalten, was dir lieb und heilig ist?»

«Willst du bleiben, was du in deinem Wesen bist, oder willst du dich selbst aufgeben, dich entmannen lassen?»

Dies alles heißt aber, auf die letzte Formel gebracht, soviel wie:

«Bist du für die Autonomie, oder für die Assimilation?»

Hier liegt die Entscheidung. Darüber sollten sachliche Auseinandersetzungen geführt, es sollte Klarheit geschaffen werden. Und jeder hätte sich entschieden, je nachdem er die Vorteile des einen und die Nachteile des andern richtig erkannte.

Das Ziel aber der Regierung ist in dieser Angelegenheit unverrückbar. Sie will keine sachliche Auseinandersetzung, sie will keine Klarheit im Sinne der Heimatrechte, sondern die Zweideutigkeit soll weiter andauern, und während die Zweideutigkeit andauert, sollen die widerborstigen Elsaß-Lothringer endgültig und ohne Diskussion in die Zwangsjacke der Assimilation hineingesteckt werden. Sie sollen restlos, bedingungslos, ohne Vorbehalt und ohne Wenn und Aber Franzosen werden! Poincaré kam eigens nach Straßburg, um es zu sagen, vielleicht auch um der Zweideutigkeit doch ein Ende zu machen und Klarheit zu schaffen im Sinne der Assimilation.

Das Wort von den Heimatrechten muß verstummen! Es bedeutet für die Nationalisten Störung der «nationalen Einheit». Die «nationale» Idee muß glorifiziert, die Heimatidee muß vernichtet werden. Daher müssen die Wahlen «national» sein, – «und sollten sie auch 60 Millionen kosten», hat ein Unterpräfekt eifrigst verkündet. Daß die elsaß-lothringischen Steuerzahler diese Millionen aus ihrer Tasche hergeben müssen, sei nur nebenbei erwähnt.

Ein neuer Volksbetrug also ist in Vorbereitung im Hinblick auf die Wahlen von 1928. Und das Schönste dabei ist, daß dazu gewisse verräterische Partei-

Politik und Gewaltpolitik in Elsaß-Lothringen

führer der Regierung ihre Hilfe anbieten und ihre Hand vielleicht auch nach den... Missionen ausstrecken. Um jedoch den Volksbetrug zu verschleiern, führen sie selbst das Wort «Heimatrecht» im Munde, weil das Volk danach verlangt, trotz allem! Und so wird Schindluder getrieben mit dem, was dem Volke heilig ist.

Jetzt geht es bloß darum, Stimmen zu bekommen; alle Mittel sind dazu gut genug! Man wird aber auch nachher in der Kammer wieder nichts tun zur gesetzlichen Sicherstellung der heimatrechtlichen Forderungen im allgemeinen, ebenso wenig wie der kirchlichen und religiösen Forderungen im besondern! So werden die Geschäfts- und Berufspolitiker ihr altes Doppelspiel weitertreiben. Daheim vor den Wählern werden sie sich als «entschiedene» (!) Verteidiger aller Volksinteressen aufspielen, – in der Kammer aber wird, wie bisher, ihre Entschiedenheit und Energie an der «nationalen» Sonne zergehen und zerfließen in ein Nichts. Denn dort muß man... Rücksichten nehmen. Und so wird es mit den «Rücksichten» noch einmal vier Jahre rücksichtslos weitergehen. Und so wird ein Stück unserer Heimatrechte nach dem andern rücksichtslos abgebaut und zertrümmert werden. Und so wird das Volk... rücksichtslos betrogen und verraten.

Wir aber werden nach vier Jahren das Fazit ziehen. Wir wagen heute schon zu sagen: es wird sich nichts zum Bessern gewendet haben, falls nicht ein neuer Antrieb von anderer Seite erfolgt! Gewisse der bisherigen Abgeordneten werden bis dahin sogar trotz ihrem Fahneneid zusehen, wie die Laienschule weitere Fortschritte macht; vielleicht auch werden sie ihre platonischen Proteste auf dem Papier um etliche neue Seiten vermehren, doch beim ersten Stirnrunzeln der Regierung werden sie sofort wieder einige neue Musterstücke von «patriotischer Literatur» der schon vorhandenen Sammlung einverleiben. Jedenfalls werden sie nie mehr damit drohen, daß sie «Blut verspritzen» werden.

Weder die Regierung noch die ihr ergebenen Abgeordneten wollen sich eben fürderhin in ihrer Ruhe durch die dreimal verf...emten Autonomisten stören lassen. Und Ruhe muß sein, wenn es auch nur eine Kirchhofsruhe ist... Darum haben Regierung und Abgeordnete sich die Hand gereicht, um die Autonomisten zu erdrosseln. Diese Abgeordneten sind daher mitschuldig an allen Gewaltmaßnahmen, sie sind mitschuldig an der Diktatur und dem Druck, die auf unserem unglücklichen Lande lasten.

Politik und Gewaltpolitik in Elsaß-Lothringen

26.
Die Gewaltmaßnahmen der jüngsten Zeit.

1. Am 12. November 1927 hat der Pariser Ministerrat das Erscheinen der autonomistischen Organe «*Volksstimme*» und «*Zukunft*» sowie der «*Wahrheit*» (und später der «*Freiheit*») unter Berufung auf den Fremdsprachendiktaturparagraphen verboten.

2. Am 25. November wurde gegen die Finanzgesellschaft «Sapart» (*Société à participation financière*), die in der Hauptsache einem gemeinnützigen Zwecke dient und von zahlreichen einheimischen Lehrern unter der Führung des als «Autonomist» denunzierten Herrn Rossé gegründet worden ist, wegen «Gefährdung des Staatskredits» (!) Anklage erhoben, – eine Anklage ohne haltbare Begründung in der klar erkennbaren Absicht, Haussuchungen bei Herrn Rossé und verschiedenen seiner Mitarbeiter sowie bei der «*Volksstimme*» und «*Zukunft*» vornehmen zu können. Vor allem aber suchte man einen Vorwand für die Verhaftung des Herrn Rossé, die am 1. Dezember auch tatsächlich erfolgte.

3. Am 5. Dezember wurden ferner die Mitarbeiter des Barons Claus Zorn von Bulach, nämlich Charles Baumann und Eugen Kohler, an der Kehler Rheinbrücke wegen angeblichen «Spionageverdachts» (!) festgenommen und in Untersuchungshaft abgeführt. Darauf drang die Polizei in die Geschäftsräume der «*Wahrheit*», die von Bulach herausgegeben worden war, ein und beschlagnahmte dort alle auffindbaren Papiere, um die Anklage wegen Landesverrats zu konstruieren.

4. Am 24. Dezember, also am Vorabend des heiligen Weihnachtsfestes, fanden im ganzen Lande über 100 Haussuchungen statt, sowohl bei Autonomisten und Heimatrechtlern, als auch bei solchen, die aufgrund von Denunziationen «verdächtig» waren, mit der Heimatbewegung in Beziehungen zu stehen. Tausende von Schriftstücken wurden beschlagnahmt. Die Anklage lautete «gegen Unbekannt» (!) auf Gefährdung der innern Sicherheit des Staates. Daher wurde auch eifrig nach Waffen (!) gesucht.

5. Am 30. Dezember und den folgenden Tagen wurden insgesamt 25 Elsässer wegen ihrer politischen Gesinnung ins Gefängnis geworfen. Drei weitere, gegen die ein Haftbefehl erlassen worden war, entzogen sich der Verhaftung. Die meisten unter den Verhafteten sind Familienväter und kleine Geschäftsleute oder Handwerker. Ihre Familien sind in größter Not, ihr Geschäft geht dem sichern Ruin entgegen.

Politik und Gewaltpolitik in Elsaß-Lothringen

6. Am 24. Januar 1928 ist durch Dekret des Präsidenten der Republik nach vorangegangenem Beschluß des Ministerrats der Gemeinderat von Hagenau aufgelöst worden. Die Neuwahlen wurden auf den 26. Februar festgesetzt.

7. Am 30. Januar hat der Minister des Innern sogar das Erscheinen der satirischen (!) Wochenschrift «*D'r Schliffstaam*» verboten.

8. Am 16. März hat der Minister des Innern das Wochenblatt der elsässischen Fortschrittspartei, «*Das Neue Elsaß*», verboten.

9. Am 16. März wurde der Präsident der elsaß-lothringischem Heimatbunds, Dr. Ricklin, früherer Reichstagsabgeordneter und Präsident des elsaß-lothringischen Landtags, in seiner Wohnung in Dammerkirch (Oberelsaß) verhaftet. Er ist des «Komplotts» gegen die Sicherheit des Staates angeklagt.

10. Angekündigt sind neue Ausnahmegesetze, die von Kammer und Senat erst noch geschaffen werden sollen.

Welche weiteren Opfer die Diktatur noch fordern wird, bleibt abzuwarten.

Politik und Gewaltpolitik in Elsaß-Lothringen

27.
Die Unterdrückung der autonomistischen Zeitungen.

Die Unterdrückung der «*Zukunft*» und der «*Volksstimme*» (sowie der «*Wahrheit*» und der «*Freiheit*») wurde begründet mit einem Gesetze vom 22. Juli 1895, dem zufolge der Ministerrat berechtigt ist, fremdsprachige (!) Zeitungen zu verbieten[100].

Dieses Gesetz diente in unserem Falle natürlich nur als Vorwand, denn niemand wird im Ernste behaupten, daß die deutsche Sprache in Elsaß-Lothringen eine Fremdsprache sei. Das aber ist die Grundlage des Verbots und mithin trotz allem die Ansicht der Regierung.

Stellen wir also die tatsächlichen Verhältnisse fest. Mindestens 85 Prozent der geschlossen siedelnden Bevölkerung sprechen Deutsch als Muttersprache seit ein und einhalb Jahrtausend. Weitaus die meisten Zeitungen im Lande sind in deutscher Sprache geschrieben; es gibt hier keine politische Partei, die ohne ein Organ in deutscher Sprache auskäme. Am augenfälligsten beweisen den deutschsprachigen Charakter des Landes zwei Publikationen: das Organ der französichen Royalisten in Straßburg, das trotz des notorischen Deutschenhasses dieser Partei in deutscher Sprache erscheint; ferner die «Deutsche Ausgabe» des chauvinistisch-französischen «*Journal d'Alsace et de Lorraine*», das sogar in der ihm verhaßten deutschen Sprache für deren Ausrottung und für sofortige und restlose Assimilation eintritt. Auch der Umstand, daß die französisch geschriebenen Blätter im Lande keine nennenswerte Auflage erreichen, dürfte einen deutlichen Fingerzeig für die wahre Lage abgeben.

Wenn nun die Assimilationsfanatiker gegen die unbestreitbare Deutschsprachigkeit unseres Landes gar nichts mehr anzuführen wissen, suchen sie die Tatsachen zu verdrehen und zu entstellen. So ist sogar von offizieller französicher Seite (Poincaré) wiederholt versucht worden, die Vorherrschaft der deutschen Sprache in Elsaß-Lothringen als eine Folge der 48jährigen Zugehörigkeit unseres Landes zum Deutschen Reiche hinzustellen! Man wundert sich, daß gebildete Leute sich nicht schämen, zu solch plumpen Lügen zu greifen. Wahr ist, daß während der deutschen Zeit das – übrigens nie erstorbene – deutsche Sprachgefühl im Lande dank dem guten Schulunterricht wieder zugenommen hat und auch sonst angeregt und gepflegt wurde, wie es den natür-

---

[100] Diesem Verbot fiel am 16. März 1928 auch «*Das Neue Elsaß*» («Elsässisches Wochenblatt für Recht, Freiheit und Fortschritt») zum Opfer.

Politik und Gewaltpolitik in Elsaß-Lothringen

lichen Bedürfnissen entsprach. Aber für einen vernünftigen Menschen kann dies nimmermehr ein Beweis gegen die ursprüngliche und dauernde Deutschsprachigkeit unseres Landes sein. Deutsch sprach man vielmehr bei uns schon vor 1870, und auch damals waren die gelesensten Zeitungen (so der «*Niederrheinische Kurier*» und der «*Volksfreund*») in deutscher Sprache geschrieben.

Ein Mülhauser Blatt, «*Der Souveräne Wahlmann*», begründete noch im Jahre 1870 (!) den Gebrauch der deutschen Sprache im Elsaß mit dem Hinweise auf die Tatsache, daß «die Mehrheit des elsässischen Volkes deutsch denkt, deutsch fühlt, deutsch spricht, deutschen Religionsunterricht erhält, nach deutscher Sitte lebt und die deutsche Sprache nicht vergessen will; diejenigen, die französisch sprechen und schreiben, denken und fühlen dennoch deutsch, und darum richtet sich die Zeitung auf deutsch auch an sie!» (Gründer des Blattes waren: Alfred Köchlin, Karl Köchlin, Karl Kestner, Ludwig Chauffour, August Scheurer, J.B. Rudolf, Dr. Klippel.)

Deutsch sprach und schrieb man bei uns schließlich sogar schon bevor unser Land durch Raub und Gewalt zum ersten Male französisch wurde (also vor 1648). Ja, das Deutsche ist unsere Muttersprache seit der ältesten Zeit, und aller Hohn der Chauvinisten auf unsere mehr als «tausendjährige Kultur» kann in uns das Gefühl berechtigten Stolzes auf unseren Anteil an dem so reichen Kultur- und Geistesleben der deutschen Vergangenheit nicht erschüttern!

Wahr ist aber auch eine andere Tatsache: nämlich die, daß das Französische bei uns noch nie die Sprache des Volkes war, und daß sie es sogar während einer zweihundertjährigen Franzosenherrschaft nicht geworden ist. Aller Voraussicht nach wird sie es auch in Zukunft nicht werden, trotz der Gewaltassimilation! Wohl ist es möglich, der französischen Sprache in Elsaß-Lothringen größere Verbreitung und intensiveren Gebrauch zu verschaffen. Und es wäre unrecht, wenn man dem Volke das Erlernen einer zweiten Sprache vorenthalten wollte. Aber... es wäre dann auch wünschenswert, daß die Elsässer wegen ihres «*accent alsacien*» oder wegen ihres unfranzösischen Stils von ihren innerfranzösischen Brüdern nicht ständig verhöhnt würden! Vor diesem Mißgeschick sind sogar gewisse *Députés* nicht verschont geblieben. An sich wirkt so etwas recht wenig ermutigend auf das Volk. Doch nehmen wir dessen besten Willen trotz allem Hohn, trotz allem Druck von oben und auch trotz allen sachlichen Schwierigkeiten an, so müssen wir die seitens der französischen «Kulturpolitiker» ausgesprochenen Erwartung als unsinnig bezeichnen, daß jemals bei unserm deutschsprachigen Volke das Französische zur Muttersprache würde, und daß neben ihm die angestammte deutsche Sprache auf den Stand eines «*Patois*»

Politik und Gewaltpolitik in Elsaß-Lothringen

herabsinken oder herabgedrückt werden könnte. Eine solche Entwicklung wird man in der Geschichte der ganzen neueren Zeit vergeblich suchen. Sie ist nur dort denkbar, wo es sich um eine «Kolonisation» handelt, und dies trifft hoffentlich auf Elsaß-Lothringen nicht zu.

Schließlich sei noch auf eine andere Ausflucht hingewiesen, die den Herren Chauvinisten zur Herabsetzung des Wertes unserer hochdeutschen Schriftsprache willkommen ist. Sie behaupten nämlich, die eigentliche Muttersprache der Elsaß-Lothringer sei nicht das Hochdeutsche, sondern der Dialekt. (Diesen deutschen Dialekt bezeichnete man lange genug als «keltischen» Ursprungs!! Einige französische Gelehrte bringen das heute noch fertig!) Diesem Dialekt aber, den man den übrigen französischen *Patois* gleich achte, wolle man bei allen Assimilationsbestrebungen niemals etwas zuleide tun. Ähnlich drückt sich auch Poincaré in seinem Briefe an den Abg. Seltz aus. Er sagt da, daß unter dem Gesichtspunkte des Gesetzes des 22. Juli 1895 die innerhalb Frankreichs gesprochene Dialekte dem Französischen gleichgestellt (!) werden können, – mit anderen Worten: diese Dialekte (d.h. die französischen *Patois* einschließlich des deutschen (!) Dialekts im Elsaß) würden nicht als Fremdsprachen betrachtet. Abgesehen nun davon, daß diese Auffassung vom sprachkundlichen Standpunkte aus inbezug auf das Elsässische keinen Sinn hat, haben wir es hier mit einer jener politischen Liebeserklärungen zu tun, die einer bewußten Täuschung unseres Volkes gleichkommt. In Wahrheit betrachten nämlich die Franzosen auch unsere elsässische Umgangssprache als eine Fremdsprache, gegen die sich ihr nationalistischer Haß wendet. Wir haben die Probe aufs Exempel gemacht. Am 19. und 26. November und am 3. Dezember 1927 ließen wir anstelle der «*Zukunft*», die aufgrund des «Fremdsprachenparagraphen» verboten war, je eine Ausgabe in elsässischem Dialekt erscheinen. Und siehe, auch diese Dialektnummern wurden von der Polizei (im Auftrage der Regierung) in willkürlicher Weise beschlagnahmt, ohne daß man den Herausgebern auch nur eine Begründung oder überhaupt eine Mitteilung hätte zukommen lassen. Poincaré hat also mit diesem neuen Zeitungsverbot nicht nur das Recht zweifach vergewaltigt, sondern er hat auch noch obendrein seinen eigenen Worten Lügen gestraft. Für uns aber ist es nun endgültig klar: nicht nur unsere deutsche Schriftsprache, sondern auch unser deutscher Dialekt gelten trotz allen Beschönigungen in Frankreich als Fremdsprache!

Die «Fremdsprachigkeit» ist jedoch nicht die einzige Voraussetzung für die Anwendung des Gesetzes von 1895. In der Gesetzesbegründung heißt es ausdrücklich, daß die Vorlage damals eingebracht wurde, um Zeitungen verbieten zu können, die hauptsächlich im Auslande gelesen werden und ausländischer

Politik und Gewaltpolitik in Elsaß-Lothringen

Inspiration gehorchen. Beides aber ist für die verbotenen elsässischen Zeitungen nicht der Fall. Zunächst kann anhand von nicht zu widerlegenden Zahlen nachgewiesen werden, daß fast die gesamte Auflage von «*Zukunft*», «*Volksstimme*» und «*Wahrheit*» in Elsaß-Lothringen selbst verkauft wurde. Daraus allein geht schon hervor, daß die drei Blätter nicht für das Ausland, sondern für das bodenständige Volk in Elsaß-Lothringen selbst geschrieben wurden. Was aber vollends die ausländische Inspiration anbetrifft, so ist diese zwar von der französischen Presse schon oft behauptet worden, jedoch hat man bis heute dafür noch keine Beweise erbracht und wird auch nie solche erbringen können. Näheres zu diesem Punkte haben wir weiter oben schon gesagt. Fügen wir hier noch hinzu, daß sich hinter den verbotenen Zeitungen rund 100.000 Bezieher vereinigt hatten, und daß diese doch wohl erkennen mußten, ob es sich in ihren Blättern um die Verteidigung einheimischer, elsaß-lothringischer Angelegenheiten handelt, oder nicht.

Übrigens ist die angegebene Leserzahl eine für unsere Verhältnisse außerordentlich hohe. Sie ist umso bedeutsamer, wenn man in Betracht zieht, daß alteingeführte Parteiorgane wie «*République*», «*Freie Presse*», «*Neue Zeitung*», «*Republikaner*» usw. sich mit 500-2500 zahlenden Lesern durchschlagen und dabei noch beanspruchen, Vertreter der öffentlichen Meinung zu sein.

Alle Argumente, die man gegen die verbotenen Zeitungen vorbringen oder erst noch ausgraben mag, entbehren einer stichhaltigen Unterlage. Aus unsern Darlegungen geht hervor, daß zur Begründung jenes Verbots die Anwendung des Gesetzes von 1895, das nichts anderes als einen Diktaturparagraphen darstellt, in keiner Weise angängig ist. Die Maßnahme bedeutet eine schreiende Ungerechtigkeit! Daher werden wir nicht aufhören, gegen den Beschluß des Ministerrats vom 12. November 1927 zu protestieren!

Übrigens hat sich der Ministerrat durch die Anwendung des Fremdsprachenparagraphen auf deutschsprachige Zeitungen in Elsaß-Lothringen auch in einer andern wichtigen Frage festgelegt. Die nötige Auslegung dazu finden wir in dem Briefe Poincarés an den Abgeordneten Seltz (30. November 1927). Der Ministerpräsident erklärt dort, die französische Sprache sei die alleinige Nationalsprache in Frankreich, und das Deutsche habe als Fremdsprache zu gelten. Damit ist aber gesagt, daß die deutschsprechenden Elsaß-Lothringer vom Standpunkte der französichen «nationalen Einheit» aus in Frankreich Fremde sind! Nach den heute üblichen Begriffen sind sie demnach als eine völkische Minderheit zu bezeichnen. Die französische Regierung wird um diese – für sie peinliche – Feststellung nicht mehr herumkommen. Sie mag sich noch eine

Politik und Gewaltpolitik in Elsaß-Lothringen

Zeitlang auf das Recht des Stärkeren stützen und die Rechtsansprüche der Minderheit ignorieren und unterdrücken. Aber die internationale Welt dürfte das französische Vorgehen in Elsaß-Lothringen mit wachsendem Interesse verfolgen, denn es birgt in sich ernste Gefahren für den Weltfrieden!

Nun erinnere man sich des Heimatbundmanifests (Juni 1926), in dem bereits die Tatsache, daß wir eine völkische Minderheit sind, zum Ausdruck gebracht worden war. Die Regierung ergriff damals deshalb gegen gewisse Unterzeichner unseres Manifests die berüchtigten Sanktionen. Und heute hat dieselbe Regierung gegen uns eine neue Gewaltmaßnahme getroffen, die sie nur damit zu begründen weiß, daß sie die Elsaß-Lothringer in Frankreich aufgrund ihrer Sprache als Fremde erklärt.

Dabei kann es nicht bleiben. Die französische Regierung muß sich endgültig entscheiden. Entweder gesteht sie jetzt formell zu, daß wir tatsächlich eine völkische und sprachliche Minderheit im Rahmen Frankreichs sind, und dann hat sie – obwohl sie keinen Minderheitenvertrag unterzeichnet hat – vor der ganzen Welt die Pflicht, uns die Minderheitenrechte (Kulturautonomie, Selbstverwaltung) zu geben. Oder aber, sie läßt es bewenden bei der nackten Tatsache, auf die sie sich bei der Anwendung des Ausnahmegesetzes vom 22. Juli 1895 unbedachterweise gestützt hat, nämlich daß wir schlechthin Fremde sind und als Fremde behandelt werden, – dann würde sie zugeben, daß die sog. «Befreiung der wiedergefundenen Brüder» tatsächlich nur eine Phrase war, eine Zwecklüge, die zu den notwendigsten Interessen unseres Volkes im schärfsten Widerspruch steht. In diesem Falle allerdings wäre die Lage geklärt, und die elsaß-lothringische Frage wäre damit auf eine einfache Formel gebracht.

*

Zum Verbot det deutschsprachigen Zeitungen bemerkt Alcide Ebray in einem neuen Artikel (im Märzheft der «*Revue de Hongrie*», daß «praktisch die Pressefreiheit in Elsaß-Lothringen für die Zeitungen deutscher Sprache aufgehoben» ist. Die juristische Begründung des Verbots durch Poincaré sei unhaltbar, und dessen These könnte die übelsten Auswirkungen auf nationalem und internationalem Gebiete zur Folge haben. Aus dem ausgezeichneten Artikel Ebrays sei hier folgende Stelle festgehalten:

«Kann im Falle, daß in einem Staate die Minderheit eines Volkes eine andere Sprache spricht, als die Mehrheit dieses Volkes, weil diese Minderheit einem

Politik und Gewaltpolitik in Elsaß-Lothringen

anderen ethnischen Elemente angehört, die Sprache dieser Minderheit in diesem Staate als eine Fremdsprache angesehen werden? Wenn man diese Frage mit Ja beantwortet, macht man aus dieser Minderheit einen fremdländischen Volksteil.

Die Ungeschicklichkeit, welche die französische Regierung begangen hat, als sie das Deutsche und sogar den Dialekt in Elsaß-Lothringen als eine fremdländische Sprache bezeichnete, bestand darin, daß sie dadurch zugleich die Elsaß-Lothringer als einen fremdländischen Volksteil bezeichnete... Anders würde es sich verhalten, wenn die deutsche Sprache ihnen von 1871-1918 von Deutschland aufgezwungen worden wäre. Ihre natürliche Sprache war aber schon seit Jahrhunderten das Deutsche... man kann sogar sagen, daß das Elsaß das Deutsche gesprochen hat, bevor die jetzige französische Sprache bestand...

Man wird die ganze Tragweite des begangenen Irrtums verstehen, wenn man sich daran erinnert, daß es in Frankreich auch andere ethnische Minderheiten gibt: im Norden die Flamen, im Westen die Bretonen, im Süden die Basken, die Katalanen, die Bewohner der Gegend von Nizza und die Korsen, und daß man auch bei diesen Minderheiten, genau wie bei den Elsaß-Lothringern, eine Bewegung feststellt, die nicht separatistisch, sondern regionalistisch und mehr kulturell als politisch ist. Wenn man die Sprachen, die von diesen Minderheiten gesprochen werden, als fremdländische Sprachen betrachten wollte und man müßte dies schließlich tun, um logisch zu sein, – würde man aus ihnen fremdländische Volksteile machen, und man würde sie gewissermaßen Nachbarstaaten zuweisen...»

*

Nachtrag. – In den «*Cahiers des Droits de l'Homme*» vom 10. März 1928 haben sich die «*Conseils juridiques*» zu der Frage geäußert: «Ist die deutsche Sprache in Elsaß-Lothringen eine Fremdsprache?» – Ihre Antwort lautet:

«Die offizielle Sprache in Elsaß-Lothringen ist das Französische. Demnach ist jede andere Sprache eine Fremdsprache.

«Der Text, der das Französische als Gerichtssprache einführt – der erste Text in dieser Frage – ist der «*Arrêté*» des Ministerpräsidenten des 2. Februar 1919, durch den Gebrauch des Französischen in den gerichtlichen Verhandlungen und allen Urkunden sowie in allen notariellen Akten vorgeschrieben wird (J.O.[101] vom 5. Februar)»[102]

Außerdem sei seither (J.O. vom 19. Mai 1922)[103] in einem Gesetzestext das Deutsche in Elsaß-Lothringen ausdrücklich als Fremdsprache bezeichnet worden. Daran ändere auch nichts die Zulassung des Gebrauchs einer fremden Sprache in Kontrakten[104] (neben der Übersetzung). – Das Gutachten der juristischen Sachverständigen schließt forgendermaßen:

«Der gesunde Menschenverstand (!) stimmt hier mit dem Recht (!) überein. Frankreich, als Land der Einheit mit nur einer Sprache, kennt nicht die Übeltaten (*les méfaits*) der Zweisprachigkeit (!). Jede andere Sprache als das Französische ist da eine Fremdsprache, selbst wenn eine gewisse Anzahl Bürger französischer Nationalität geläufig einen andersartigen Dialekt (!) gebraucht.» – –

Es bleibt uns demnach wohl nichts anderes übrig, als nun unsern gesunden Menchenverstand auch noch assimilieren zu lassen und uns von der fixen Idee der Zweisprachigkeit, die ein Verbrechen an der nationalen Einheit und an der Einsprachigkeit ist, endgültig freizumachen! Dann sind wir soweit…

---

[101] *Journal Officiel*, amtliches Gesetzblatt der französischen Republik.
[102] Siehe im Anhang, Seite 246.
[103] Siehe im Anhang, Seite 248.
[104] Verträgen.

Politik und Gewaltpolitik in Elsaß-Lothringen

28.
Die Affäre «Sapart»-Rossé.

Mit der Haltbarkeit der Anschuldigungen steht es in der Affäre «Sapart» (*Société à participation financière*) um keinen Deut besser. Unsere Aufgabe kann es natürlich nicht sein, dieses Unternehmen als solches hier zu verteidigen. Es sei bloß noch einmal betont, daß es einem gemeinnützigen Zwecke dient und von zahlreichen einheimischen Lehrern gegründet worden ist. Zu den Gewaltmaßnahmen, die gegen es ergriffen wurden, wollen wir nur so weit Stellung nehmen, als sie ein Teil des Kampfes der Regierung gegen die autonomistische Bewegung selbst sowie gegen die Lehrerschaft und deren Führer Rossé sind.

Dem unvoreingenommenen Beurteiler dürfte ohne weiteres klar sein, daß die in einem Zirkular der «Sapart» stehende Wendung, die in Sparkassen angelegten Gelder seien auch stets gewissen Gefahren ausgesetzt, im Ernste nicht als «Gefährdung des Staatskredits» betrachtet werden kann. Wir haben in Elsaß-Lothringen erlebt, daß Gelder, die in öffentlichen Kassen angelegt waren, sequestriert wurden. Wir erinnern uns ferner der Frankenentwertung, durch die viele Sparer um einen großen Teil ihres Geldes gebracht, wenn nicht ruiniert wurden. Ein gewisses Mißtrauen in dieser Hinsicht dürfte daher begreiflich erscheinen. Andererseits wissen wir auch, daß Argumente wie das von der «Sapart» gebrauchte schon oft mit viel größerer Schärfe von andern vorgebracht wurden, ohne daß das Gericht sich veranlaßt gefühlt hätte, wegen Gefährdung des Staatskredits einzuschreiten. Stellt übrigens Poincaré in der Kammer nicht fortwährend die «Vertrauensfrage» mit dem Hinweis darauf, daß dem Ministersturz der Frankensturz folgen werde?! Kein Geringerer als er bestätigt somit die Unsicherheit unserer Währung. In diesem Zusammenhang ist es auch lehrreich, sich der zügellosen Kampagne zu erinnern, die 1924 zur Zeit des großen Frankensturzes von den Sozialisten Peirotes und Weill gegen die Regierung Poincaré unternommen wurde, und die in Straßburg eine wahre Panik hervorrief. Damals hörte man nichts von einem Eingreifen des Gerichts. Heute aber soll durch ein vertrauliches, nicht für die Öffentlichkeit bestimmtes Zirkular einer elsässischen Finanzgesellschaft der Staatskredit in Gefahr gekommen sein.

Man müßte lachen, wenn die Hintergründe dieser Angelegenheit nicht so ernst wären. Es besteht kein Zweifel: mit ihren Maßnahmen gegen die «Sapart» wollte die Regierung vor allen Dingen den hier verhaßten «Heimatbündler» Rossé treffen, der zugleich Vorsitzender der Lehrer- und Beamtenschaft ist. Und dafür brauchte sie eben einen Vorwand. Sie erfand ihn. Unter diesem erfundenen

Politik und Gewaltpolitik in Elsaß-Lothringen

Vorwand ließ sie ein Dutzend Wohnungen und Buroräume durchstöbern und das Unterste zu oberst kehren. Was aber hat die Polizei der dritten Republik dabei gefunden? Etwa die deutschen Millionen, nach denen sie schon lange und überall sucht? Oder die Anweisungen Röchlings? Oder Handgranaten und Bomben und das Dynamit für die Straßburger Präfektur? Nichts von alledem! Auch nichts von den 2½ Millionen des Colmarer Generalstaatsanwalts Fachot, die dieser einem Börsenspekulanten aus der Sequesterkasse der oberelsässischen Kaliminen zugeschoben hat. Und dennoch wurde die Verhaftung Rossés angeordnet. Der Börsenspekulant von Nancy aber und sein Colmarer Generalstaatsanwalt laufen noch immer frei umher.

Die Affäre «Sapart» und die Verhaftung Rossés haben sich auch im Laufe der Untersuchung durch nichts rechtfertigen lassen. Die beschlagnahmten Dokumente mußten wieder zurückerstattet und die gesperrten Bankkonten wieder freigegeben werden.

Und doch scheute sich die Regierung nicht, der ersten Ungerechtigkeit sofort eine zweite hinzuzufügen. Am 1. Dezember 1927 hatte die Lehrerschaft ihren Vertreter für den Bezirksunterrichtsrat (*Conseil départemental de l'Instruction publique*) zu wählen. Bei dieser Gelegenheit haben abgestimmt 438 Lehrer des sog. elsaß-lothringischen «*Cadre*». Davon waren 393 gültig, und unter diesen fielen 292 auf Rossé. Sein Gegenkandidat, der gouvernementale Lehrer Herrmann, erhielt 81 Stimmen. Im Augenblick nun, wo das Ergebnis verkündet wurde, betrat der neue Präfekt des Oberelsasses, Susini, ein Vertrauter Poincarés, das Wahllokal und hielt eine theatralische Ansprache.[105] Das gesamte Präfekturpersonal war zu diesem Akt eigens herbeigerufen worden, um die Rede des Herrn Vorgesetzten mit Beifall zu begleiten. Die Regie klappte, und der Herr Präfekt verkündete, angeblich unter dem stürmischen Beifall aller Anwesenden, daß soeben… Rossé verhaftet worden sei; da dieser z.Zt. keine dienstlichen Funktionen als Lehrer ausübe, sei er auch nicht wählbar. Infolgedessen müßten die 292 Stimmen, die für Rossé abgegeben waren, als ungültig erklärt werden! An Stelle Rossés wurde hingegen der gouvernementale und laikale Lehrer Herrmann, auf den 81 Stimmen von 438 gefallen waren, zum gewählten (!) Vertreter der Lehrer für den Bezirksunterrichtsrat proklamiert!

Eine derartige Fälschung und Vergewaltigung eines Wahlergebnisses steht in den Annalen unserer Landesgeschichte einzig da. So achtet das republikanische Frankreich die Rechte der elsässischen Beamten und den Willen des elsässischen Volkes. Das demokratische Prinzip existiert nicht mehr! Zu Vertretern

---

[105] Den wichtigsten Teil seiner Rede s. im Anhang, Seite 220.

Politik und Gewaltpolitik in Elsaß-Lothringen

des Volkes sowie einzelner Berufsgruppen werden gegen alles Recht einfach diejenigen bestimmt, die der Regierung genehm sind. Die andern schiebt man beiseite oder hält sie von der Wahl fern, indem man sie ins Gefängnis wirft. Dieser Fall der Lehrerwahl ist ein Schulbeispiel im kleinen für die Aktion, die man im Großen für die Kammerwahlen eingeleitet hat. Auch für die Kammerwahlen sind heimatbewußte Elsässer und Lothringer nicht wählbar. Sie stehen außerhalb des Rechts und des Gesetzes, – sie sind vogelfrei!

*

Wie die französische Regierung überhaupt die Vereinsfreiheit der Beamten und Lehrer in Elsaß-Lothringen achtet, dafür seien noch zwei Beispiele angeführt.

Seit 1919 geht das Bestreben der Regierungsstellen darauf aus, die elsaß-lothringischen Beamten- und Lehrervereine mit den innerfranzösischen zu verschmelzen. Hiergegen haben unsere Vereine – die sich schon bald zu einem Gesamtverband (an die 50.000 Mitglieder) zusammengeschlossen – bis jetzt sich erfolgreich gewehrt, denn sie haben auf dem deutschen Reichsbeamtengesetz fußende Sonderrechte zu wahren und wollen sich nicht zur Wahltruppe einer Partei herabwürdigen lassen. In diesen Kämpfen um die Erhaltung erworbener Rechte («*droits acquis*) und die politische Neutralität der Beamten- und Lehrervereine hat sich wiederum Rossé sowohl als Präsident der Gesamtföderation wie als Präsident des Lehrerverbands die größten Verdienste erworben.

Schon seit langem war darum Rossé den Regierenden ein Dorn im Auge. Nachdem er wegen der Unterzeichnung des Heimatbundsmanifests vorläufig seines Amtes enthoben war, setzte ein widerwärtiges Treiben gegen ihn ein. (Übrigens ist er im Oktober 1927 aus dem Heimatbund ausgetreten.) Das Kesseltreiben gegen Rossé hatte den Zweck, ihn als Beamten- und Lehrerführer unmöglich zu machen und dann die erstrebte Verschmelzung widerstandslos durchzuführen. Leider beteiligten sich an der Hetze gegen Rossé auch einheimische Beamte und Lehrer sowie die Propagandapresse, allen voran die sozialistischen Blätter. Gerade die sozialistischen Bonzen zeigten sich bereits seit 1924 immer mehr als Gegner der Vereinsfreiheit der Beamten und Lehrer.

Ende 1926 wurde der Generalsekretär des Gesamtverbands, Herr Heusner, von den Regierungsstellen in Straßburg und Paris darauf aufmerksam gemacht, daß die Präsidentschaft Rossés die Zusammenarbeit zwischen Verband und Regierung sehr erschwere! Heusner teilte Rossé diese Stellungnahme der Regie-

Politik und Gewaltpolitik in Elsaß-Lothringen

rung mit, doch Rossé legte das ihm vom Verband übertragene Amt nicht nieder. Auffallenderweise wußte ein unterelsässischer sozialistischer Lehrer von der «nationalen» Gruppe im Januar 1927 mitzuteilen, daß die Regierung demnächst die Beziehungen zu dem Verband Rossé abbrechen werde. Inzwischen war Rossé schwer erkrankt und suchte Heilung außerhalb der Heimat. Von hier aus erklärte er nun aus Gesundheitsrücksichten seinen Rücktritt von dem Amte als Verbandsvorsitzender. Fast gleichzeitig berichtete der «*Temps*», die Pariser Regierung habe alle Regierungsstellen angewiesen, jede Verbindung mit dem Verbande abzubrechen, solange Rossé dessen Präsident oder Mitglied, und auch solange er Präsident oder Mitglied eines Unterverbands (d.h. der Lehrervereinigung) sei.

Die größte Freude über diese Haltung der Regierung bekundete wiederum die sozialistische «*Freie Presse*». Sie protestierte nicht etwa gegen die Niederknüppelung der Vereinsfreiheit, sondern berichtete über die Vorgänge vielmehr unter der bezeichnenden Überschrift: «Rossé abgesägt! Herr Poincaré schneidet ihm den Lebensfaden ab!»

Das erste Ziel der Regierung war damit erreicht: Rossé war nicht mehr Präsident des Verbands. Nun verlangte der Straßburger Präfekt in einer Unterredung mit dem Generalsekretär Heusner (6. Mai 1927) dem Austritt Rossés aus dem Verbande. Dieser Forderung gegenüber hob Heusner die Tatsache hervor, daß Rossé nicht endgültig seines Amtes enthoben sei; Rossé habe übrigens Berufung gegen die Amtsenthebung eingelegt, und die Entscheidung darüber müsse abgewartet werden. Darauf erhob der Präfekt als weitere Forderung, Rossé müsse auch das Präsidium der Lehrervereinigung niederlegen. Diesem Ansinnen gegenüber vertrat Heusner den Standpunkt, daß es sich in diesem Falle um eine Angelegenheit der Lehrer handle; der Gesamtverband habe kein Recht, sich in innere Angelegenheiten der Unterverbände einzumischen. Diese Auffassung vertraten der Regierung gegenüber auch mehrere elsaß-lothringische Abgeordnete. Einige Zeit darauf erhielt der Verband folgenden amtlichen Bescheid:

«Die Regierung nimmt die Beziehungen zu der Vereinigung auf der Basis des erfolgten Rücktritts Rossés als Präsidenten der Vereinigung wieder auf. Wenn bei der Erneuerung des Vorstandes Rossé als Präsident wiedergewählt werden sollte, so werden die Beziehungen erneut abgebrochen.»

Indessen waren damit die Treibereien gegen Rossé nicht beendet. Im Oberelsaß wurde dem Lehrer Hertzog, einem Freund Rossés und Präsidenten des «*Groupement professionnel*» (der oberelsässischen Lehrerschaft), so lange zugesetzt,

Politik und Gewaltpolitik in Elsaß-Lothringen

bis auch er sein Amt niederlegte. Die Regierungsleute wollten diesen Verein sprengen und dann dessen Mitglieder truppweise dem regierungstreuen «*Syndicat national*» zuführen. Auch hierzu boten einheimische Elemente in verräterischer Weise die Hand. Es wurde ein Aufruf zur Gründung einer «nationalen *amicale*» versandt; das alte *Groupement* und dessen Vorstand wurden als «antinational» hingestellt. Darauf trat das *Groupement* im Mülhausen zu einer außerordentlichen Generalversammlung zusammen. An Stelle des Lehrers Hertzog wurde der Colmarer Mittelschullehrer Neff zum Präsidenten gewählt. Die Versammlung nahm außerdem eine Resolution an, die u.a. folgende Sätze enthält:

«Wir erklären uns absolut unabhängig von jeder politischen Partei. Wir wünschen loyal und offen entsprechend unserer Tradition mit der Verwaltung in allen die elsässische Schule betreffenden Fragen zusammenzuarbeiten.

«Da das Sprachenproblem und das regionale Schulprogramm gegen unsere Ansicht zu politischen Fragen geworden sind, überlassen wir es der Regierung und der Vertretung der Wählerschaft, sich mit diesen Problemen zu befassen und dafür die Verantwortung zu übernehmen.

«Wir weisen energisch die Unterschiebung, von antinationalen Gefühlen beseelt zu sein, zurück. Wir wollen, wie bisher weiter nichts sein als gewissenhafte Förderer der französischen Schule im Elsaß.»

Mit dieser Erklärung hat die oberelsässische Lehrerschaft zweifellos das äußerste Entgegenkommen gezeigt. Was konnte sie noch mehr tun? Doch siehe, das alles genügte der Regierung nicht!! Auch gegen den neuen Präsidenten Neff setzte seitens der Regierungspresse eine heftige Hetze ein.

Der Sekretär des «*Groupement*» teilte dem Akademie-Inspektor Bourgoin in Colmar obige Resolution mit und suchte für den neuen Vorstand um eine Audienz nach. Darauf erhielt er den Bescheid, die Wiederaufnahme der Beziehungen sei zwar wünschenswert, aber vorher müßten «gewisse Voraussetzungen» erfüllt werden, «welche beweisen, daß im Wesen und in den Bestrebungen des *Groupement professionnel* eine gründliche Änderung eingetreten ist».

Erste Bedingung: Entfernung des Lehrers Bouillet (übrigens eines Innerfranzosen!) aus dem neuen Vorstand. Begründung: Er sei der «Mitverfasser eines Manifests zu der Wahl des *Conseil départemental*. Gemeint war die Wahl Rossés! – Dieses Veto gegen die Aufnahme eines Lehrers in den Vorstand einer Lehrervereinigung bedeutet einen unerhörten Eingriff in die Vereinsfreiheit der Beamtenorganisationen, denen das Interesse der Berufsgenossen naturgemäß höher steht als die Wünsche der Regierung.

Politik und Gewaltpolitik in Elsaß-Lothringen

Zweite Bedingung: andere Einstellung der Lehrerzeitung («*Revue scolaire*»), die «ihrer Auffassung, ihrem Inhalt und ihrer vorherrschenden Sprache nach nicht das Vereinsblatt ist, das für elsässische Lehrer, französische Beamten paßt». – Die «*Revue scolaire*» ist von Rossé geschaffen, erscheint in beiden Sprachen und wird erfolgreich geleitet im Dienste der elsässischen Lehrerinteressen. Der Akademie-Inspektor wünscht aber, daß die Lehrerzeitung ihm und der Regierung diene! Und ferner müsse sie ganz französisch geschrieben sein, wohlverstanden in einem Lande, das angeblich ein Land der «Zweisprachigkeit» sein soll. Sie müsse ganz französisch geschrieben sein für Lehrer, die von Berufs wegen die Zweisprachigkeit betätigen und dem Volke vermitteln sollen!

Das nennt man Schindluder treiben mit der Vereinsfreiheit der Beamten, mit den Interessen der Lehrer und obendrein mit der «Zweisprachigkeit».

Die dritte Bedingung wird in folgende Phrase eingehüllt: «Sie wissen, daß die Verwaltung laut Beschluß des Herrn Ministerpräsidenten vom 6. April 1927 keine Beziehungen zu Ihnen haben wird, solange Herr Rossé Präsident oder Mitglied Ihrer Vereinigung ist. Sie müssen deshalb einen Beschluß fassen.»

Hier kommt nun der wahre Zweck der ganzen Übung zum Ausdruck. Dieser Rossé, immer wieder dieser Rossé ist der Stein des Anstoßes, der Gegenstand des Hasses! Er müßte, wenn es nach dem Wunsch der Regierung ginge, aus der menschlichen Gemeinschaft ausgestoßen werden!

Das anmaßende Schreiben des Akademie-Inspektors Bourgoin schließt folgendermaßen:

«Beweisen Sie, daß Ihre Taten Ihrer Worte würdig sind. Fassen Sie die Beschlüsse, welche die gegenwärtige Antwort auf Ihr Empfangsgesuch benötigt, und kommen Sie wieder, wenn diese Bedingungen erfüllt sind. Dann, und erst dann werden wir gemeinschaftlich arbeiten, ohne Hintergedanken, aufrichtig und, ich bin davon überzeugt, mit Nutzen.»

Ob die oberelsässische Lehrerschaft, eine unabhängige Berufsvereinigung, sich diese unerhörten Eingriffe und Übergriffe eines Vorgesetzten in die Vereinsfreiheit und innere Angelegenheit ihrer Organisation gefallen lassen wird, ob sie den Forderungen und dem Druck des Regierungsvertreters nachgeben wird, bleibt abzuwarten. Bis zur Stunde ist über die Stellungnahme der Lehrerschaft noch nichts bekannt geworden.

Politik und Gewaltpolitik in Elsaß-Lothringen

29.
Eine Spionage-Affäre!

Frankreich braucht nun einmal zu gewissen Zeiten seine Affären und seine Skandale. Es hatte seinen Dreyfus-Skandal, dann die Affäre Caillaux-Malvy und andere. Nicht immer freilich entspricht in solchen Fällen der Effekt den gehegten Erwartungen. Vor allen Dingen tragen die Affären in der Regel nicht zur Hebung des Ansehens der französischen Justiz bei.

Die Begründung des Spionageverdachts gegen die früheren Mitarbeiter an dem Wochenblatte «Die Wahrheit», nämlich Baumann und Kohler, steht nicht auf festeren Füßen als die Anklage gegen Rossé im Falle «Sapart». Der Verdacht gegen die beiden Genannten stützt sich, soviel man bis jetzt weiß, darauf, daß sie mit dem aus unserem Lande verbannten Elsässer René Caesar Ley in Freiburg (Baden) in brieflicher Verbindung gestanden hätten. Es ist uns nicht bekannt, ob das zutrifft. Sollte es aber der Fall sein, so könnten wir darin wahrhaftig nichts Strafbares erblicken. Eines glauben wir jedenfalls mit Bestimmtheit jetzt schon sagen zu können, daß der etwa beschlagnahmte Briefwechsel zwischen den Angeklagten und Ley unter keinen Umständen für die Anklage wegen Spionage einen Anhaltspunkt bieten wird. Die Regierungs- und Polizeiblätter vom Schlage der «République», «Freie Presse», «Neueste Nachrichten», «Journal d'Alsace et de Lorraine» und «Journal de l'Est», behaupteten allerdings, Ley unterhalte in Freiburg eine Spionagezentrale, und Baumann und Kohler seien Werkzeuge in Leys Hand. Wer aber Ley persönlich näher kennt, wird staunen, daß man diesem Manne, der infolge der langen Einkerkerung seelisch und körperlich schwer gelitten hat und kaum arbeitsfähig ist, den eben ausgesprochenen Verdacht anzuhängen wagt. Übrigens hat Ley selbst allen böswilligen Behauptungen ein klares Dementi entgegengesetzt. Es wird sich auch mit Sicherheit ergeben, daß Baumann und Kohler mit Spionage nie etwas zu tun hatten.

Nun hat sich vor kurzem ein Individuum bei der Polizei gemeldet, das in der Lage sein will, Herrn Ley der Spionagetätigkeit zu überführen und so eine gewisse Verwicklung zu konstruieren. Dieser Mensch nennt sich Josef Albert Sigwalt und stammt aus Mülhausen. Die Hetzpresse hat sich des gefundenen Fressens mit großer Gier bemächtigt. «France de l'Est» und «Journal d'Alsace et de Lorraine» (vom 7. und 8. Februar 1928) bringen die neueste Entdeckung in der gewohnten sensationellen Form. Herr Ley aber hat der gesamten Presse anhand von Dokumenten den Nachweis geliefert, daß dieser Sigwalt ein in Frankreich steckbrieflich verfolgter Betrüger war, der sich nach Deutschland flüchtete,

Politik und Gewaltpolitik in Elsaß-Lothringen

dann auch dort wegen Betrugs und Unterschlagung zu einer Gefängnisstrafe verurteilt und nachher den französischen Behörden ausgeliefert wurde. Mit Hilfe solcher Kronzeugen will wohl Herr Fachot die Beweise führen, daß Elsässer sich mit Spionage abgeben. Da kann man wirklich auf etliche Überraschungen gefaßt sein.

Auch im Falle Baumann-Kohler erfolgten Anklage und Verhaftung ohne jede Unterlage. Um etwaige Beweisstücke nachträglich erst zu finden, schritt man zu einer Haussuchung in den Büroräumen der «Wahrheit» und beschlagnahmte alle Schriftstücke, die man vorfand. Bisher scheint bei der Affäre noch nichts herausgekommen zu sein.

*

Einen Erfolg aber, wenn auch einen recht zweifelhaften, hatte die Regierung infolge ihres gewalttätigen Vorgehens gegen die Leute von der «Wahrheit» zu buchen. Das bloße Bekanntwerden der Festnahme von Baumann und Kohler genügte nämlich, um Herrn Claus (nicht Clown, wie eine Zeitung wohl irrtümlicherweise schreibt!) Zorn von Bulach, den Gründer und Herausgeber der «Wahrheit», gänzlich umzulegen. Ohne auch nur einen Beweis für die Anklage wegen Spionage abzuwarten, gab Bulach seine früheren Mitarbeiter völlig preis und stellte sich als den «Verführten» hin! Man fragt sich, was den Baron zu diesem unritterlichen Verhalten veranlaßt hat! War es die Angst vor den dreizehn Monaten Gefängnis, zu denen er kurz zuvor verurteilt worden war? Oder hat irgend jemand ihn bekehrt? Was hat ihn ferner dazu bewogen, urplötzlich einen de- und wehmütigen Ergebenheitsbrief an den Präfekten in Straßburg zu richten? Er, der noch vor kurzem in großen Tönen dem Präfekten Rache angedroht hatte für den Fall, daß er verhaftet würde, bereut plötzlich wie ein flennender Schuljunge alles, was er getan, und verspricht hoch und heilig, für immer ein guter, loyaler französischer Staatsbürger zu werden. Das letztere mag wohl an sich erfreulich sein, aber besser wäre es gewesen, dieser Mann hätte von jeher die Finger von der Politik weggelassen!

Doch noch etwas anderes müssen wir zur Abrundung des «Charakterbildes» dieses Edelmannes hinzufügen. Als am 26. Januar 1928 seine Sache (Todesdrohung und Beamtenbeleidigung) vor den Appelationshof in Colmar kam, verlas er eine neue, noch längere Loyalitätserklärung, in der er soweit ging, die Autonomisten für seine verschrobene Politik verantwortlich zu machen. Ge-

Politik und Gewaltpolitik in Elsaß-Lothringen

wisse autonomistische Führer, sagte er, hätten mit ihm und seinem Namen Mißbrauch getrieben! Der Ritter von der traurigen Gestalt wagt also nicht, die Verantwortung für sein eigenes Tun zu übernehmen. Soll das vielleicht ein Beweis für seine – von andern angezweifelte – Mündigkeit sein? Warum nennt er die Namen der autonomistischen Führer nicht, die seine «schlechten Berater» gewesen sein sollen?

Die Behauptung des Herrn Barons ist natürlich eine blanke Lüge und dazu noch eine Denunziation. In Wahrheit hatten die autonomistischen Führer mit Bulach und seiner Umgebung keinerlei politische Gemeinschaft! Im Gegenteil, in der Wochenschrift «*Die Zukunft*» wurden seine politischen Methoden, namentlich der maßlose Ton der Bulach'schen Zeitung «*Die Wahrheit*», ausdrücklich mißbilligt. Auch das politische Ziel Bulachs selbst – ein eigentliches Programm hatte er nie – wurde von den autonomistischen Führern rückhaltlos verworfen. In der Gründungsversammlung der Autonomistischen Partei (25. September 1927) hielt der Versammlungsleiter Dr. Roos eine längere Rede, in der er sich eingehend mit der Politik und den Methoden Bulachs befaßte und sie mit allem wünschenswerten Nachdruck ablehnte! Dies werden die zahlreichen Versammlungsteilnehmer heute noch bezeugen. Der Zusammenschluß der Autonomistischen Partei und des Bulach'schen Oppositionsblocks war Gegenstand einer Besprechung, die am 16. September 1927 stattfand, aber infolge des maßlosen Auftretens Bulachs ergebnislos verlief. Wir gingen ihm damals... nicht weit genug. Der Zusammenschluß kam erst zustande, als der Baron wegen Todesdrohung gegen den Präfekten unter Anklage kam und es mit der Angst zu tun hatte. In dieser Angst suchte er Hilfe und Deckung bei den Autonomisten. In einer Unterredung vom 5. November 1927 verpflichtete (!) er sich übrigens bereits, sich in Zukunft jeder politischen Kundgebung auf eigene Faust zu enthalten. Daß Bulach sogar aus der Führung völlig ausscheiden müsse, war die einstimmige Meinung aller, die an jener Besprechung teilnahmen. So liegt der Fall in Wahrheit.

Herr Bulach fügt aber in seiner Loyalitätserklärung zu seiner ersten Lüge und Denunziation noch eine zweite, schwerer wiegende hinzu, indem er sagt: «Mein guter Glaube ist von diesen Leuten mißbraucht worden, von denen gewisse sicher im Dienste des Auslandes gestanden haben!» Es fällt einem schwer, zu glauben, daß ein Sohn aus dem Hause Bulach einer so gemeinen Denunziation fähig ist. Wenn er aber seine schmutzige Behauptung so «sicher» rechtfertigen kann, so wird er den Beweis dafür nicht schuldig bleiben dürfen. Hoffentlich erscheint er nunmehr als Kronzeuge gegen die Autonomisten vor den Schranken des Gerichts. Im kommenden Autonomistenprozeß darf halt auch der… Clown nicht fehlen.

Doch freuen wir uns immerhin über die «Bekehrung» des edlen Ritters und über die Errungenschaft, die jetzt die Royalisten und die andern nationalen Franzosen à la Peirotes, Oesinger, Comte de Leusse usw. für die Stärkung ihrer Reihen buchen können. Der wandlungsfähige Baron wird schnell sich formen nach dem Bilde derjenigen, die er früher so schwungvoll als «hergelaufenes Lumpenpack» und «Seeräuber» tituliert hat. *Le style, c'est l'homme!*[106] Glück auf!

Unsere Sache, nämlich der Heimatgedanke, wird durch das schmähliche Verhalten Bulachs in keiner Weise berührt. Es kann ihr nur nützlich sein, wenn unsere Reihen von allen Verrätern und Denunzianten gesäubert werden. Wer sich in der Person eines Mannes geirrt hat, der wird deswegen der Sache nicht untreu werden!

---

[106] Der Stil macht den Menschen!

Politik und Gewaltpolitik in Elsaß-Lothringen

30.
Haussuchungen.

Die von den Chauvinisten der Rechten und der Linken seit einem Jahre mit grenzenlosem Fanatismus betriebene Hetze gegen die Heimatbewegung, deren Anhänger und Führer hatte gegen Ende des Jahres 1927 in Paris eine Stimmung erzeugt, die das Schlimmste befürchten ließ. Das Unwetter zog sich immer dichter und drohender zusammen und entlud sich am Vorweihnachtstage mit unerhörter Wucht. Die Pariser Regierung, die schon während beinahe zehn Jahren jedes psychologische Verständnis für die elsässische Volksseele hatte vermissen lassen, schob nun auch die letzte politische Klugheit zur Seite. Wie zum Hohn auf jedes Recht und jede Vernunft fügte sie aufs neue Gewalt zur Gewalt.

Den Tag vor Weihnachten hatte sie sich ausgesucht zum entscheidenden Schlage, – den Tag, an dem bei uns jeder die letzten Vorbereitungen zu treffen pflegt zur Weihnachtsfeier, den Tag, an dem jedes Haus von Weihnachtsstimmung und Christbaumduft durchweht ist, wo die trauten Räume im Lichterglanz erstrahlen und von frommen Liedern widerhallen. Doch was macht's? Die französische Regierung ist ja ein Feind nicht nur unserer Rechte, sondern auch unserer Traditionen, unserer Sitten und Gebräuche.

In zahlreichen Städten und Dörfern, von St. Ludwig über Mülhausen, Colmar, Straßburg, Hagenau und Saargemünd bis nach Metz setzte am frühen Morgen schon eine große Treibjagd ein auf alle Autonomisten und auf jeden, der mit ihnen in irgend einer Beziehung stand. Alle Untersuchungsrichter, Staatsanwälte, Polizeikommissare und Spezialkommissare, Inspektoren und Hunderte von Polizisten, Spitzeln und Gendarmen wurden zu dem großen Kesseltreiben aufgeboten. In Gruppen von 7-15 Mann suchten sie ihre Opfer auf, umstellten deren Häuser und Wohnungen von allen Seiten, drangen in die Wohnräume, in Speicher und Keller ein, benahmen sich z.T. frech und herausfordernd, wühlten und schnüfelten alles durcheinander, klopften die Wände ab und beschlagnahmten schließlich allerlei Dokumente, Privatbriefe, Bücher, Zeitschriften und Zeitungen haufenweise. Großes Interesse zeigten sie auch für... Geld und für... Waffen. Die sagenhaften deutschen Millionen aber, die sie in allem Ernste suchten, waren nirgends auffindbar. Auch von den Bardoux'schen beiden berühmten deutschen Maschinengewehren neuesten Modells mit Luftkühlung war keine Spur vorhanden. Wohl wurden etliche Kriegserinnerungen, auch ein paar Revolver und Pistolen, sogar einige Theaterflinten bei diesem siegreichen

Politik und Gewaltpolitik in Elsaß-Lothringen

Sturmangriff erbeutet. Irgendwo wurde sogar ein Stück schwarz-weißes Band zutage gefördert, das einmal zu einem Eisernen Kreuz gehörte und in einem Schrank verwahrt war. Auch das wurde als *corpus delicti* mitgenommen, da es, wie der Untersuchungsrichter mit ernster Miene verkündete, von größtem Interesse sei! Mitunter wurden aber Dinge, die uns wichtig schienen und die man freiwillig anbot, liegen gelassen, so u.a. eine Sammlung jener berüchtigten, in ganz Frankreich verbreiteten Epinaler Bilderbogen, auf denen die Elsässer von einem französischen «Künstler» als naturgeschaffene Esel dargestellt werden («*Histoire d'un âne*»), deren historische Mission darin bestehe, Hausknechte und Stiefelputzer zu sein.

Nicht nur Privatwohnungen, sondern auch Geschäftsräume, selbst Zeitungsdruckereien und Redaktionen («*Elsässer Kurier*», «*Humanité*») wurden besucht und durchsucht und in ihrem Betriebe stundenlang gestört. Das Rathaus von Hagenau erfreute sich einer besonders gründlichen Durchsuchung und wurde zu dem Zwecke von dem Verkehr mit der Bürgerschaft völlig abgeschnitten.

Im Ganzen fanden etwa 100 Haussuchungen statt, die inzwischen wohl auf die doppelte Zahl gestiegen sind) bei Rechtsanwälten, Ärzten, Professoren, Lehrern, Beamten und Geschäftsleuten. Unter den Heimgesuchten befanden sich auch auffallend viele Geistliche beider Konfessionen. Die katholischen Geistlichen wurden z.T. aus der Kirche herausgeholt und an der Ausübung ihrer Amtspflichten verhindert. In einem Falle dauerte die Haussuchung siebzehn Stunden (bis zwei Uhr morgens), so daß der betroffene Pfarrer den üblichen Mitternachtsgottesdienst nicht halten konnte. Natürlich war unter den Opfern dieser Weihnachtsüberraschung auch der frühere Präsident des elsaß-lothringischen Landtags, Dr. Ricklin aus Dammerkirch. In Mülhausen erhielt der frühere Abgeordnete Brogly den hohen Besuch des Untersuchungsrichters Mitton selbst, dabei ist Herr Brogly Ritter der Ehrenlegion und Inhaber der *Médaille de la Fidélité française*.

Das also war die französische Weihnacht 1927. Diese rohe Profanierung des schönsten aller Feste, dieser Haus- und Landfriedensbruch wird in der elsässischen Volksseele noch lange nachzittern. Ein katholisches Blatt schrieb mit Recht: «Der Weihnachtsabend von 1927 wird in der Geschichte des Elsasses seinen Namen haben.» Ungeheure Verbitterung wurde in die zahlreichen Familien der Heimgesuchten und damit auch in den großen Kreis ihrer Verwandten, Freunde und Bekannten hineingetragen. Die schärfsten Worte des Unwillens und der Mißbilligung konnte man in allen Volkskreisen vernehmen. Die Chauvinisten aber rieben sich die Hände.

Politik und Gewaltpolitik in Elsaß-Lothringen

Etwa 10.000 «Dokumente» sollen gefunden worden sein, und davon müssen 9.000 erst ins Französische übersetzt werden, weil der Untersuchungsrichter wie die meisten seiner Landsleute nicht über die unbedingt erforderlichen Sprachkenntnisse verfügt, obwohl er Beamter ist und sein will in unserm Lande, wo angeblich die «Zweisprachigkeit» gefordert und so sehr gefördert wird! Das ist – nebenbei gesagt – auch ein Beitrag zum Sprachelend, unter dem wir zu leiden haben.

Nach den Haussuchungen wurde über alle Betroffenen und deren Familien und sogar ganz entfernte Verwandte die Post- und Banksperre verhängt. Noch heute können einzelne nicht über ihre Gelder verfügen! Die Postkontrolle hingegen umgeht man notgedrungen einfach mit gewissen Mitteln, und dazu sind wir im Lande der «Freiheit» schon längst getrieben worden, da das Postgeheimnis nicht erst seit heute oder gestern durch die Polizei versetzt wird. Selbst Briefe an Zeitungsredaktionen wanderten zuerst an den Untersuchungsrichter. Der «*Elsässer Kurier*» teilte mit, daß sogar die Kammerberichte seines Pariser Mitarbeiters und Briefe von Abgeordneten und Senatoren trotz des Aufdrucks «Kammer» bzw. «Senat» unter die Zensur fielen; er forderte daher seine Leser und Freunde auf, alle für das Blatt bestimmten Berichte auf anderm Wege als durch die Post an ihn gelangen zu lassen.

Bald nach den Haussuchungen brachte die Regierungs- und Polizeipresse allerhand sensationelle Nachrichten über die gemachten Entdeckungen. Der hanebüchenste Unsinn wurde da verbreitet und fand sein gläubiges Publikum. Die Schädelstopferei, der «*bourrage de crâne*», gehört eben mit zu den Regierungsmethoden. Die Richter ließen sich von Journalisten, sogar von reichsdeutschen, interviewen und stellten ihnen Material und Dokumente zur Verfügung! Seltsame Praktiken! Die Scharfmacherpresse hatte alle Hände voll zu tun. Viele aber von den Angaben, die mit großem Hallo in die Welt gesetzt waren, um die Autonomisten in Verruf zu bringen, stellten sich bald als pure Erfindung und plumper Schwindel heraus.

*

Es muß in diesem Zusammenhang darauf hingewiesen werden, daß die Oberleitung («*le Oberbefehl*») beim Vorgehen gegen die Autonomisten in der Hand des Generalstaatsanwalts Fachot von Colmar lag und noch liegt. Das ist der hohe Justizbeamte, der von dem oberelsässischen Senator und Rechtsanwalt

Politik und Gewaltpolitik in Elsaß-Lothringen

Helmer in einem offenen Briefe an den Justizminister Barthou schwerster Vergehen beschuldigt wird. Der offene Brief wurde am 24. Januar 1927 in den elsässischen Blättern veröffentlicht. Doch schon seit Jahren bezichtigt Helmer den Generalstaatsanwalt wiederholt und öffentlich der Pflichtvergessenheit, der Begünstigung von Schiebungen zum Nachteil des Staates (2½ Millionen im Kalisequesterskandal), der Fälschung und Beseitigung von Gerichtsakten und Dokumenten aus solchen usw. Senator Helmer ist nicht etwa Autonomist, sondern ein «national» gesinnter Mann, ein Rechtsanwalt, der sich der Tragweite seiner Anklagen wohl bewußt ist. Bis heute hat jedoch die Regierung von den schweren Beschuldigungen gegen Fachot keine Notiz genommen. Machen wir uns nur keine Illusionen: die Sache wird schon vertuscht werden! Helmer verspricht daher in seinem offenen Briefe, dafür zu sorgen, «daß Licht werde». Für unsern besondern Fall geht aus seinem Schreiben noch folgendes hervor:

Der Generalstaatsanwalt hat vor einem Jahre eine von ihm seitens der Regierung verlangte Verfolgung der Autonomisten und eine Untersuchung über die Herkunft der Geldmittel, die man in der Heimatbewegung als deutschen Ursprungs vermutete, abgelehnt, – weil «die Tatsache, daß eine Zeitung oder eine politische Organisation vom Auslande Geld empfängt, weder ein Verbrechen noch ein Vergehen» sei.

Wenn nun heute, so bemerkt Helmer, der Generalstaatsanwalt Fachot auf einmal seine Ansicht in derselben Sache geändert habe, so müsse er «für diesen Meinungsumschwung einen guten Grund gehabt haben», und es sei daher «natürlich, daß man daran gedacht hat, Herr Fachot habe eine Ablenkung versucht wegen der schweren Anklagen, die ich (Helmer) gegenüber der Machtlosigkeit sämtlicher Regierungen seit sieben Jahren mich entschlossen hatte, vor die Öffentlichkeit zu bringen.»

Wir überlassen es dieser Öffentlichkeit, darüber zu urteilen, ob ein Generalstaatsanwalt, der seit sieben Jahren die schwersten Beschuldigungen auf sich sitzen läßt, ohne sich dagegen zu wehren, – ja ob überhaupt eine Justiz, die solche Anklagen gegen einen hohen Justizbeamten ebenfalls stillschweigend seit sieben Jahren übergeht, uns die Gewähr bieten kann, daß in dem Verfahren gegen die Autonomisten alles nach Recht und Gerechtigkeit gehen wird!... Woher sollen wir Vertrauen in eine solche Justiz haben?

Politik und Gewaltpolitik in Elsaß-Lothringen

31.
Verhaftungen wegen «Komplotts».

Die Verhaftungen waren natürlich eine im voraus beschlossene Sache, aber sie mußten unserem Volke und der ganzen Welt zunächst schmackhaft gemacht werden. Dies besorgte die Polizei- und Hetzpresse durch Verbreitung erfundener und entstellter Nachrichten, wonach die Autonomisten die unerhörtesten Schandtaten geplant haben hätten. Zugleich sollte damit auch das Material konstruiert werden, mit Hilfe dessen man den Autonomisten den Prozeß machen könnte. «*On les aura*», wir werden sie vernichten, so triumphierten im voraus unsere fanatischen Gegner von der katholischen Rechten bis zur sozialistischen Linken.

Der Polizei war von einem Spitzel, der sich in unsere Reihen eingeschlichen hatte, der Organisationsplan der «Schutztruppe» des Heimatbunds ausgeliefert worden. Derselbe Plan, der nichts Geheimes enthielt, weil dabei gar nichts zu verheimlichen ist, war dann auch bei den Haussuchungen irgendwo aufgefunden worden. In dieser Schutztruppe nun, die – wie schon das Wort sagt – zu unserm Schutze, namentlich zum Schutze unserer Versammlungen gebildet worden war, wollte die Polizei unter Verdrehung der Tatsachen eine Angriffstruppe erblicken. Wenn es gelang, der Welt vorzulügen, daß die «Schutztruppe» eine bewaffnete Organisation sei, die einen bewaffneten Angriff auf die Staatsautorität vorbereitet habe, so waren alle Momente gegeben, um die Autonomisten wegen «Gefährdung der inneren Sicherheit des Staates» unter Anklage zu stellen. Darauf also ging man aus, um eine Handhabe für alle weiteren Maßnahmen zu gewinnen. Beweise für das Vorhandensein von «deutschem Gelde» hatte man bei den Haussuchungen nicht gefunden. Darüber war man begreiflicherweise sehr enttäuscht. Doch die Welt mußte in Atem gehalten werden. Man mußte auf dem einmal betretenen Wege weiter gehen. Dazu hatte man für alle Fälle... die Schutztruppe in Reserve stehen. Unter dem Vorwande der «Gefährdung der inneren Sicherheit des Staates» konnte die Polizei alle beliebigen Autonomisten ins Gefängnis werfen. Die Regierung nahm an, daß ein solches Vorgehen schließlich jedem Bürger verständlich erscheinen würde. Und so zog man denn das Theater auf.

Die Polizei schritt zu Verhaftungen. Am 30. und 31. Dezember 1927, am 3. und 5. Januar 1928 sowie vereinzelt bis Ende Februar wurden im ganzen über 20 Autonomisten eingekerkert. Die Gesamtzahl der wegen ihrer politischen Meinung Verhafteten beläuft sich jetzt auf ungefähr 25. Dazu kam am 16. März

Politik und Gewaltpolitik in Elsaß-Lothringen

1928 die Verhaftung des 67jährigen Präsidenten des elsaß-lothringischen Heimatbunds, Dr. Ricklin. Er hat nun zum zweiten Male die Ehre, mit den französischen Kerkern Bekanntschaft zu machen. Die ganze tragische Ironie unserer «Befreiung» hat wohl kaum einer in unserem Lande so an sich selbst erlebt und bis zur Neige kosten müssen wie gerade Dr. Ricklin. Er war früher Reichstagsabgeordneter und Präsident des elsaß-lothringischen Landtags. Die Verhaftung dieses langjährigen elsässischen Parlamentariers hat im ganzen Lande und weit über dessen Grenzen hinaus Aufsehen erregt. Die französischen und einheimischen Hetzblätter hingegen jubeln vor Freude, allen voran das «*Journal d'Alsace et de Lorraine*» und die «*République*». Diese verlangen noch weitere Verhaftungen! Das gefräßige Reptil ist noch nicht befriedigt.

Einige Autonomisten entzogen sich jedoch dem Zugriff der Polizei, da schon im voraus bestimmt war, daß sich im gegebenen Falle nicht alle dürften mundtot machen lassen.[107] Die Gegner freilich behaupteten nunmehr, die flüchtigen Autonomisten hätten ihre Schuld dadurch im voraus eingestanden, daß sie sich der Justiz entzogen. Der Justiz? fragen wir. Und was für einer Justiz, – das lehrt auch im voraus unter anderem der Fall Fachot.

Wieder wurde in Massen die Polizei aufgeboten, um die autonomistischen «Verbrecher» hinter Schloß und Riegel zu bringen. In früher Morgenstunde drang sie in die Wohnungen der Opfer ein, holte sie z.T. aus den Betten heraus, fesselte sie und schleppte sie (in einem Falle wörtlich aufzufassen) ins Gefängnis ab. Einige wurde auf offener Straße festgenommen.

*

Unter den zahlreichen Verhafteten befinden sich vier Journalisten: je einer von der «*Volksstimme*», der «*Zukunft*», des «*Elsässer Kurier*» und... ein Mitarbeiter der «*Frankfurter Zeitung*». Gerade die Verhaftung des letzteren – mit Namen Heil – erregt umsomehr Aufsehen, als er weder der Schutztruppe noch der Autonomistischen Partei angehörte. Das Pariser «*Journal*» wußte zu diesem Falle zu melden: «Eine Verhaftung wird nicht verfehlen, einen großen Widerhall hervorzurufen, nämlich die des Redakteurs Heil, des Verfassers antifranzösischer Artikel, die wöchentlich in der «*Frankfurter Zeitung*» erschienen.» Dabei schrieb

---

[107] Sie richteten von der Schweiz aus an die Weltpresse einen Protest, dessen Wortlaut im Anhang zu finden ist, Seite 224.

Politik und Gewaltpolitik in Elsaß-Lothringen

Heil niemals, auch in keiner einheimischen Zeitung, heftige Artikel, noch weniger antifranzösische. Herr Heil ist als ein sehr ruhiger, objektiver Journalist bekannt. Parteipolitisch ist er Demokrat und gilt als überzeugter Pazifist. Überzeugte Pazifisten sind ebenso auch alle übrigen Verhafteten und sämtliche nichtverhafteten Autonomisten. Wenn die Regierung glaubte, durch die Mundtotmachung des Herrn Heil die Berichtertattung in der «*Frankfurter Zeitung*» zu unterbinden und durch die Verhaftungen vielleicht überhaupt jegliche Aufklärung des Auslandes unmöglich zu machen, so befindet sie sich in einem gewaltigen Irrtum. Es wird dafür gesorgt werden, daß nicht nur die Stimme der Chauvinisten, sondern auch die der Autonomisten in der Welt gehört wird.

Der Redakteur Paul Schall von der «*Zukunft*» war der Polizei und der Präfektur schon lange ein Dorn im Auge. Auch Schall ist aber ein durchaus sachlicher Journalist, der sich stets jeder Heftigkeit abhold gezeigt hat. Sein größtes Verbrechen dürfte darin bestehen, daß er von der Richtigkeit der autonomistischen Idee ehrlich und tief überzeugt ist. Oder will man ihm einen Strick daraus drehen, daß er einer Einladung unserer bretonischen Freunde zur Teilnahme am Kongreß in Rosporden (12. September 1927) gefolgt ist? Oder weil er nachher (3. und 4. Dezember) in Paris gemeinsam mit den Bretonen und Korsen die Vereinigung der nationalen Minderheiten Frankreichs gegründet hat? Was hat er sonst noch verbrochen? Er hat mit vielen hundert andern an der Gründung der Autonomistischen Partei mitgewirkt. Was ist aber an all dem Verbrecherisches in einem Lande, wo angeblich die Freiheit der Meinung und andere Freiheiten zu den Grundprinzipien des öffentlichen Lebens gehören?

Dem ebenfalls verhafteten Buchdruckereibesitzer René Hauß rechnet man als Staatsverbrechen an, daß er der Sohn des verstorbenen elsässischen Zentrumsführers und letzten elsaß-lothringischen Staatssekretärs Charles Hauß ist. Um den Sohn des Verbrechens der «deutschen Mentalität» zu überführen, bezeichnet die Reptilienpresse dessen Vater als früheren «deutschen» Staatssekretär! Man sieht daran, mit welchen Mitteln gearbeitet wird!! Aber selbst wenn der Vater Hauß preußischer, bayrischer oder badischer Staatssekrär gewesen wäre, – was soll das heißen? Ist einer von uns Rechenschaft schuldig für das, was er als Politiker oder Beamter vor 1918 getan hat? So weit geht jedoch tatsächlich die Schnüffelei, die Denunziation und die Verfolgung. Die Hetzblätter brachten über den verhafteten Hauß noch eine andere Notiz, mit der er erschlagen werden sollte. Er sei, so sagten sie, während des Krieges freiwillig in das deutsche Heer eingetreten! Wenn er das getan hat, so ist auch das seine höchst persönliche Angelegenheit, über die kein Mensch, keine Polizei, kein Gericht und keine Regierung das Recht hat, von ihm Rechenschaft zu verlangen. Ein auf-

Politik und Gewaltpolitik in Elsaß-Lothringen

rechter Mann wird es auch ablehnen, darüber Rechenschaft zu geben. Was hat nun Hauß sonst noch Böses verübt? Er hat der Autonomistischen Partei angehört wie viele andere, weil das seiner Überzeugung entsprach. Und er hat das mit demselben Rechte getan wie jene, die der «*Action française*», der Kommunistischen oder der revolutionären Sozialistischen Partei angehören.

Ein anderer «*Schuldiger*», der nicht gefaßt werden konnte, ist der Landessekretär des Heimatbunds, Dr. Roos. Ihm verleihen die Hetzblätter den schmückenden Titel «*ancien officier boche*», mitunter sogar «*capitaine boche*». Sie wollen damit den Eindruck erwecken, als sei Dr. Roos altiver Offizier in der deutschen Armee gewesen. Aus dieser schrecklichen Tatsache ließe sich dann bequem allerhand folgern. Das ist auch geschehen. Zunächst wird er zum Chef der «Schutztruppe» gemacht und als «*le Oberbefehl*», «*le Moltke autonomiste*» bezeichnet. Das wäre an sich noch nicht einmal ehrenrührig, aber man will ihn damit als den Kapitalschuldigen festnageln. Doch im Interesse der exakten Wissenschaft muß festgestellt werden, daß Dr. Roos zufällig mit der Schutztruppe gar nichts zu tun hatte. Er gehörte ihr weder als Mitglied noch als Führer an. Was bleibt nun noch? Ei, etwas ganz Folgerichtiges, wie die Spezialspitzel und Praktiker aus dem rheinischen Separatistenrummel glauben annehmen zu müssen. Der «*ancien officier boche*» müßte nämlich zur Spionage geradezu prädestiniert sein. Aber auch das ist natürlich Schwindel!! Weiter: Er habe mit ausländischen Organisationen in Verbindung gestanden. Mit welcher? Man bringe dafür einen einzigen Beweis. Was nun? Ei, er war halt Autonomist und ist es noch in ehrlichster Überzeugung. Sein größtes Verbrechen besteht darin, daß er an der Gründungsversammlung der Autonomistischen Partei teilgenommen und dort eine Rede gehalten hat. Man vergesse aber nicht, daß er dabei im Namen aller Autonomisten den Separatismus ausdrücklich abgelehnt hat. Und schließlich? Er war schließlich tatsächlich simpler deutscher Landwehroffizier während des Krieges wie noch viele andere, und darüber ist er keinem Menschen, auch keinem französischen Richter Rechenschaft schuldig.

Und wie steht es mit den übrigen «Verbrechern»? Über die ist so herzlich wenig Schlechtes zu sagen, daß wir uns den Raum hier wirklich sparen können. Höchstens dürfte man hervorheben, daß Reisacher jetzt zum zweiten Male die Freuden des französischen Kerkerlebens genießt, denn er war während des Krieges französischer Zivilinternierter und weiß darüber allerhand zu erzählen! Ob er dafür noch einmal besonders bestraft werden soll, wird sich zeigen. Von Schneider weiß man, daß er seit 1918, wie noch andere unter uns, als französischer Soldat sein Leben für Frankreich willig zu opfern bereit war und für seine Tüchtigkeit auf dem syrischen Kriegsschauplatz etliche Auszeichnungen erhal-

Politik und Gewaltpolitik in Elsaß-Lothringen

ten hat. Er soll sogar den Offiziersgrad erlangt haben. Also ist auch er sicher kein schlechter Mann, wenn er gleich Autonomist ist. Von den übrigen Komplizen ist tatsächlich «etwas Nachteiliges nicht zu unserer Kenntnis gelangt».

*

Die sämtlichen Verhafteten, von denen die meisten aus Straßburg sind und in Straßburg ihr «Verbrechen» begangen haben, befinden sich in dem Gefängnis von Mülhausen. Zuständig wäre in diesem Falle der Straßburger Untersuchungsrichter, der allerdings ein Elsässer ist. Der Einspruch der Rechtsanwälte gegen die rechtswidrige Einkerkerung der Autonomisten in Mülhausen und gegen die Zuständigkeit des dortigen Untersuchungsrichters ist fruchtlos geblieben. Warum hat die Regierung bzw. die Polizei gerade Mülhausen gewählt? So fragte man sich allenthalben. Die Antwort dürfte heute vielleicht, wenigstens zu einem Teil, zu finden sein, nachdem der «*Temps*» (21. Februar 1928) aller Welt gütigst mitgeteilt hat, daß dort ein berüchtigter Spitzel namens Riehl wohnt, der dem Untersuchungsrichter freiwillige Hilfsdienste leistet, natürlich nur aus Idealismus, also ohne jede Vergütung! Diese Hilfsdienste eines Spitzels sind gewiß für den Untersuchungsrichter unentbehrlich, denn er allein könnte wohl das «Komplott» nicht so leicht herausdestillieren. Also dieser Spitzel hilft die Sache «machen». Dann muß es ja gelingen, wenn ein solcher «*Spiritus rector*»[108] dahinter steht. Wir kennen ihn schon, den Burschen. Erst schlich er sich in die «*Action française*» ein, dann in den Heimatbund (Ortsgruppe Mülhausen). Mit allen irgendwie führenden Persönlichkeiten unserer Bewegung suchte er Verbindungen herzustellen. Auch in Deutschland suchte er Anschluß zu finden, um Zusammenhänge zu schaffen zwischen uns und deutschen Personen und Organisationen. Das gelang ihm natürlich nicht. Er ging dann darauf aus, in unsern Kreisen irgendwelche unbedachte Äußerungen herauszulocken. Zu dem Zwecke schrieb er nach allen Seiten eine Masse von Lockspitzelbriefen, in denen er sich als erbittertsten Franzosenfeind ausgab. Er beschimpfte und schmähte Frankreich und alle Franzosen in wirklich abstossender Weise und forderte zum bewaffneten Aufstand gegen die Staatsautorität und zur Niedermetzelung der französischen und aller mißliebigen Mitbürger auf. Selbstverständlich ist diesem abscheulichen Ansinnen keiner unserer Anhänger gefolgt, vielmehr erregte es den schärfsten Unwillen. Man erklärte in

---

[108] Führer des Geistes.

144

Politik und Gewaltpolitik in Elsaß-Lothringen

unsern Reihen diesen Mann entweder als verrückt oder als einen ganz gefähr-
lichen Spion und «*Agent provocateur*». Er war das letztere.

All das nun, was dieser Mensch in seinen Briefen an Gemeinheiten und Nie-
derträchtigkeiten geschrieben und zur Ausführung dringend empfohlen hat,
ohne bei uns Gehör zu finden, will er als den Ausdruck unserer Absichten hinstellen! Das ist der wahre Ursprung des «autonomistischen Komplotts» gegen
die Sicherheit des Staates. Eine ganz armselige, aber abscheuliche Mache! Dafür jedoch zeigen die chauvinistischen Hetzer, allen voran der «*Temps*», hohe
Bewunderung, und sie loben den «Mut» und die patriotischen Verdienste eines
Individuums, für das anständige Menschen nur Verachtung übrig haben. So
sehen die Gegner der Autonomisten und die Ratgeber der französischen Regierung aus! In der Affäre Kohler-Baumann haben wir ein würdiges Gegenstück
bereits gekennzeichnet. Weitere, bisher unbekannte Größen ähnlichen Schlages
werden wohl noch auftauchen.

*

Mit gefälschten Dokumenten aller Art soll offenbar der Prozeß gegen die Autonomisten geführt werden. Wenn man sich daran erinnert, daß in Frankreich
bei großen Prozessen schon wiederholt mit den skrupellosesten Fälschungen
operiert wurde, so dürfte man sich auf allerlei gefaßt machen. Der Royalisten-
führer Charles Maurras hat seinerzeit im Dreyfus-Prozeß die Verwendung ge-
fälschter Dokumente im patriotischen Interesse gerechtfertigt!

Wir haben auch noch nicht den infamen Brief vergessen, der (unter dem Datum des 25. August 1926) in der «*Action française*» vom 31. August 1926 erschien
und mit der Unterschrift des evangelischen Pfarrers Guerrier von Mülhausen
versehen war. Dieser gefälschte «Guerrier-Brief» strotzte von den gehässigsten
Ausfällen gegen Frankreich und enthielt zugleich ein Bekenntnis zum «deutschen Vaterland». Obwohl der Brief als eine handgreifliche Fälschung nachgewiesen wurde, stürzten sich doch sämtliche Chauvinisten darüber her, um ihn
gegen die «Heimatbündler» auszuschlachten. Dabei hatte Pfarrer Guerrier mit
dem Heimatbund gar nichts zu tun, bloß sein Sohn war zufällig am berühmten
22. August in Colmar und wurde dort am Bahnhof von den nationalistischen
Banden überfallen und mißhandelt.

Wir erinnern uns ferner, daß bald nach jener Affäre eine Anzahl elsässischer
Geistlicher von der Staatsanwaltschaft in Mülhausen Vorladungen erhielten, die

Politik und Gewaltpolitik in Elsaß-Lothringen

sich ebenfalls als gefälscht herausstellten. Die Staatsanwaltschaft selbst hielt es auffallenderweise nicht für nötig, den Urhebern dieser Fälschungen und des Mißbrauchs amtlicher Vordrucke nachzuforschen.

Auch sonst haben wir schon so mancherlei erlebt, was uns einen seltsamen Begriff verschafft von der Moral in der Politik, von der Politik in der Justiz und infolgedessen von der Moral in der Justiz.

Ein merkwürdiges Licht auf den Gang der jetzigen Untersuchung wirft u.a. eine Meldung der «*Lothringer Volkszeitung*» (8. März) über das Schicksal eines Briefs des Untersuchungsgefangenen Rossé. Dieser hatte einen an seine Frau in Colmar gerichteten Brief der Vorschrift entsprechend dem Untersuchungsrichter übergeben lassen. Seltsamerweise landete aber der Brief im Briefkasten des Rechtsanwalts Fayet in Quimper (Bretagne). Me Fayet ist der Verteidiger Rossés. Er sollte an einem bestimmten Tage dem Verhör seines Klienten beiwohnen und wurde in Mülhausen erwartet. Doch infolge unvorhergesehener Umstände mußte er seine Abreise plötzlich um zwei Tage verschieben. In der Zwischenzeit nun wurde der fragliche Brief in seinen Briefkasten gelegt. Durch die Post kann er nicht abgeliefert worden sein, da er nach Colmar gerichtet und die Briefmarke nicht entwertet war. Es besteht der begründete Verdacht, daß der Brief von jemand abgeliefert wurde, der damit rechnete, daß Me Fayet inzwischen nach Mülhausen abgereist sei. Man wollte so offenbar den Verteidiger Rossés mit der Anklage belasten, als habe er in Mülhausen aus der Hand seines Klienten einen Brief zur Weiterbeförderung entgegengenommen. Bei seiner Rückkehr hätte man nämlich bei einer Haussuchung diesen Brief vorgefunden und damit den Nachweis geführt, daß Me Fayet sein Amt als Verteidiger mißbraucht habe. Die Folge davon wäre gewesen, daß er sein Amt hätte niederlegen müssen, daß Rossé erneut ohne Verteidiger gewesen und Me Fayet als «Komplize» ins Untersuchungsgefängnis gewandert wäre. Bis heute ist diese dunkle Affäre noch nicht aufgeklärt, obwohl der Untersuchungsrichter persönlich alles Interesse daran hätte. Und warum schweigt er wohl dazu?

Im bevorstehenden Prozeß wird jedenfalls mit ähnlichen Mitteln, mit Fälschungen, Verdrehungen und Spitzeln alles versucht werden. Es genügt zu wissen, daß der Spitzel Riehl bei der Untersuchung die Hauptrolle spielt. Andere Hilfsmittel stehen in Reserve. Gefälschte Mitgliederlisten des Heimatbunds, eine gefälschte Ministerliste, ein erfundenes Attentat auf bestimmte Persönlichkeiten, gefälschte Unterlagen für ein «Komplott gegen die Sicherheit des Staates», an den Haaren herbeigezogene Indizien für den Beweis der «Spionage», – das sind die Waffen aus dem Arsenal der Lügner und Hetzer. Briefe, Notizen

Politik und Gewaltpolitik in Elsaß-Lothringen

und Schriftstücke aller Art, die zum Teil bei den Haussuchungen aufgefunden, zum Teil auch gefälscht oder untereinander in künstliche Zusammenhänge gebracht wurden, sollen die Anklage stützen.

Wir wissen, daß in einem bestimmten Falle zahlreiche Entwürfe zu Zeitungsartikeln, darunter lose Notizen als Material über die verschiedensten Fragen, leere abgestempelte Briefumschläge usw. beschlagnahmt wurden. Bei dieser Gelegenheit steckte der Untersuchungsrichter einen beliebigen Brief in einen beliebigen, schon gebrauchten Briefumschlag und behauptete, daß die beiden Dinge zusammengehören! Unter dem Material befand sich auch solches über Krieg und Kriegsrüstung, das als Unterlage für einen Artikel dienen sollte. Daraus könnte man wohl noch eine neue Anklage drehen wegen «antimilitaristischer Propaganda». Es ist alles möglich.

Wie neuerdings verlautet, wird mit sog. «Deckadressen» großes Aufhebens gemacht. Wir haben weiter oben bereits erwähnt, daß wir zur Verwendung von Deckadressen von der Polizei direkt genötigt wurden, um die Bespitzelung unserer Korrespondenz zu umgehen. Die Postkontrolle wurde seit langem ohne jede gesetzliche Handhabe gegen uns ausgeübt, das Postgeheimnis wurde rücksichtslos verletzt! Nicht nur eingehende, sondern auch abgebende Briefe konnten jederzeit den Spitzeln in die Hände fallen. Aus diesem Grunde bediente man sich sowohl für die Korrespondenz im Inlande als auch für die nach dem Auslande grundsätzlich der Adresse eines Mittelmannes oder einer fingierten Adresse. Selbst Zeitungen (verbotene besonders!) und Drucksachen sandte man auf diese Weise ab. Daraus will nun wohl der Untersuchungsrichter das System einer Geheimkorrespondenz konstruieren, das nach «Spionage» aussieht! Ob damit aber auch Spionage tatsächlich nachgewiesen werden kann, müssen wir bestreiten, falls alles richtig zugeht.

Zur Spionage gehört vor allem die Vermittlung (oder der Versuch der Vermittlung) geheimer Angaben, durch die dem Landesinteresse (der Sicherheit des Staates) Schaden entstehen kann. Solcher Art sind aber die Angaben nicht, um die es sich gegebenenfalls handeln könnte. Mitteilungen über interne Vorgänge in der Heimatbewegung, Angaben, die man über kurz oder lang in den Zeitungen lesen konnte, lassen sich keineswegs im Sinne der Spionage auslegen. Sie können niemals so ausgelegt werden, weder dem Inhalte noch dem Zwecke nach! Es wird auch nicht möglich sein, den tatsächlichen Nachweis zu führen, daß die Angaben an eine «Spionagezentrale» gerichtet waren. Und darauf käme es in zweiter Linie an. Diese Verbindung freilich soll mit künstlichen Mitteln «konstruiert» werden. Doch es wäre einwandfrei nachzuweisen, daß erstens die

Politik und Gewaltpolitik in Elsaß-Lothringen

vermeintliche Spionagezentrale tatsächlich besteht, und daß zweitens mit dieser Zentrale unserseits eine Verbindung bestanden hat. Letzteres jedenfalls ist aussichtslos, weil es der Wirklichkeit nicht entspricht.

Kurzum, eine Korrespondenz mit Freunden, die sich für unsere Bewegung interessieren, weil sie die Verhältnisse und die Personen kennen, – eine Korrespondenz mit Landsleuten, die im Auslande wohnen (ohne Ley zu heißen), eine solche Korrespondenz hat mit Spionage nichts zu tun. Man kann sie uns nicht verbieten, man darf sie uns auch nicht zum Verbrechen anrechnen, obwohl man unser Land am liebsten mit einer chinesischen Mauer abschließen möchte! Wieviele Elsaß-Lothringer sind heute aus Angst vor Bespitzelung und Denunziation nicht genötigt, ihre Briefe unter Deckadressen kommen und gehen zu lassen? Wir wiederholen daher noch einmal: durch das unerhörte System der Bespitzelung und Schnüffelei, der Postkontrolle und der Verletzung des Postgeheimnisses hat die Polizei selbst uns dazu gezwungen, unsere Korrespondenzen unter Deckadressen zu führen. Und heute soll nun daraus uns ein Strick gedreht, es sollen uns unerlaubte Beziehungen zum Auslande, ja Spionage unterstellt werden!

An «Kronzeugen» wird es nicht fehlen. Ein Netz von Lüge und Gemeinheit soll über die Autonomisten geworfen werden, aus dem sie sich nicht mehr werden befreien können.

*

Um sie vollends rechtlos zu machen, um sie jedes Schutzes zu berauben, haben die Chauvinisten in einer gewissen Presse eine maßlos gemeine Hetze entfesselt mit dem Zweck, diejenigen Rechtsanwälte in Verruf zu bringen, die es wagen sollten, den verhafteten Autonomisten irgendwelchen Rechtsbeistand zu gewähren. Das hört sich in einem Rechtsstaat, in einem Kulturstaat unglaublich an! Aber es ist so, es ist so im «Lande der Menschen- und Bürgerrechte».

Was aber noch schlimmer ist, das ist die erbärmliche Tatsache, da unter den Mülhauser Rechtsanwälten wahrlich keiner den Mut und das Pflichtgefühl aufbrachte, die Verteidigung der Autonomisten zu übernehmen. Das muß als eine der übelsten Wirkungen des Terrors, der in unserem Lande herrscht, für ewige Zeiten festgehalten werden.

Politik und Gewaltpolitik in Elsaß-Lothringen

Demgegenüber geben wir hier die würdige Erklärung der drei Straßburger Rechtsanwälte wieder, die sich bereitwillig den Verhafteten zur Verfügung gestellt haben. Sie sagen:

«Gegenüber der Tendenz gewisser Organe, die den Zweck verfolgen, die elsässische Anwaltschaft durch Einschüchterungen davon abzuhalten, die Verteidigung der in Mülhausen eingekerkerten sogenannten Autonomisten zu übernehmen, beehren sich die unterzeichneten Anwälte des Straßburger Barreau[109], folgende Erklärung abzugeben:

«Die drei unterzeichneten Anwälte, welche unter anderen von den Angeschuldigten um Übernahme ihrer Verteidigung angegangen worden sind, haben geglaubt, dieser Bitte stattgeben zu müssen und gemeinschaftlich die Verteidigung der Angeklagten übernehmen zu sollen, die, in Mülhausen verhaftet, dort keinen einzigen Verteidiger zu finden wußten. Sie haben sich hierbei von folgenden Gesichtspunkten leiten lassen:

«1. Sie betrachten den Versuch, die öffentliche Meinung hinsichtlich der Schwere und der Einzelheiten einer gerichtlichen Untersuchung, die noch im Gange und ihrer Natur nach geheim ist, zu beeinflussen, als durchaus verwerflich.

«2. Sie sind der Ansicht, daß die edlen und freiheitlichen Grundsätze, die immer Tradition der französischen Anwaltschaft waren, auch die ihrigen sein müssen, und daß sie ihre Pflicht verletzen würden, wenn sie sich dem entzögen. Sie lassen sich unter anderem von dem schönen Beispiel leiten, das Me Leblois, dessen Verlust wir kürzlich beklagten, ihnen in der bekannten Dreyfus-Affäre gegeben hat. Sie hören in dieser Sache weder auf Kommentare von rechts noch von links, sondern nur auf die Stimme ihres beruflichen Gewissens, das ihnen gebietet, Leute nicht ohne Verteidigung zu lassen, die sie um ihre Hilfe anflehen. Sie haben es für ihre Pflicht gehalten, ihnen diese Hilfe zu gewähren.

«Wenn die Unterzeichneten es für nötig hielten, der elsässischen Presse diese Erklärung zu geben, so tun sie es nicht in der Absicht, sich in irgend einer Weise zu entschuldigen für eine Handlung, die sie nur als Ausübung eines Rechts und ihre Pflicht ansehen; sondern nur um allen, die die Sache mit Interesse verfolgen, zu beweisen, daß es im Elsaß Anwälte gibt, deren Stolz es ist, ihr Amt immer nach den alten hehren und freiheitlichen Traditionen der französischen Barreaux auszuüben.

Jaeglé, Frédéric Klein, Zilliox.»

---

[109] Anwaltskammer.

Politik und Gewaltpolitik in Elsaß-Lothringen

Auch das ist ein Dokument, das geschichtlichen Wert haben wird. Aus ihm kann auch das Ausland Schlüsse auf unsere Lage ziehen. Man hätte glauben sollen, daß nun die Chauvinisten angesichts der Aussichtslosigkeit ihrer Hetze sich mit der Erklärung der Straßburger Rechtsanwälte abfinden würden, doch nein, sie hetzten weiter. Allen voran verdient ein edles, republikanisch-freiheitliches Dokument der sozialistischen (!!) «*Freien Presse*» von Straßburg der Nachwelt überliefert zu werden. Sie erwiderte den Straßburger Rechtsanwälten folgendes:

«Wir haben gegen diese Haltung der Herren unsererseits nichts zu erinnern, wollen aber noch hinzufügen, daß es schon oft vorgekommen ist, daß Anwälte die Verteidigung von Klienten abgelehnt haben, die sich an sie gewendet haben. Entweder taten sie dies aus Geschmacksgründen, oder weil Cause und Klient ihnen nicht sympathisch waren. Da Ablehnung einer Verteidigung manchmal mit einer Desolidarisierung und Antipathie gleichbedeutend ist, kann man niemand hindern, für den umgekehrten Fall entgegengesetzte Empfindungen vorauszusetzen, da die Anwälte völlig frei sind, Ja oder Nein zu sagen.»

Diese Schamlosigkeit der elsässischen Sozialisten erhielt eine gebührende Antwort durch die «*Rote Hilfe*», die aus eigenem Antrieb den verhafteten Autonomisten zwei Rechtsanwälte zur Verfügung stellte, nämlich die Pariser Advokaten Berthon und Fourrier. Außerdem boten auch Me Fayet aus der Bretagne und ein Advokat aus Korsika in dankenswerter Weise ihre Hilfe an. So ist nun wenigstens die Verteidigung unserer Freunde sichergestellt.

Die Verteidiger werden aber immerhin Mühe genug haben, das raffinierte Lügengewebe der Anklage zu entwirren. Sie werden das autonomistischen «Komplott» gegen die Sicherheit des Staates als das entlarven, was es in Wahrheit ist: als einen groß angelegten Schwindel, oder vielmehr als ein Komplott der verbündeten Gegner, denen kein Mittel zu gemein ist, um die Autonomisten in Verruf zu bringen. Es wäre wünschenswert, daß es gelänge, die gewissenlosen Hetzer an den Pranger zu stellen und eine Justiz zu brandmarken, die sich von solchen Individuen informieren, dokumentieren und wahrscheinlich auch… inspirieren läßt.

*

Politik und Gewaltpolitik in Elsaß-Lothringen

Die Affäre der «Schutztruppe», die als Ausgangspunkt diente, muß restlos klargestellt werden. Die gegnerischen Hetzblätter (einschließlich «*Temps*») haben geglaubt, schon durch eine Fälschung der Bezeichnung «Schutztruppe» in «Schutzbund» ohne weiteres einen Zusammenhang mit «ausländischen Organisationen» herstellen zu können, denn der «Schutzbund» ist eine in Deutschland bestehende Organisation. Die Schutztruppe aber hat mit jenem «Schutzbund» in keiner Weise etwas gemein. Vielmehr wurde sie seinerzeit nach den blutigen Ereignissen von Colmar (22. August 1926) zum Selbstschutz gebildet, damit in Zukunft weitere Versammlungen nicht mehr durch nationalistische Verbände verhindert oder gestört werden könnten. Der Aufruf zur Bildung der Schutzorganisation erfolgte öffentlich und war in der «*Zukunft*» zu lesen. Ähnliche Organisationen sind auch bei andern politischen Gruppen und Parteien (Royalisten, Faszisten, Kommunisten usw.) vorhanden. Angesichts gewisser Sitten und Praktiken scheint es in Frankreich leider eine Notwendigkeit zu sein, daß Versammlungen von ihren Einberufern besonders geschützt werden gegen tätliche Angriffe seitens der Gegner. Von einer Bewaffnung der Mitglieder unserer Schutztruppe kann keine Rede sein, im Gegenteil, es war ihnen streng untersagt, irgend eine Waffe zu tragen! Stöcke allerdings hatten sie, wenn auch nicht ganz nach dem Vorbild, das uns die nationalistischen Banden in Colmar gegeben hatten. Mit diesen Stöcken hätte sich jedoch schwerlich ein «bewaffneter Aufstand» gegen die Staatsgewalt, gegen die Maschinengewehre und Tanks[110] einer mächtigen modernen Armee machen lassen.

Die Schutztruppe war in einzelne Gruppen eingeteilt, die einem Führer unterstanden. Im übrigen wurden möglichst jüngere Leute als Mitglieder bevorzugt. Aus den Zeitungen erfährt man von einem Fragebogen, der den Zweck hatte, Namen, Alter und körperliche Eignung der Leute festzustellen. Die körperliche Eignung ergab sich am einfachsten aus der Tatsache, ob der Betreffende Soldat gewesen war oder nicht. Die weitere Eignung etwa zum Gruppenführer ließ sich nachweisen durch die Angabe des Dienstgrades, den einer besessen hatte. Diese ganze Affäre hatte offensichtlich mehr den Charakter des Sports, aber nicht der Politik. Daß in allem auf strenge Zucht gehalten wurde, soll der Sache in den Augen der Gegner den Charakter einer «Verschwörung» geben, doch schon in jedem anständigen Sportverein wird auf strenge Zucht gesehen. Die weiteren Fragen, die noch in Betracht kamen, ob der Betreffende ein Fahrzeug besitze oder steuern könne, bezogen sich auf die Verwendung im Sinne der Zeitungspropaganda und der Wahlpropaganda. Das also ist das ganze Ge-

---

[110] Panzer.

Politik und Gewaltpolitik in Elsaß-Lothringen

heimnis des «Organisations- und Mobilisationsplanes» der Schutztruppe. Es ist beinahe lächerlich, daß man sich gegen die Wahnvorstellung einer geplanten «Mobilisation» oder eines «bewaffneten Aufstands» verteidigen muß. Kein normaler Mensch glaubt an solche Möglichkeiten. Und doch soll der «Putsch» auf den 21. Dezember 1927 festgesetzt gewesen sein! Es sei alles vorbereitet gewesen, sogar der «Kommißbrotbäcker» habe bereits seine Instruktionen gehabt!

Die Vertrauensleute der Polizei hatten sich nun einmal ihren Plan ausgedacht, so wie sie es wohl gemacht hätten. Wenn man weiß, daß unter diesen Polizeiagenten Leute sind, die im Dienste der französischen Propaganda schon im rheinischen Separatistenrummel tüchtig mitgewirkt haben, so versteht man ihr Kombinationstalent erst richtig. Zur Revolution gehört nach ihrer Erfahrung als erstes... Geld natürlich (das haben sie selbst wohl reichlich bekommen!), vor allem aber auch eine bewaffnete Organisation. Diese entdeckten sie bei uns in der Schutztruppe. Diese Schutztruppe machten sie daher zur Putschtruppe. Sodann wird mit deren Hilfe fahrplanmäßig als Hauptziel der «*coup d'État*», der Staatsstreich, der Sturz der Regierung verwirklicht. So ähnlich ging man wohl damals in der Pfalz und im Rheinland vor, nicht wahr! Bei einem solchen Staatsstreich kann natürlich auch mehr oder weniger Blut fließen. Wenn viel fließt, so nennt man das Ganze eine «Sizilianische Vesper».

Eine solche «Sizilianische Vesper» hatte schon im Jahre 1926 Herr Anselme Laugel[111] prophetisch vorausgesehen. Im Anschluß an die Straßenkämpfe von Colmar (22. August 1926), wo die elsässischen Heimatrechtler von den Nationalisten überfallen und mit Bleistöcken und benagelten Latten blutig geschlagen worden waren, schrieb er (im «*Journal de l'Est*», 5. September 1926) einen geharnischten Artikel gegen die von uns angekündigte Bildung der Heimatschutztruppe. Herr Laugel erblickte eine Herausforderung darin, daß die Elsässer sich gegen die nationalistischen Brutalitäten zur Wehr setzen wollten, denn das könnte zu einer «Sizilianischen Vesper» führen! Und richtig, jetzt stellt es sich heraus, daß die Autonomisten tatsächlich eine solche «Sizilianische Vesper» planten. Sie wollten Blut in Strömen fließen machen, darunter ganz kostbares, denn sie sollen es auf einige elsässische Politiker und Journalisten besonders abgesehen gehabt haben.

Das Schönste nun ist, daß ein «großer» elsässischer *Député*-Journalist, der sich allerdings einmal als politischen «Lehrbuben» bezeichnete, diesen Schwindel ernsthaft glaubte und knieschlotternd sogar auf seinem Zeitungspapier ver-

---

[111] Anselme Laugel (1851-1928), elsässischer Arzt, Autor und frankophiler Politiker.

ewigte. Selbst die Polizei soll davon überzeugt gewesen sein und daher den «bedrohten» Persönlichkeiten je eine Leibwache gestellt haben.

Doch vergessen wir mitten im rauchenden Blutbad nicht, daß die blutgierigen Autonomisten auch schon eine Ministerliste bereit hatten, so à la Doktor Dorten und Co. So wenigstens erzählten die Lügenpatrioten. Um den Schwindel glaubhafter zu machen, veröffentlichten sie tatsächlich eine Ministerliste, die irgendein Spitzel fabriziert hatte. Hierbei allerdings stellte sich dieser Spezialist also so polizeiwidrig dumm heraus, daß man ihm raten möchte, sich durch etliche neue Experimente im Rheinland etwas mehr Übung zu verschaffen. Vielleicht packt er's dann.

So viel über den Staatsstreich, die Sizilianische Vesper und die Ministerliste. Die Polizei hat sich mit der ganzen Putschgeschichte einen Riesenbärem aufbinden lassen und sich vor den ganzen Welt blamiert. Der Generalstaatsanwalt Fachot suchte seine Ehre nachher damit zu retten, daß er sagte, die Phantasie der Berichterstatter habe dabei mitgespielt...

*

Aber es bleibt trotz allem dabei, daß die Polizei und die Regierung mit dieser Schauernachricht von den ruchlosen Absichten der Autonomisten die Bevölkerung irreführen wollten. Fürs erste genügt es, eine gewisse Verwirrung in den Köpfen der Zeitgenossen hervorzurufen, um ihnen die Verhaftungen erklärlich erscheinen zu lassen. Für weitere Anklagepunkte gedachte aus den Wagenladungen von «Dokumenten» mit Leichtigkeit die erforderlichen Unterlagen herauszufischen. Jedenfalls konnte die Anklage nunmehr, wenn auch nur «gegen Unbekannt», formuliert werden unter Berufung auf Artikel 87 und ff. des französischen Strafgesetzbuches. Danach werden Delikte gegen die Sicherheit des Staates bzw. der Staatsautorität mit Festung, Gefängnis, Deportation und dem Tode bestraft. Daher also gab man sich so viel Mühe, ein «Komplott» zu konstruieren.

Viele Wochen vergingen, ohne daß die Schuldmomente soweit gefunden waren, daß man gegen die einzelnen Verhafteten eine formelle Anklage erheben konnte. Außer der Feststellung der Personalien haben Verhöre zunächst überhaupt nicht stattgefunden. Noch nach 3 Monaten wußten die Verhafteten nicht, wessen sie angeklagt sind, denn die Voruntersuchung wollte erst etwas finden. Die Anwälte indessen haben nach einer Rücksprache mit dem Unter-

Politik und Gewaltpolitik in Elsaß-Lothringen

suchungsrichter und den Gefangenen öffentlich erklärt, daß sie «in ihrem bisherigen Eindruck über die Haltlosigkeit der Anklage bestärkt worden» seien.

Das alles hindert jedoch die Reptilienpresse nicht, gegen die verhafteten Autonomisten weiterhin mit Lüge und Verleumdung zu hetzen. Das Vorhandensein einer deutschen Propaganda wird – ganz sicher auf höhern Wink – ohne weiteres als eine selbstverständliche Tatsache angenommen. Die sozialistische «*Freie Presse*» und die «*République*» suchen sich gegenseitig in den gemeinsten Beschimpfungen und Verdächtigungen der Autonomisten zu übertreffen. Die Pariser Presse tut es ebenso. Gleichzeitig aber versucht die Regierung es nebenher mit Beschwichtigungsversuchen gegenüber der Bevölkerung. Auf ein *mot d'ordre* machten die großen Blätter erneut «Enqueten» über die elsaß-lothringischen Verhältnisse, um dem geliebten Lande ihr unwandelbares Interesse zu bekunden. Dabei gaben sie alle zu, daß die Regierung seit 1918 in Elsaß-Lothringen schwere Fehler begangen habe! Mit diesem Geständnis aber rechtfertigen sie den Ursprung der autonomistischen Bewegung, für die man nun heute Schuldige sucht.

Um anderseits wieder die Verfolgung dieser «Schuldigen» zu rechtfertigen, verschreibt die Regierung sich allerhand Huldigungsadressen, Loyalitätserklärungen und wohl vorbereitete patriotische Kundgebungen. Es gibt im Elsaß immer noch Leute genug, die auf Kommando ihre «nationale» Gesinnung auf den Laden legen. Viele tun es bekanntlich aus Opportunismus, andere aus reiner Angst.

In der letzten Zeit regnete es unter dem Druck des Terrors auch an Dementis von gewissen Herren, die nie etwas mit der Heimatbewegung zu tun gehabt haben wollen. Wir wären in der Lage, manch einen, der heute uns verleugnet und sogar verdächtigen hilft, daran zu erinnern, daß er uns nicht bloß unaufgefordert ansehnliche Geldbeträge, sondern auch umfangreiche Ermunterungsschreiben zugesandt hat, an deren Aufrichtigkeit zu zweifeln wir gar keinen Grund hatten. Wir werden natürlich niemals deren Namen nennen: auf unser einmal gegebenes Wort können die Herren sich auch dann verlassen, wenn sie des ihrigen sich nicht mehr erinnern wollen. Aber wir sind genötigt, auf den Unfug mancher Dementis hier endlich einmal in allgemeiner Form wenigstens hinzuweisen!

Doch es muß hier ebenso nachdrücklich gesagt werden, daß von der Polizei- und Hetzpresse in der Tat eine Reihe von Leuten als Mitglieder des Heimatbunds oder der Autonomistischen Partei genannt wurden, die weder dem einen noch der andern je angehört haben. Es wurden «Mitgliederlisten» veröffent-

Politik und Gewaltpolitik in Elsaß-Lothringen

licht, die man nur als eine tendenziöse Erfindung und als Fälschung bezeichnen kann.

Politik und Gewaltpolitik in Elsaß-Lothringen

32.
Das Verbot, zu lachen!

Der Elsässer, der bekanntlich eine starke Neigung zur Satire hat, macht sich über die aufdringlichen und phrasenhaften Beteuerungen der Loyalität, des Patriotismus und der treunationalen Gesinnung lustig. Diese Erklärungen sind in der Tat in einen Unfug ausgeartet. Einzelpersonen, Körperschaftem, Vereine und Parteien suchen sich in «nationaler» Gesinnung zu überbieten. Sie haben es soweit getrieben, daß man sie gar nicht mehr ernst nimmt und wirklich auch nicht mehr ernst nehmen kann. Bei uns wird dem Worte «national» jeder Ernst, jede Weihe genommen. Man hat das Wort mißbraucht, profaniert. Die Franzosen sagen es daher laut, daß sie derartigen Kundgebungen nicht mehr trauen.

Was aber die Franzosen, die sonst auf ihren gallischen *Esprit* mit Recht so stolz sind, nicht vertragen können, das ist der gallige elsässische Volkswitz, der sich gegen jene Art Patriotismus wendet. Das Straßburger politisch-satirische Wochenblatt «*D'r Schliffstaan*» (28. Januar 1928) stellte gewissen überschäumenden Loyalitätserklärungen von General- und Gemeinderäten sowie politischen Organisationen eine aufs Haar gleichende patriotische Erklärung aus deutscher Zeit gegenüber. Unter der Überschrift «Achtung, kein Witz, sondern echt elsaß-lothringisch» brachte es folgende «öffentliche Loyalitätserklärungen» vom 15. Februar 1916:

«Die vereinigten Bezirkstage des Ober- und Unterelsasses protestieren ausdrücklich gegen die französischen Ansprüche auf Elsaß-Lothringen und betonen, daß sowohl die wirtschaftliche Wohlfahrt als die kulturelle Zukunft des Landes nur durch seine Zugehörigkeit zum deutschen Reiche und seinen Anschluß an das gesamte deutsche Volksleben gesichert bleibe.» (Einstimmig angenommen.) – Ferner: «Der Bezirkstag Lothringens erneuert das Gelöbnis der Treue zu Kaiser und Reich und gibt der Hoffnung Ausdruck, daß ein ruhmreicher, ehrenvoller Friede die Wohlfahrt Lothringens in immer engerem Anschluß an das deutsche Volksleben sichern werde.» (Einstimmig angenommen.)

Neben diesen Erklärungen stand im «Schliffstaan» ohne weiteren Text ein illustrierter «*Ergetzlicher Vergleich*»: der derbe deutsche Stiefel und der feinere, aber mit langen spitzen Nägeln versehene Pantoffel Mariannes.

Das war offenbar mehr, als unsere Patrioten vertragen können. Vergleiche gehen ihnen immer auf die Nerven. Deshalb wurde das satirische Wochenblatt

Politik und Gewaltpolitik in Elsaß-Lothringen

«*D'r Schliffstaan*» kurzerhand verboten, und zwar aufgrund des Diktaturparagra-phen, dem bereits drei politische Zeitungen zum Opfer gefallen waren.

Doch acht Tage darauf (am 4. Hornung 1928) erschien an Stelle des «*Schliff-staan*» ein neues Blatt «*D'r Müehlstaan*»[112], der sich mit folgender Erklärung ein-führte:

«Noch steht in unser aller Erinerung die Zeit, da Herr Maringer, der erste *Haut-Commissaire* der französischen Regierung im Lande, sein enthousiastisches «Es gibt kein Verboten mehr!» unter dem frenetischen Beifall einer gläubigen Zu-hörerschaft in die Luft schmetterte. «*Jetz esch andersch,*» raunte einer dem andern, eine der andern zu. Und die «Freiheit», die ein jeder meinte, war die: daß nun der Elsässer, der Lothringer ohne beständige Aufsicht und Bevormundung seiner Art getreu leben und wirken könne, daß er Herr im eigenen Hause sein und bleiben dürfte.

«Es gibt kaum eine Eigenschaft, die von altersher dem elsässischen Charakter mehr entspricht als die Neigung zum Witz und zur Satire. Der Elsässer, wenn er gut gelaunt ist, und erst recht, wenn er sich von langem Druck und harter Sklaverei befreit fühlt, wenn es für ihn kein «Verboten» mehr gibt, macht gern «Späßle». Und es ist ein Zeichen geistiger und moralischer Gesundheit, wenn wir unserer Laune, unserem angeborenen Humor die Zügel schießen lassen. Wir wollen nicht an unsere große Geschichte erinnern, an so gewaltige Satiri-ker wie Geiler von Kaysersberg, Sebastian Brant, Thomas Murner und Johan-nes Fischart, deren satirische Kritik das elsässische Geistesleben auf Jahrhun-derte hin befruchtet hat. Wir wollen nicht auf den «Klassiker» Arnold hinwei-sen, der, in freundschaftlichen Beziehungen zu Goethe und Schiller stehend, gleichwohl ein angesehener französischer Bürger seiner Vaterstadt war. Wir be-gnügen uns damit, unsern Landsmann Gustav Stoskopf zu erwähnen, der in der Zeit der Unterdrückung die damaligen «Herren» weidlich verspotten konn-te und der doch – und mit Recht – jederzeit eine angesehene Persönlichkeit war, bis hinauf zu den höchsten Spitzen.

«Das Recht auf den Humor, eine alte elsässische Tugend, wollen wir uns nicht nehmen lassen, und dafür soll uns unsere neue Zeitung Bürge sein.»

Um jedoch zugleich den Vorwurf der «antinationalen» Tendenz zu entgehen, gab der «*Müehlstaan*» unter «Grundsätzliches» auch eine Erklärung wieder, die das Blatt «*Der Elsässer*» (vom 18. Januar 1928) als Voraussetzung für jede weite-

---

[112] Mühlstein.

Politik und Gewaltpolitik in Elsaß-Lothringen

re Diskussion mit den autonomistischen Führern von diesen gefordert hatte. Sie lautete:

«Wir erkennen die Zugehörigkeit zum französischen Staat restlos an und wiesen jeden Gedanken an irgendwelche Verbindung mit dem Deutschen Reich entschieden zurück.»

Daran war folgende Bemerkung angeschlossen: «Nachdem ein Witzblatt der «*Schliffstaam*», aus politischen Gründen verboten worden ist, erscheint es nicht unangebracht, daß der «*Müehlstaam*», um jedem Mißverständnis von vornherein zu begegnen, diese für ein Witzblatt ungewöhnliche Erklärung zu der seinigen macht.»

Diese «Loyalitätserklärung» nützte nichts mehr. Den «*Müehlstaam*» ereilte dasselbe Schicksal wie seinen Vorgänger, den «*Schliffstaam*». Bei uns ist eben keinerlei Kritik, kein Witz und nicht einmal das Lachen erlaubt. Der «*Elsässer Kurier*» (6. Februar 1928) bemerkte zu dem Verbot der beiden Blätter:

«Die juristische Grundlage dieses Vorgehens ist uns nicht recht klar. Das französische Gesetz betreffend fremdsprachige Blätter, als welche nun bekanntlich im Elsaß auch die deutschsprachigen Blätter behandelt werden, erlaubt, solche Blätter ohne Angabe des Grundes zu unterdrücken. Das allgemeine französische Gesetz der Pressefreiheit gewährt für die Veröffentlichung von Blättern die unbeschränkte Freiheit und macht nur die vorherige Anmeldung zur polizeilichen Vorschrift.

«Ob aus den Bestimmungen des Ausnahmegesetzes betr. die fremdsprachige Presse das Recht reduziert werden kann, das Erscheinen neuer Blätter zu verbieten, ohne Rücksicht auf einen etwaigen strafbaren Inhalt dieser Blätter, scheint uns sehr zweifelhaft. Diese bedeutsame Frage, welche die Pressefreiheit für deutschsprachige Blätter in Elsaß-Lothringen völlig illusorisch macht, wird im Rahmen der großen Debatte, die über diese Frage im Parlament einmal stattfinden wird, unbedingt geklärt werden müssen.»

Die «große Debatte» aber, die… «einmal stattfinden wird», hat für diese Legislaturperiode damit geendet, daß… «keinen einzigen Augenblick von der Lage in Elsaß-Lothringen die Rede war». So verteidigen unsere jetzigen Abgeordneten die «bedeutsamen Fragen», zu denen unsere elementarsten Rechte zählen.

Was im übrigen von einer Regierung zu halten ist, deren *ultima ratio* die Unterdrückung von Zeitungen ist, das sagt uns Zislin in seinem Vorkriegsblatte «*Dur's Elsaß*», das von der deutschen Regierung trotz seiner frankophilen und

Politik und Gewaltpolitik in Elsaß-Lothringen

deutschfeindlichen Einstellung geduldet wurde. In einem Artikel «Verboten» (vom 19. April 1913) heißt es dort:

«Gefällt der Mehrheit der Bevölkerung ein Blatt, welches antigouvernemental ist, dann ist das einfach eine Verurteilung der Regierung, und statt die brutale Macht auszunützen und die Zeitung zu verbieten, sollte man abdanken oder andere Verhältnisse schaffen, welche eine Kritik gar nicht zulassen.»

So etwas konnte Zislin vor 1914 sagen, uns aber wird dafür der Maulkorb angelegt. Elsässische Blätter, die für die Volksrechte eintreten, werden von der französischen Regierung unterdrückt. Pariser Zotenblätter jedoch werden geduldet und öffentlich verkauft. Über dem Begriff «Moral» streitet man sich offenbar weniger als über den Begriff «national».

Politik und Gewaltpolitik in Elsaß-Lothringen

33.
Der Fall Hagenau.

Einen Gewaltakt vollzog die Regierung auch durch die Auflösung des Gemeinderats von Hagenau, der drittgrößten Stadt des Unterelsasses. Die Auflösung des Hagenauer Gemeinderates bezeichnet der «*Elsässer*» als eine «Herausforderung für die Mehrheit der Stadt», als eine «brutale Maßnahme», «ein Glied in der Kette der «Politik mit der starken Hand», die seit einiger Zeit von Leuten verlangt wird, denen niemand den Auftrag gegeben hat, im Namen der elsässischen Bevölkerung zu sprechen.

In Hagenau wurde von chauvinistischer Seite gegen die Mehrheit des Gemeinderats und den Bürgermeister Weiß mit Hilfe des «nationalen» Arguments ein Vergiftungsfeldzug geführt, der in seinen Methoden und Auswirkungen den Fall Hagenau als Musterbeispiel erscheinen läßt. Der Mehrheit des Gemeinderats und dem Bürgermeister wurde vorgeworfen, daß sie «aus dem antinationalen Geiste der Heimatbundmentalität» eine «andauernde Verächtlichmachung Frankreichs» getrieben hätten. Zum Beweise dafür griff man bis auf das Jahr 1926 zurück. Damals hatte die Mehrheit sich für keine Hetze dazu treiben lassen, den städtischen Generalsekretär Keppi und den Bibliothekar Gromer dafür zu «sanktionieren», das sie das Heimatbundmanifest unterzeichnet hatten. Im Gegenteil, die überwiegende Mehrzahl der Bevölkerung bewahrte den Herren Keppi und Gromer nach wie vor ihr volles Vertrauen. Insbesondere genießt Herr Keppi auch im ganzen Lande als anerkannte Autorität in kommunalpolitischen Fragen das größte Ansehen. Anfang Januar 1927 wurde er von derselben Gemeinderatsmehrheit – die der Elsässischen Volkspartei angehört – als Wähler zu den Senatswahlen delegiert. Diese neue Vertrauenskundgebung für Keppi brachte die chauvinistische Clique, eine kleine Gruppe von antiklerikalen Radikalen und Sozialisten, in Harnisch. Diese Herren traten immer deutlicher in die Opposition und trieben eine systematische Hetze gegen die von ihnen als «klerikal-autonomistisch» bezeichnete Mehrheit und den Bürgermeister. Unterstützt wurden sie dabei von zwei Straßburger Scharfmacherblättern, der radikalen «*République*» und der sozialistischen «*Freien Presse*».

Alle möglichen Umstände und Vorwände wurden zu der Verhetzung ausgenützt. In der gegnerischen Presse werden als schwerwiegende Delikte aufgezählt: «Die Ablehnung der üblichen Bankette (!) zu Ehren der Behörden aus Anlaß der Aushebungs*tournées*, die Nichtteilnahme an einem Festbankett (!) zur Erinnerung an den Waffenstillstand vom 11. November, die auffällige Aus-

Politik und Gewaltpolitik in Elsaß-Lothringen

schließung (?) der rot-weiß-blauen [soll wohl heißen: blau-weiß-roten] Nationalfahne bei der Beflaggung der Stadt anläßlich des Kongresses der städtischen Angestellten des Elsasses und Lothringens», usw. usw. Großes Aufhebens wurde namentlich mit der «Flaggenfrage» oder der Frage der Stadtfarben gemacht. Diese sind für Hagenau von alterher blau-weiß. Die chauvinistischen Gemüter regten sich über die Beibehaltung dieser Farben sehr auf, denn das seien ja... die bayrischen Farben! Nächstens werden wohl auch die Metzer Hetzer einen ähnlichen hysterischen Anfall bekommen, wenn sie feststellen, daß die schwarz-weißen Farben ihrer Stadt gut... preußisch sind. In Hagenau verlangen nun die «guten» Franzosen, daß die traditionellen Stadtfarben Blau-Weiß durch Hinzufügung von Rot zu den französischen Nationalfarben umgeändert würden. Desgleichen wollen sie nicht dulden, daß fürderhin die ebenfalls seit langem gebräuchlichen elsässischen Farben Rot-Weiß gezeigt werden. Ein «Elsaß» gibt es ja für gewisse Leute nicht mehr (sondern bloß noch ein *Département du Bas-Rhin*. Den rot-weißen elsässischen Farben soll daher Blau hinzugefügt werden, damit auch sie «national» sind. Es muß eben alles in eine Schablone gebracht werden. Der ganze Streit zeigt, daß von den Stadtfarben das Wohl und Wehe der Bürger und der Stadt Hagenau abhängt. Wer anderer Meinung ist, der schädigt das Ansehen und die Interessen der Stadt. Wer an den alten historischen Stadtfarben festhält, auch wenn er zugleich den Nationalfarben ihr Recht widerfahren läßt, ist «antinational», ist «Autonomist».

Doch in der guten alten Barbarossastadt Hagenau war noch eine andere, sehr schlimme Sache vorgekommen. Gelegentlich der Unterdrückung der autonomistischen Zeitungen ließen sich bekanntlich der Präfekt und Poincaré von allen Vereinen (auch von Karnevals-Gesellschaften) und Gemeinden Glückwunschtelegramme zugehen. Es gab natürlich auch Gemeindevertretungen, die den Mut hatten, der Anregung oder Aufforderung zum Glückwünschen keine Folge zu leisten. Die chauvinistische Minderheit im Gemeinderat von Hagenau legte nun zwei Anträge vor, die am 23. Dezember 1927 zur Verhandlung kamen. Der eine betraf die Einführung der Farben Blau-Weiß-Rot als Hagenauer Stadtfarben, der andere die Glückwunschadresse an Poincaré. Beide Anträge wurden von der Mehrheit angelehnt. In der Farbenfrage erklärte die Mehrheit sich bereit, die geschichtlich interessante und wichtige Frage einwandfrei prüfen und lösen zu lassen durch eine besondere Kommission; bis zur Entscheidung dieser Kommission sollte im gegebenen Falle die Trikolore geflaggt werden. Doch mit diesem Vermittlungsvorschlag war die Opposition nicht einverstanden. In der Ablehnung der Glückwunschadresse an Poincaré stellte sich die Mehrheit auf den Standpunkt des Gesamtvorstands der Elsässischen Volkspar-

Politik und Gewaltpolitik in Elsaß-Lothringen

tei (der die Mehrheit angehört). Die Volkspartei und fast sämtliche andern Parteien hatten gegen die Pressediktatur und die aufgrund des Fremdsprachenparagraphen erfolgte Unterdrückung der autonomistischen Blätter Einspruch erhoben. Eine Reihe von Parlamentariern hatte in der Kammer einen entsprechenden Antrag eingebracht. Das Verhalten der Gemeinderatsmehrheit war also in jeder Hinsicht korrekt. Sie lehnte es aus guten Gründen ab, sich an der Hetze gegen die Autonomisten zu beteiligen.

Nun erfolgte seitens der chauvinistischen Opposition die Drohung mit der Demission. Die Demission jedoch blieb aus, aber umso lauter wurden Stimmen, die von der Regierung die Auflösung des Gemeinderats verlangten. Gleichzeitig setzte gegen die «antinationale» Stadtverwaltung eine namenlose Hetze ein, an der sich auch die großen Pariser Blätter und die ganze französische Presse beteiligten. Die Chauvinisten aller Schattierungen vereinigten sich zum Angriff, und der Regierung war es eine Lust, diesem Kesseltreiben gegen die «Autonomisten» zuzusehen und es zu ermutigen. Die Geschäftsleute, so schrieben die Hetzblätter, seien beunruhigt über die Folgen, die sich aus dem Verhalten der Gemeinderatsmehrheit «in der Frage der autonomistischen Umtriebe für den guten Ruf der Stadt ergeben könnten». Fabrikanten richteten an den Straßburger Präfekten ein Schreiben, in dem sie «die autonomistischen Umtriebe» zurückwiesen und die Auflösung des Gemeinderats verlangten, um der Bevölkerung von Hagenau Gelegenheit zu geben, «sich in den Augen von ganz Frankreich zu rehabilitieren». Das Schreiben schloß mit der Drohung der Fabrikanten, «zum Zeichen des Protests eine Zeitlang die Fabriken zu schließen», usw. Unter der Bevölkerung ließ man außerdem eine Glückwunschadresse an die Regierung in Umlauf setzen, und es gelang durch wirtschaftlichen und amtlichen Druck, tatsächlich eine Anzahl Unterschriften dafür zu gewinnen. Die Reptilienpresse öffnete unterdessen ihre Schleusen zu den infamsten Lügen und Verdächtigungen.

Der Bürgermeister rechtfertigte die Haltung der Stadtverwaltung und wies den Vorwurf «antinationaler» Tendenzen zurück. Es nützte nichts. Die sozialistische «*Freie Presse*» wußte bereits am 17. Januar von einer Auflösung des Gemeinderats und von bevorstehenden Neuwahlen zu berichten, von deren Ausgang sie folgendes prophezeite: «Es ist kaum zweifelhaft, daß damit der klerikal-autonomistischen Herrschaft in Hagenau das Lebenslicht ausgeblasen werden dürfte.» Die Gegner waren umso siegessicher, als es ihnen gelungen war, eine Front der «nationalen Eintracht» zwischen der Linken (Demokraten, Radikalen, Sozialisten) und dem nationalistischen rechten Flügel der katholischen Volkspartei herzustellen.

Politik und Gewaltpolitik in Elsaß-Lothringen

Jetzt hatte die Regierung die Unterlagen beisammen, die sie brauchte: bereitwilligst gab sie dem Drängen der Hetzer und einiger schlechten Ratgeber nach, verfügte am 24. Januar die Auflösung des Gemeinderats und setzte die Neuwahlen auf den 26. Februar fest. Der Präfekt Borromée und seine Leute feierten einen Triumph. Die Sache konnte nicht mehr fehlgehen. Die radikale «*République*» schrieb jubelnd (an 27. Januar):

«Die erste Etappe… ist erreicht. Die zweite und dritte Etappe kann beschritten werden: Säuberung der Stadtverwaltung vom autonomistischen Element, Lahmlegung jeden autonomistischen Einflusses, Bildung eines Rats unter strengem Ausschluß aller autonomistischen und autonomistisch kompromittierten Politiker und Bürger.»

Die «*Freie Presse*» blies mit vollen Backen in dasselbe Horn.

*

Der Wahlkampf begann und wurde von den Gegnern mit einer unerhörten Heftigkeit und Gehässigkeit geführt. Zwei Lager standen einander gegenüber: die «guten» Franzosen und die «schlechten» Franzosen. So wurden nämlich und werden schon lange überall) die Bürger von der Regierung klassifiziert. Die Front der «nationalen Eintracht» war auf Kosten der Parteigrundsätze gebildet worden: die Antiklerikalen hatten sich verpflichtet, an die kirchlich-religiösen Fragen «in keiner Weise zu rühren». Das einzige und gemeinsame Ziel war die Vernichtung der Autonomisten! Zu dem Zwecke war jedes Mittel gut genug. Der wirtschaftliche und moralische Druck, die Hetze und der Terror stiegen ins Maßlose. Wieder wurde u.a. damit gedroht, daß die Fabriken geschlossen würden, daß die Industrie abwandern, die Garnison aufgehoben werde, usw. Sogar der nationalistisch-katholische Comte de Leusse, der «im Volke heute fast jeden Kredit verloren» hat (Äußerung eines führenden katholischen Blattes), griff an der Seite der schlimmsten Anriklerikalen in höchst eigener Person in den Wahlkampf ein, – als Agent der Regierung – und sprach das große Wort gelassen aus: «Es muß ein für allemal Schluß gemacht werden mit dem Autonomismus!»[113]

Im Wahlaufruf der «nationalen Eintrachtsfront» wurde das größte Geschütz aufgefahren. Die Wähler konnten da u.a. lesen:

---

[113] Siehe auch im Anhang auf Seite 255.

Politik und Gewaltpolitik in Elsaß-Lothringen

«Ihr werdet darüber entscheiden, ob dieselben Stadtbeamten, Führer des Heimatbunds und des Autonomismus, ihre persönliche Politik des Hasses gegen alles Französische, ihre landesverräterische und friedensgefährdende Politik als Politik der Stadtverwaltung, als Politik der *Mairie* weiterführen dürfen... Denkt nach und überlegt, ob diese Haßpolitik gegen Frankreich und seine Regierung, ob die beständigen Unhöflichkeiten, die Nadelstiche und Fußtritte, die der bisherige *Maire* unter dem Beifall der Heimatbündler den Regierungsvertretern verabreicht hat, in Eurem und Eurer Kinder Interesse oder im Interesse der Stadt sind»... usw. usw.

Der... große Pariser «*Temps*» sogar nahm eifrigsten Anteil an der Hetze. Er schrieb am 25. Februar[114]:

«Der frühere *Maire* hat es gewagt, wieder zu kandidieren, aber gegen ihn hat sich glücklicherweise eine Liste nationaler Union gebildet, die – wir hoffen es bestimmt – am Sonntag siegen wird... So stellt sich dem Doppelspiel der Autonomisten, über die Parteien und Konfessionen hinweg, eine einheitliche patriotische Front entgegen.» Der «*Temps*» hoffte also bestimmt.

Im Wahlaufruf des Bürgermeisters und seiner Anhänger, die von den Gegnern als Autonomisten gebrandmarkt wurden, die aber durch den Mund ihres Führers Herrn Weiß den Vorwurf «antinationaler» Gesinnung zurückwiesen, hieß es schlicht und einfach: Wählt «Leute, welche loyale Bürger der französischen Republik, dabei aber auch aufrechte Elsässer sind!» Das war die einzig richtige, eine ganz vorzügliche Wahlparole.

Die Gefechtslage war also klar, und auf beiden Seiten war man zum Schuß fertig. Schiedsrichter waren die Wähler, also das Volk. Sie kamen und nahmen die Sache ernst. 3250 Mann gaben ihr Urteil ab, 93% der Wählerschaft. Und wie lautete es? Von den 27 Kandidaten der «autonomistischen Liste» erhielten gleich im ersten Treffen 17 den Ehrenpreis als loyale Bürger und aufrechte Elsässer, der Altbürgermeister Weiß allen voran!! Von der «Eintrachtsliste» der chauvinistischen und antiautonomistischen Hetzer hingegen wurden sämtliche als unwürdig befunden!! Keiner von diesen wurde gewählt. Das war ein Volksurteil in Sachen des Autonomismus, denn so war doch die Frage mit Gewalt gestellt worden: «Für oder wider den Autonomismus!» Die Regierung wollte es so. Der «*Temps*» selbst hatte es in ihrem Auftrage gesagt. Nebenbei bemerkt: Die Kommunisten, die ebenfalls, aber mit einer eigenen Liste, gegen die «nationale Eintracht» der Hetzer in den Kampf gezogen waren, verdreifachten dies-

---

[114] Siehe auch im Anhang, Seite 257.

164

Politik und Gewaltpolitik in Elsaß-Lothringen

mal ihre Stimmen gegenüber früheren Wahlen. – Im zweiten Wahlgang wurde die «autonomistische Liste» vollständig gewählt; die chauvinistischen Hetzer hatten es gar nicht mehr gewagt, den für sie aussichtslosen Kampf nochmals aufzunehmen.

*

Schon nach dem ersten Wahlausfall waren die Scharfmacher kleinlaut, einige völlig sprachlos. Mit arithmetischen Künsten suchten sie an dem Ergebnis herumzudoktern, um ihre Niederlage zu verdecken. Die «*Straßburger Neuesten Nachrichten*» hatten am 6. Januar mit Fettschrift verkündet: «Eine ganze Stadt erhebt sich gegen die autonomistische Diktatur!» Und jetzt? – Jetzt protestierten die Hagenauer Wähler gegen die Diktatur der Chauvinisten und der Regierung.

Die radikale «*République*» gab unumwunden zu, daß es sich um eine «verlorene Schlacht» handle. Sie schrieb am 28. Februar:

«Die Parteien der nationalen Koalition, die Parteien, die sich unter Hintansetzung ihres Programms vereinigt hatten, um dem Hagenauer autonomistischen Klerikalismus den Weg zum Gemeindehaus zu versperren, sind geschlagen worden, und zwar in einem Maße, wie es auch keiner der Gegner erwarten konnte.»

Und nun entlud sich in dem radikalen Blatte der alte antiklerikale Furor mit noch nie erlebter Wucht. Es ließ alle Rücksichten fallen gegen seine «*Colistiers*» (Listengenossen), die national-klerikalen Bundesgenossen, die eine so schlechte Wahlhilfe geleistet hatten, die als verschwindendes Häuflein so wenig zum Siege der «nationalen Eintracht» beitragen konnten, und die infolgedessen außer der eigenen Blamage auch noch die Blamage der ebenso bedeutungslosen Radikalen und Sozialisten verschuldet hatten. Mit national-klerikaler Hilfe und unter «nationaler Flagge» gedachten die Antiklerikalen nämlich zur Macht zu gelangen. Damit war es nun nichts, sie hatten sich am «autonomistischen» Prellbock den Schädel eingerannt. Voller Enttäuschung nahm die «*République*» die Maske von ihrem eigenen Gesicht und schrieb wutschnaubend: «Wir sind antiklerikal. Und zwar sind wir es bis auf die Knochen!» Und dann stieß sie den hysterischen Schrei aus: «Gegen pfäffische Anmaßung entfalte sich der glühende Antiklerikalismus!» Das also war und ist bei ihr der tiefste Sinn des Kampfes gegen den Autonomismus! Bei ihr und bei der Regierung, wohlverstanden!

Politik und Gewaltpolitik in Elsaß-Lothringen

Alle führenden Blätter unseres Landes sind sich einig in der Verurteilung der Regierungspolitik, die sich im Falle Hagenau als das Werkzeug eines verblendeten Chauvinismus gezeigt hat. Dieselben Vorwürfe und Beschuldigungen, die sie gegen die Hagenauer Gemeinderatsmehrheit vorbrachte, richtet sie gegen die Autonomisten jeder Nuance. Sie will es einfach nicht glauben und nicht verstehen, daß man Autonomist und doch loyaler Bürger sein kann, also demnach den Vorwurf antinationaler Gesinnung nicht verdient. Und doch hätte sie selbst das größte Interesse daran, daß endlich einmal der Mißbrauch mit dem Worte «national» aufhören würde, «der ruchlose Schwindel», wie ihm der «*Elsässer Kurier*» scharf, aber treffend bezeichnet. Es wird in der Tat in der übelsten Weise Schindluder getrieben mit dem Begriff «national». Wenn dieser Schwindel so weiter geht, kann nur eine völlige Entwertung des Begriffs die Folge davon sein. Jeder politische Gegner glaubt heute, uns mit dem «antinationalen» Argument erlegen zu können. Die «*Lothringer Volkszeitung*» kennzeichnet diesen Schwindel mit folgenden Worten: «Erklärt der Angegriffene wie in Hagenau: ich bin ja gar nicht «antinational», so wird ihm halt geantwortet: das kannst du noch hundertmal sagen, du mußt einfach antinational sein, damit wir uns national gegen die sammeln können.» Und so ist es wahrhaftig.

Der «*Temps*» war mit dem Ausgang der Wahl... zufrieden. Denn der Bürgermeister Weiß, der es «gewagt» hatte, «wieder zu kandidieren», schickte gleich nach der Wahl ein Ergebenheitstelegramm an Poincaré anstatt ein «Komplott gegen die Sicherheit des Staates» anzuzetteln. Der «*Temps*» fand aber, daß die Hagenauer Autonomisten doch nicht so gefährliche Leute sind. Doch der «*Temps*» wußte, daß Herr Weiß auch schon vor der Wahl ausdrücklich den Vorwurf «antinationaler Tendenz» zurückgewiesen und sich als loyalen Bürger erklärt hatte. Im Grunde genommen hatte sich also an seiner «nationalen» Zuverlässigkeit oder Unzuverlässigkeit gar nichts geändert. Es ist daher eine ganz gewöhnliche Heuchelei des «*Temps*», wenn er nun *post festum* auch... anders kann. Der «*Temps*» hat sich eben mit den übrigen Hetzern und mit der Regierung, die auf jene Hetzer hörte, unsterblich blamiert! «Die Regierung ist zu einem argen Mißgriff verleitet worden, der mit einer Katastrophe für diese Politik geendet hat,» sagt der «*Elsässer*» (2. März). Den «Zusammenbruch einer unehrlichen Politik» nennt es die «*Lothringer Volkszeitung*» (28. Februar).

Diese Politik, die in böswilliger Voreingenommenheit offiziell (Susini!) erklärt hat, daß man nach dem Prinzip der unseligen «*Commissions de triage*» alle Elsässer in Kategorien einteilen werde, in «gute» und «schlechte» Franzosen, kann zu nichts Gutem führen. «In unserem demokratischen Staatswesen sprechen wir denen, die zur Verwaltung des Landes hierher geschickt sind, die Berechtigung

Politik und Gewaltpolitik in Elsaß-Lothringen

und die Befähigung zur Gesinnungsschnüffelei ab,» sagt der «*Elsässer*» (3. März). Doch die Regierung lernt aus der Vergangenheit nichts, sie macht die Hetze gegen die Elsaß-Lothringer mit und treibt eine Politik der starken Hand. Anstatt den Willen und die Forderungen unseres Volkes zu prüfen und ihnen Gerechtigkeit widerfahren zu lassen, stützt sie sich blindlings auf ein ganz übles Polizeiregime und auf die Diktatur. Sie begründet dies damit, daß sie sagt, die national-französische Idee sei in Gefahr. Die Regierung sagt das, weil es bei ihr zur fixen Idee geworden ist. Wir aber sagen: Nein, nicht die nationale Idee, sondern unsere Heimatrechte sind in Gefahr, die Heimatrechte loyaler Bürger und aufrechter Elsässer!!

Es wäre zu wünschen, in unserem Interesse und in dem Frankreichs, daß nun endlich die Zeit der Vorurteile und der Irrtümer, des Mißtrauens und des Übelwollens vorbei wären, damit wir uns mit voller Kraft und ohne Ablenkung der Mitarbeit an den wahren nationalen Aufgaben widmen könnten. Doch wir bezweifeln sehr stark, ob die Regierung uns je verstehen wird. Wir bezweifeln auch, ob sie das «Volksgericht» von Hagenau in seinem wahren Sinne erfassen wird, und ob sie im Vergleich zu der patriotischen Kundgebung vom 12. Februar in Straßburg das Hagenauer «Wahlplebiszit» vom 26. Februar (also 14 Tage später!) richtig deuten wird.

Die «famose Affäre von Hagenau», sagt der «*Elsässer Kurier*» (2. März), bietet «einen typischen Fall, wie die Leute im Innerfrankreich über die Verhältnisse im Elsaß systematisch irregeführt werden. Die Regierung bis in die höchsten Spitzen hinein teilt dieses Schicksal. Und dann passieren dergleichen Geschichten, wie diese Gemeinderatswahlen von Hagenau, die man zu den monumentalsten Mißgriffen rechnen wird, die seit 1918 auf dem Boden des Elsasses begangen worden sind.»

Politik und Gewaltpolitik in Elsaß-Lothringen

34.
Neues Diktaturgesetz in Sicht.

Mit Knebelung und Terror, wie sie von den berüchtigten «*Commissions de triage*» gegen alles Recht und Gesetz ausgeübt wurden, hat die Periode der «Befreiung» vor bald zehn Jahren bei uns begonnen. In den letzten Monaten aber haben die Gewaltmethoden eine Schärfe angenommen, wie wir sie bisher nicht kannten.

Beamte wurden gemaßregelt und brotlos gemacht, weil sie es wagten, eine politische Meinung zu haben. Geschäftsleute wurden aus demselben Grunde wirtschaftlich geschädigt und zum Teil ruiniert. Deutschgeschriebene Zeitungen, die der Regierung nicht genehm waren, wurden unterdrückt. Druckereien wurden ohne jede gesetzliche Handhabe durch einen mächtigen Polizeiapparat wochenlang abgesperrt, damit keine Zeitung – auch wenn sie nicht verboten war – ins Publikum gelangen konnte. Beim Ein- und Ausgehen wurden Besucher und Angestellte auf offener Straße einer körperlichen Untersuchung unterzogen.

Die Versammlungsfreiheit wurde mit der größten Willkür aufgehoben. Die Ankündigungen der Versammlungen durch Anschlagen von Plakaten wurde verhindert. Die Versammlungslokale wurden durch starke Polizei- und Gendarmerieaufgebote einfach abgesperrt, auch ohne daß die Versammlung selbst vorher verboten war. Der gesamte Verkehr wurde dabei stundenlang in lästiger Weise gehemmt.

Das Postgeheimnis wird schon seit langem mißachtet. Eine politische Zensur besteht über ausländische Bücher, Zeitschriften und Zeitungen, obwohl diese in Innerfrankreich ungestört bezogen oder verkauft werden können.

Die Paßschikanen sind unerhört. Unbescholtenen Elsaß-Lothringern verweigert die Behörde ohne Angabe von Gründen die Ausstellung eines Reisepasses und schränkt so deren persönliche Freiheit ein. Eine chinesische Mauer soll den persönlichen und geistigen Verkehr mit dem Ausland, namentlich mit Deutschland, hemmen oder ganz unmöglich machen.

Kurzum: die persönliche Freiheit, die Meinungsfreiheit, die Pressefreiheit und die Versammlungsfreiheit existieren nicht mehr.

Nun sollen alle bisherigen Gewalt- und Willkürmaßnahmen ihre Krönung erfahren durch ein besonderes Gesetz, ein Ausnahmegesetz für Elsaß-Lothringen. Dieses Gesetz soll an Schärfe alles übertreffen, was je einmal in unserem

Politik und Gewaltpolitik in Elsaß-Lothringen

Lande von einer verblendeten Regierung gesündigt worden ist. Eine solche Politik, die auf Gewalt gegründet ist, kann nichts Gutes im Gefolge haben. Sie trägt in sich den Fluch der Ungerechtigkeit und des Verderbens!

Für die bisherigen Autonomistenverfolgungen hatte die Regierung keine gesetzliche Handhabe. Das neue Gesetz aber soll es der Regierung ermöglichen, ihrer Unterdrückungspolitik wenigstens den äußern Schein des Rechts zu verleihen. Die Meinungsfreiheit in Elsaß-Lothringen wird damit vollends zu bestehen aufhören. Die Regierung hat es in der Hand, jeden mißliebigen Elsaß-Lothringer, jeden «schlechten» Franzosen, jeden als antinational verdächtigten Landsmann im Handumdrehen unschädlich zu machen.

Auch in deutscher Zeit gab es einst ein Diktaturgesetz, – nein, nicht einmal, es war nur ein Diktaturparagraph, der unselige § 10 des Reichsgesetzes vom 10. Dezember 1871, der so viel böses Blut machte und von allen Parteien aufs äußerste bekämpft wurde. Auch zu einer Zeit, wo die Anwendung dieses Diktaturparagraphen praktisch gar nicht mehr in Betracht kam, wurde dessen Vorhandensein zu agitatorischen Zwecken ausgenutzt und dessen Abschaffung von den Volksvertretern unablässig verlangt.

Wir wollen uns eines Vergleichs zwischen den einstigen und jetzigen Unterdrückungsmethoden enthalten. Denn die Verhältnisse liegen zu verschieden schon insofern, als es heute unsere «Befreier» sind, die uns das neue Diktaturgesetz bescheren.

Doch so ganz neu ist es auch nicht. Schon im Sommer 1926, anläßlich der ersten großen Hetze gegen die Autonomisten, wurde es in fast gleichem Wortlaute von dem Minister Laval, dem damaligen Leiter der elsaß-lothringischen Angelegenheiten, entworfen, doch auf den Rat einiger unserer Abgeordneten nicht in der Kammer eingebracht. Dieses Verdienst muß vielmehr dem Mann mit der starken Hand, nämlich Herrn Poincaré zugeschrieben werden. Als er nach Laval die Leitung der elsaß-lothringischen Angelegenheiten übernahm, ließ er den Diktaturgesetzentwurf durch seinen Justizminister Barthou (am 30. Juli 1926) der Kammer vorlegen. Dieser begründete die Vorlage des Knebelungsgesetzes vor der Kammerkommission damit, daß es die autonomistische Propaganda in Elsaß-Lothringen eindämmen solle. Er gab also damit zu, daß es ein Ausnahmegesetz für Elsaß-Lothringen sein würde. Hätte man den Regionalismus oder den Föderalismus als solchen, wie er in Frankreich seit langem besteht, treffen wollen, so hätte man ein solches Ausnahmegesetz schon viel früher schaffen müssen. Doch nach der Gründung des Heimatbunds und der Veröffentlichung seines Manifests, das die Autonomie für Elsaß-Lothringen verlangte, war der Zeitpunkt gekommen, die Freiheit der viel zu freien Elsaß-Lothringer einzuschränken.

Der Gedanke eines Ausnahmegesetzes stieß aber damals bei unsern Abgeordneten auf ziemlich allgemeinen Widerspruch. Sogar der Abgeordnete Weill – der allerdings die autonomistische Bewegung damit als unbedeutend hinstellen wollte – sprach sich gegen den Entwurf aus, da die Lage in Frankreich und Elsaß-Lothringen eine solche Maßnahme nicht erfordere; wenigstens verlangte er Modifikationen. Der Lothringer Schuman hingegen lehnte das Gesetz grundsätzlich und ohne Einschränkung ab mit der Begründung, daß der Heimatbund keine separatistische Tendenz habe; man könne die Anhänger des Heimatbunds wohl parteipolitisch bekämpfen, aber nicht wegen Hochverrats verfolgen. Derselben Meinung waren auch innerfranzösische Abgeordnete.

Auch die führende einheimische Presse und das bodenständige Volk lehnten das Ausnahmegesetz einmütig ab. Man gab sich übrigens der Hoffnung hin, daß das Gesetz doch nicht zustande kommen werde. In der Tat wurde der Entwurf irgendwo begraben, und die Regierung kam nicht mehr darauf zurück. Der «*Elsässer Kurier*» allerdings schrieb damals (10. August 1926): «Wir sind nicht so vertrauensselig… Man darf nicht vergessen, daß der Diktaturgesetzentwurf nicht nur das Werk des laikalen Justizministers Barthou, sondern auch des Ministerpräsidenten selbst ist. Mit dieser Diktaturvorlage hat Herr Poincaré deutlich bewiesen, daß er das System der gepanzerten Faust der Methode edelmütiger Gesten vorzieht.» Und der «*Elsässer Kurier*» hat recht behalten! Die Diktaturvorlage ist nun wieder auferstanden und soll diesmal in allem Ernste Gesetz werden.

Am 17. Januar 1928 brachte Barthou das neue Projekt, ein Ebenbild des alten, in der Kammer ein. Es hat den ausgesprochenen Zweck, die autonomistische Bewegung, «jede autonomistische Propaganda, von welcher Art sie auch sein mag», in Elsaß-Lothringen zu bekämpfen. Auch dieses Gesetz ist also ganz besonders auf Elsaß-Lothringen gemünzt. Es ist ein Ausnahmegesetz! Der genaue Wortlaut des Entwurfs ist folgender:

> Art. 1. Wer, durch welche Mittel es auch sei, versuchen wird, die Integrität des nationales Gebietes zu verletzen, oder der Autorität Frankreichs einen Teil des Gebietes zu entziehen, auf dem diese Autorität besteht, wird mit einer Gefängnisstrafe von einem Jahr bis zu fünf Jahren und mit einer Geldstrafe von 100 bis 5.000 Franken bestraft. Der Schuldige kann außerdem ganz oder teilweise der Rechte verlustig erklärt werden, die sich in Art. 42 des Strafgesetzbuches befinden.

Politik und Gewaltpolitik in Elsaß-Lothringen

Art. 2. Die Individuen, die auf Grund des vorliegenden Artikels verurteilt worden sind, können außerdem Aufenthaltsverbote erhalten nach Art. 19 des Gesetzes vom 27. Mai 1885.

Art. 3. Die Verfügungen des Art. 463 des Strafgesetzbuches sind auch auf das vorliegende Gesetz anwendbar.

Mit diesem Gesetz kann die Regierung durch ihre Justiz alles anfangen lassen. Der «Versuch» schon, die Autorität Frankreichs zu verletzen, wird mit schweren Strafen geahndet. Was aber kann man nicht alles als «Versuch» auslegen? Wir brauchen uns daher weiter den Kopf über den Sinn des Textes nicht zu zerbrechen. Er bietet alle nur erdenklichen Handhaben, um jede politische Meinungsfreiheit abzuwürgen.

Wenn Frankreich in Elsaß-Lothringen ein Ausnahmegesetz zum Schutze seiner Autorität schaffen muß, so gibt es damit zu, daß es mit seiner Autorität in Elsaß-Lothringen schlecht bestellt ist, wenigstens mit der moralischen. Das wird auch das Ausland so auffassen müssen. Was aber bedeuten dann noch die «Plebiszite», die Akklamationen und Manifestationen? Wegen eines «Dutzends» Autonomisten wäre es doch wohl nicht nötig, den ganzen Staatsapparat und die Gesetzesmaschine in Bewegung zu setzen. Es muß also der Autonomismus trotz allem eine Volksbewegung sein, deren die Regierung nun mit Gewaltmitteln Herr zu werden versucht.

Die Politik der gepanzerten Faust hat in Elsaß-Lothringen schon einmal Fiasko erlitten. Auch Poincaré scheint, nach berühmtem Muster, alles in Scherben schlagen zu wollen. Er will jede autonomistische (und regionalistische) Regung bei uns ersticken, er will ein paar «Störenfriede» ins Gefängnis werfen oder des Landes verweisen und dadurch die Bevölkerung terrorisieren. Vielleicht wird er auf diese Weise einen Kirchhofsfrieden schaffen, und auch den nur für eine Zeitlang, aber mit einer solchen Knebelungspolitik wird weder unserm Volke noch Frankreich gedient sein.

An eine «konstruktive Politik» in Elsaß-Lothringen, wie sie am 7. Januar vom Gesamtvorstand der Elsässischen Volkspartei in Vermengung mit einer Loyalitätserklärung verlangt wurde, denkt Poincaré nicht. Er wird sein Assimilationszweck so betreiben, wie es ihm gut dünkt, und das heißt: Er wird es restlos, ohne Rücksicht auf alle «Zerwürfnisse und Schwierigkeiten» weiterführen! Er wird der «Autorität» Frankreichs Geltung verschaffen. Der Autorität der Einen und Unteilbaren Republik, der Autorität des Unitarismus und Zentralismus, der Autorität der «republikanischen» Gesetze! Es läßt sich an den Fingern abzählen, was dann noch übrig bleibt zur Erfüllung der elsaß-lothringischen For-

Politik und Gewaltpolitik in Elsaß-Lothringen

derungen, als da von der Volkspartei aufgezählt werden: Reform des französischen Verwaltungsmechanismus im Sinne einer weitgehenden regionalen Dezentralisation (bloß noch!), Abschaffung der antireligiösen Kulturkampfgesetzgebung (auf das Konkordat wird wohl langsam verzichtet!) und eine den Wünschen der Majorität unserer Bevölkerung entsprechende Sprachen- und Schulpolitik!

Ein Ausnahmegesetz, das die Diktatur stabilisieren soll, ist jedenfalls ein ungeeigneter Auftakt zu einer «konstruktiven» Politik: es kann nur der Ausdruck einer Scherbenpolitik sein. Mit ihr aber werden die elsaß-lothringischen Probleme nicht gelöst werden. Vielmehr wird die Unzufriedenheit unseres Volkes wachsen und weiterbestehen, nur wird anstelle der bisherigen offenen Kritik ein verhaltener Groll treten, der irgendwie sich wieder Luft verschaffen wird.

Wenn Frankreich heute zur Diktatur seine Zuflucht nehmen muß, so beweist es vor der ganzen Welt, daß es in unserem Lande nicht das Gefühl der Stärke und Sicherheit hat, wie es ein Großstaat haben sollte, und wie es Frankreich bei «wiedergefundenen Brüdern» haben müßte. Es hat dieses Gefühl deshalb nicht, weil es sich bewußt ist, uns Unrecht zu tun.

Und vergessen wir noch eins nicht: durch Ausnahmegesetze und jede ungerechte Ausnahmebehandlung wird die nationale und die moralische Einheit nicht gefördert, wir werden vielmehr aus der moralischen Einheit geradezu ausgestoßen!!

*

Werfen wir einen flüchtigen Blick zurück auf die letzten zehn Jahre unserer sogenannten Befreiung. Feierliche Versprechungen hat Frankreich uns während des Weltkrieges von 1914 bis 1918 durch seine Generäle und Staatsmänner geben lassen. Und im Entscheidungsjahre 1918 hat es verkündet, daß unter seiner Oberhoheit bei uns wahre Freiheit, Gleichheit und Brüderlichkeit einkehren werden.

Es wollte unser «Befreier» sein und hat sein Wort gegenüber der ganzen Welt verpfändet. Die übrigen Nationen haben ihm dann unser Land vertrauensvoll übergeben, ohne ihm vertragsmäßig diejenigen Verpflichtungen aufzuerlegen, die zum Schutze unserer Sprache, unseres Volkstums und unserer Traditionen notwendig gewesen wären.

172

Politik und Gewaltpolitik in Elsaß-Lothringen

Unzähligemale hat Frankreich seit dem Friedenschluß seine Versprechungen wiederholt. Sicherheiten allerdings hat es uns nicht gegeben, Bindungen hat es keine übernommen.

Weite Kreise unseres Volkes haben ihm im Jahre 1918 Glauben und Vertrauen entgegengebracht. Doch die Enttäuschungen stellten sich schneller ein, als man hätte erwarten sollen.

Frankreich ist seither wortbrüchig geworden! Es hat uns die Freiheit nicht gebracht, es hat seine Versprechungen nicht gehalten. Seine Politik geht vielmehr darauf aus, uns unserer Heimat- und Volksrechte zu berauben und durch Unterdrückung unseres eigenen Wesens gewaltsam zu assimilieren. Das lehrt uns eine fast zehnjährige Erfahrung und das Eingeständnis der Regierung und maßgebender Beamter.

Elsaß-Lothringen ist nicht glücklich!

Diktatur, Scherbenpolitik! –

Das ist die Wahrheit über die «Befreiung» von Elsaß-Lothringen.

Soll aber damit die elsaß-lothringische Frage gelöst sein? Das ist unmöglich

Solange bei uns solche Zustände herrschen, wie wir sie hier wahrheitsgemäß dargelegt haben, wird auch das um den Frieden ernsthaft besorgte Ausland nicht beruhigt sein können. Zahlreiche Stimmen der Auslandspresse geben uns hierin recht.

Es muß der ganzen Welt daran gelegen sein, daß auch in unserm Erdwinkel Ruhe und Frieden einkehren, und zwar ein wahrer Friede, der auf der Grundlage des Rechts und der Gerechtigkeit, nicht der Gewalt und der Willkür aufgebaut ist.

Daher geht das alles, was wir hier geschrieben haben, die ganze Welt an! Denn nicht bloß um das Glück und den Frieden Elsaß-Lothringens handelt es sich, sondern um den Frieden der ganzen Welt!

Basel, im März 1928.

Politik und Gewaltpolitik in Elsaß-Lothringen

Politik und Gewaltpolitik in Elsaß-Lothringen

Anhang

Politik und Gewaltpolitik in Elsaß-Lothringen

Politik und Gewaltpolitik in Elsaß-Lothringen

1.
Die neue elsaß-lothringische Frage.
(von Alcide Ebray, Juli-Augustheft 1927 der «*Revue de Hongrie*»)

Das Wesen der neuen elsaß-lothringischen Frage.

Der Colmarer Prozeß vom vergangenen Monat April hat die Aufmerksamkeit auf die Dinge gelenkt, die man als die neue elsaß-lothringische Frage bezeichnen kann.

Die frühere elsaß-lothringische Frage, wie sie sich zwischen 1871 und 1919, also zwischen dem Frankfurter und dem Versailler Frieden stellte, drehte sich darum, zu wissen, ob Elsaß-Lothringen bei Deutschland bleiben oder wieder zu Frankreich zurückkehren würde.

Bei der neuen elsaß-lothringischen Frage handelt es sich darum, in welcher Weise Elsaß-Lothringen sich dem französischen Staate, an den es auf Grund des Versailler Vertrags zurückgefallen ist, anpassen könnte. Auf den ersten Blick freilich – wenn man nur einer zwischen 1871 und 1914 weitverbreiteten Ansicht folgt – könnte es merkwürdig erscheinen, daß eine solche Frage überhaupt besteht. Nach jener Ansicht nämlich wollten die Elsaß-Lothringer insgesamt wieder französisch werden. Demnach sollte es den Anschein haben, daß sie unmittelbar, nachdem sie wieder Franzosen geworden, sich hätten heimisch fühlen müssen, so daß die Frage ihrer Angleichung an Frankreich sich überhaupt nicht hätte stellen dürfen. Allein die Wirklichkeit war weniger einfach.

Es ist zugegeben, daß die frühere elsaß-lothringische Frage internationaler Natur war, während die heutige ausschließlich nationaler Art ist, d.h. eine Frage der französischen Innenpolitik. Das trifft in allgemeiner Hinsicht zu. Doch man wird weiter unten erkennen, daß die neue elsaß-lothringische Frage auch einen internationalen Aspekt hat, nämlich einen französisch-deutschen.

Übrigens hängt diese Frage zusammen mit einem Problem von allgemein europäischer Bedeutung, nämlich dem der völkischen oder nationalen Minderheiten. Daher geht sie nicht bloß Frankreich und Deutschland an, sondern als Sonderfall und Musterbeispiel verdient sie die Aufmerksamkeit mehrerer der Staaten, die nach Ablauf des Weltkrieges neu entstanden sind, oder mehr oder weniger umgebildet wurden. Denn dieser Krieg, der angeblich im Namen des Selbstbestimmungsrechtes der Völker geführt wurde, ließ in mehreren Staaten die Frage der fremdvölkischen Minderheiten ungelöst; die Rollen wurden ein-

Politik und Gewaltpolitik in Elsaß-Lothringen

fach vertauscht: wer gestern zu den Herrschenden gehörte, wird heute beherrscht, und umgekehrt.

Die Elsaß-Lothringer als Fremdvölkische in Frankreich.

Vielleicht begegnet gerade in Frankreich das Verständnis für das Problem der fremdvölkischen Minderheiten, sowie auch dessen Lösung am meisten Schwierigkeiten. Schwierigkeiten im Verständnis, da Frankreich zu seinem Vorteil ein verhältnismäßig einheitlicher Staat ist; Schwierigkeiten in der Lösung, da Frankreich in seinem politischen Aufbau ein äußerst zentralisierter und vereinheitlichter Staat ist.

Ausschlaggebend für die Verwicklungen, die sich aus der neuen elsaß-lothringischen Frage ergeben, ist seitens vieler Franzosen, bei Schriftstellern wie bei Politikern, die Unkenntnis folgender grundlegenden Tatsache: die Elsaß-Lothringer sind, wenn sie schon als französische Bürger nichts anderes verlangen, denn gute Bürger zu sein, eben doch nicht Franzosen wie die andern; sie sind – wenn wir die Dinge unverblümt bei ihrem Namen nennen wollen – viel eher Deutsche als Franzosen, dies im ethnischen und intellektuellen Sinne verstanden. Die Unkenntnis dieser wesentlichen Tatsache findet vielleicht ihre Erklärung in der Unfähigkeit, zu begreifen, daß Menschen deutscher Rasse und Sprache gute und loyale französische Bürger sein können, vorausgesetzt, daß man sie als solche anerkennt und behandelt.

Der Geschichtsschreiber Jules Michelet[115], der sich in Frankreich besonderer Wertschätzung und Beliebtheit erfreut, hat über das Elsaß ein Urteil ausgesprochen, das hinsichtlich der angeführten Tatsachen zwar begründet, aber wegen der Schlußfolgerungen, die er daraus zog, anfechtbar ist. Als Gelehrter konnte er nicht, wie es der Fall ist bei Tagesschriftstellern und Politikern, in Unkenntnis darüber sein, daß die Elsässer in völkischer Hinsicht Deutsche sind. Aber gerade deswegen beging er den Irrtum, sie gewissermaßen aus der französischen Staatsgemeinschaft ausschließen zu wollen. In seiner «*Histoire de France*»[116] aus dem Jahre 1833 entwarf er ein sogenanntes «Bild Frankreichs», eine Art Beschreibung der verschiedenen Regionen, aus denen Frankreich sich zusammensetzt. Allein er ließ dieses «Bild» an den Vogesen aufhören. Er wollte das Elsaß nicht miteinbegreifen, weil er sagte: «Die Sprache bestimmt die Nationalität!» Da nun die Elsässer deutschsprachig sind, waren sie für ihn auch

---

[115] Jules Michelet (1798-1874), französischer Historiker.
[116] Geschichte Frankreichs.

Politik und Gewaltpolitik in Elsaß-Lothringen

deutscher Nationalität. Aus dem gleichen Grunde stellte er Straßburg in malerischen und wohlwollenden Ausführungen in eine Reihe mit den übrigen Rheinstädten[117].

Wenn heute viele Franzosen sich gegen die Anerkennung einer Tatsache wehren, die Michelet als Gelehrter nicht verkennen konnte, so tun sie dies veilleicht in der Meinung, sie müßten notwendigerweise, falls sie sie anerkennen, auch dieselbe Schlußfolgerung daraus ziehen, die Michelet glaubte folgerichtig ziehen zu müssen, nämlich Elsaß-Lothringen aus dem französischen Staate auszuschließen.

Um nicht eingestehen zu müssen, daß die Elsaß-Lothringer Deutsch sprechen, verkriecht man sich hinter lächerlichen Ausflüchten: man sagt, sie sprechen «Elsässisch», als wenn die Sprachwissenschaft das Vorhandensein einer «elsässischen» Sprache anerkennte, die unabhängig wäre von der deutschen, so wie die Wissenschaft das Bestehen einer baskischen Sprache anerkennt.

Auch Élisée Reclus[118] hat im Jahre 1878 in seiner «*Nouvelle Géographie Universelle*»[119] den deutschen Charakter der Elsässer anerkannt. Doch er machte eine Bemerkung, die übrigens auch andere machten, und die man gegen die Ausschlußtheorie Michelets ins Feld führen kann. Er verwies auf die Ähnlichkeit, die zwischen den Elsässern und den Deutschschweizern besteht. Trotzdem nämlich diese Schweizer nach Rasse und Sprache Deutsche sind und sich geistig auf ihr Deutschtum berufen, finden sie es ganz natürlich, einem Staate anzugehören, – und sie wollen ihm angehören, – wo sie an der Seite von Landsleuten leben, die in völkischer und geistiger Hinsicht sich freilich zu Frankreich oder Italien bekennen, unter der Bedingung jedoch, daß jede der drei Rassen ihre Eigenart bewahre und nicht darauf ausgehe, sich die beiden andern zu assimilieren.

Warum also sollte es nicht «Deutschfranzosen» geben können, die durch die Elsässer und Lothringer vertreten sind, so wie es «Deutschschweizer» gibt, die durch die Berner, die Züricher u.a. vertreten sind?

Wenn eine der drei Rassen, die in der Schweiz zusammenleben, die beiden andern beherrschen und sich assimilieren wollte, so kann man wohl behaupten, daß sich bei diesen beiden andern eine Zentrifugalbewegung auslösen würde, die dann eine politische Annäherung an die zwei benachbarten Großstaaten zur

---

[117] 2. Band, S. 78-79.
[118] Elisée Reclus (1830-1905), französischer Geograph.
[119] Neue Weltgeographie.

Politik und Gewaltpolitik in Elsaß-Lothringen

Folge hätte, zu denen jene sich bekennen können. Die Ähnlichkeit, die Élisée Reclus zwischen den Elsässern und den Deutschschweizern feststellte, muß als wesentliches Merkmal des elsässischen Volkes festgehalten werden; wenn dieses Volk hinsichtlich der Rasse und der Sprache sich tatsächlich zu dem deutschen Volke bekennt, so ist es doch auch in gewisser Beziehung dem Geiste nach, und zwar hauptsächlich dem politischen Geiste nach in demselben Maße von ihm verschieden wie die deutschschweizerische Bevölkerung.

Die Elsaß-Lothringer sind, ebenso wie die Deutschschweizer, Demokraten. Nach 1870 hat man von ihnen gesagt, sie seien deutsche Republikaner, und es fiele ihnen deshalb schwer, sich mit der Monarchie der Hohenzollern abzufinden. Diese Schwierigkeit erhöhte sich noch durch den Umstand, daß das «Reichsland» theoretisch zwar dem gesamten Reiche angegliedert war, in der Praxis aber besonders von Preußen, dem am wenigsten demokratischen Bundesstaate abhing.

Gleichwie die Deutschschweizer und selbst die Deutschen im allgemeinen, so sind die Elsässer Partikularisten. Man hat von ihnen gesagt, sie seien weder Deutsche noch Franzosen, sondern Elsässer. Hätte Deutschland nach 1870 begriffen, wie nützlich es gewesen wäre, Elsaß-Lothringen den übrigen Teilen gleichzustellen, d.h. aus ihm einen Bundesstaat vom gleichen Range zu machen wie Bayern, Württemberg oder Baden, so würde es dasselbe leichter gewonnen haben. Denn diese Verwaltungsform hätte dem partikularistischen Geiste der Elsaß-Lothringer entsprochen. Allein das «Reichsland» war zunächst ein Anhängsel, sozusagen eine Kolonie des Reiches. Allerdings hat man es später schrittweise der autonomen Verwaltungsform der übrigen Bundesstaaten entgegengeführt. Bei Kriegsausbruch hatte es seine eigene Verfassung und seinen Landtag. Doch es hatte noch nicht seine eigene Regierung, d.h. eine solche, die aus dem Volkswillen hervorgegangen war.

Trotz ihrem demokratischen und republikanischen Geist halten die Elsaß-Lothringer, genau wie die Deutschschweizer, an ihre Religion fest, seien sie nun Katholiken oder Protestanten. Sie verbinden den Begriff der Demokratie nicht mit dem der Religionsfeindschaft, so wie dies in den Ländern mit lateinischer Kultur häufig geschieht.

In anderer Hinsicht ist den Elsaß-Lothringern, ebenso wie den Deutschschweizern und den Deutschen überhaupt, der Sinn für Organisation und Disziplin auf dem Gebiete der Verwaltung eigen. Für sie ist Freiheit und Demokratie nicht gleichbedeutend mit Schlendrian und Nachlässigkeit.

Politik und Gewaltpolitik in Elsaß-Lothringen

In Anbetracht von dem allem konnte man von den Elsässern begreiflicherweise sagen, sie hätten deutsche Denkweise und ein französisches Herz, und sie seien trotz ihrer deutschen Denkweise mit dem Frankreich von früher eine Ehe, zwar nicht eine Vernunftehe, wohl aber eine Neigungsehe eingegangen.

Vom «*Malaise*»

Eine große Enttäuschung für die Elsaß-Lothringer wie auch für die «Innerfranzosen» (so bezeichnet man nämlich in Elsaß-Lothringen die Franzosen aus Frankreich) war die Feststellung, daß die Wiederaufnahme des gemeinschaftlichen Lebens nach dem Versailler Vertrage nicht mehr den Charakter einer Neigungsehe trug wie vor dem Vertrag von Frankfurt. Bei vielen Elsaß-Lothringern sah man einen Geisteszustand aufkommen und sich entwickeln, der durch Unzufriedenheit entstanden war und allgemein das elsaß-lothringische «*Malaise*» genannt wird.

Woher kam dieses «*Malaise*»?

Während des Krieges, als man bereits voraussehen konnte, daß er für Frankreich mit der erneuten Besitzergreifung Elsaß-Lothringens ausgehen werde, veröffentlichte Maurice Barrès, der Präsident der Patriotenliga[120], im «*Écho de Paris*» einen Artikel über die Art und Weise, wie die wiedergewonnenen Provinzen zu behandeln seien. Als Lothringer, der also die Bevölkerung kannte, von der er sprach, warnte er vor gewissen Irrtümern, die man ihr gegenüber begehen könnte. Vor allem wies er auf den Schaden hin, die der französischen Sache in Elsaß-Lothringen zugefügt werden könnte durch «drei Gendarmen von Carcassonne», die vielleicht durch die Pariser Regierung dorthin geschickt würden. Diese «drei Gendarmen von Carcassonne» waren nach Maurice Barrès eine Anzahl Dinge, die dem Geiste des Elsaß zuwider sind. Das war in erster Linie der *Midi* (d.h. Südfrankreich), der jedes Verständnisses für den rheinischen Norden bar ist. Das war der Antiklerikalismus, der dem religiösen Sinne der Elsaß-Lothringer so völlig entgegengesetzt ist. Das war der Geist der Gleichmacherei und die Scherereien der Verwaltung.

Um nun das elsaß-lothringische *Malaise* zu erklären, könnte man sagen, es rühre davon her, daß die Elsaß-Lothringer merken, daß die drei Gendarmen von Carcassonne vor der Tür stehen, oder daß diese sogar bereits bei ihnen eingedrungen sind.

---

[120] *Ligue des patriotes.*

Politik und Gewaltpolitik in Elsaß-Lothringen

Was aber schlimmer ist, das ist der Umstand, daß jene drei Gendarmen in den Augen der Elsaß-Lothringer nicht etwa einen Teil Frankreichs verkörpern, sondern vielmehr Frankreich in seiner Gesamtheit, das Frankreich, das mehr denn je von dem Geiste beseelt ist, den Barrès mit dem Geist von Carcassonne meinte.

Vor 1870 war keine Rede von einem elsässischen *Malaise*, obgleich das Elsaß in völkischer und sprachlicher Hinsicht etwas von Frankreich hinreichend Verschiedenes war. Wenn nun dieses *Malaise* sich nach 1919 offenbarte, so kommt es einerseits davon, daß Elsaß-Lothringen im Jahre 1919 ein Frankreich wiedergefunden hat, das nicht mehr so war, wie es die Elsaß-Lothringer aus der Zeit des früheren Gemeinschaftslebens kannten, während sie selbst unter dem deutschen Regime sich gleichgeblieben waren. Anderseits war Elsaß-Lothringen infolge des gemeinschaftlichen Lebens, das es mit Deutschland während fast eines halben Jahrhunderts geführt hatte, gewissermaßen seiner germanischen Gemütsart wieder bewußt geworden.

Die letztere Behauptung wird ganz sicher den Widerspruch gewisser Leute herausfordern, die dadurch glauben, ihren Patriotismus zu beweisen. Und doch handelt es sich hier um eine ganz natürliche Erscheinung... Würde Korsika mit Italien vereint und erst nach einem halben Jahrhundert zu Frankreich zurückkehren, so ist es klar, daß dann sein italienisches Temperament viel ausgesprochener wäre, als es im Augenblick der Trennung war.

Die Tatsache, daß Elsaß-Lothringen im Jahre 1919 ein Frankreich wiedergefunden hat, das ganz verschieden war von dem, das es im Trennungsjahre 1871 gekannt hatte, wird von niemand bestritten. Die republikanische und demokratische Entwicklung Frankreichs hat sich in einem ganz andern Geiste vollzogen als in demjenigen, der nach der Auffassung der Elsaß-Lothringer mit ihrem germanischen oder, wenn man es lieber hört, mit ihrem deutschschweizerischen Temperament dem republikanischen und demokratischen Ideal eigen sein muß. Dadurch erklärt sich, weshalb unter allen elsaß-lothringischen Parteien fast nur die sozialistische vorbehaltlos die neue Lage der Dinge annimmt.

Ein Zwiespalt besteht vor allem auf konfessionellem Gebiete zwischen Elsaß-Lothringen und Frankreich. Dieses ist laizistisch und antiklerikal geworden, während Elsaß-Lothringen in dieser Hinsicht das geblieben ist, was es im Jahre 1870 war. Daraus ergibt sich, daß in Elsaß-Lothringen die katholische Mehrheit und die evangelische Minderheit eine gemeinsame Front bilden gegen den durch Frankreich vertretenen laizistischen Gedanken.

Politik und Gewaltpolitik in Elsaß-Lothringen

Die Sprachenfrage ist von ebenso großer Bedeutung, und zwar umsomehr, als sie für viele Elsaß-Lothringer mit der Frage des Religionsunterrichts zusammenhängt.

Um das elsaß-lothringische *Malaise* vollständig zu begreifen, muß man unterscheiden zwischen der Gegenwart und der Zukunft, d.h. zwischen dem augenblicklich in Elsaß-Lothringen herrschenden Regime und jenem, dessen Herrschaft die Elsaß-Lothringer für später befürchten. Wie sehr man in Frankreich auch wünschen möchte, Elsaß-Lothringen mit dem übrigen Lande zu assimilieren, so hat man doch begriffen, daß ein Übergangsregime notwendig ist. In konfessioneller Hinsicht z.B. wurde die Trennung von Kirche und Staat nicht eingeführt. Auf dem Gebiete der Religion und der Religion und der Schule finden die Elsaß-Lothringer noch Genugtuung[121]. Die Landessprache, d.h. die deutsche Sprache wird, wenn auch in geringerem Maße als Kirche und Schule, mit Schonung behandelt[122]. Doch diese Zugeständnisse sollen nur vorübergehender Natur sein. Die Elsaß-Lothringer verstehen, daß sie unsicher sind. Ihre Befürchtungen wachsen in dem Maße, als sie in Frankreich den Einfluß der Linksparteien zunehmen sehen, die mehr als die andern die Gleichmacherei und die Assimilation begünstigen. Die Wahlen vom 11. Mai 1924 brachten für die Elsaß-Lothringer schlechte Anzeichen, besonders als Herriot in seiner Regierungserklärung die Absicht aussprach, eine Politik der Assimilation ins Werk zu setzen.

Die Verwaltungsfrage hat zur Entstehung des elsaß-lothringischen *Malaise* nicht weniger beigetragen als die politische und kulturelle Frage. Eine gute Verwaltung ist für ein Volk erste Lebensnotwendigkeit. Nun wird aber selbst von französischen nationalistischen Zeitungen zugegeben, daß die französische Verwaltung in Elsaß-Lothringen Fehler begangen hat. Der Präsident Wilson hat in seinem Buche «*Der Staat*» anerkannt, daß Deutschland das am besten verwaltete Land ist. Die Elsaß-Lothringer hatten den Vorteil dieser guten Verwaltung genossen, und gerade in diesem Punkte ist nicht zu leugnen, daß sie im Jahre 1919 durch ihren Übergang von einem Staat zum andern nichts gewonnen haben.

Als die französischen Verwaltungsmenschen bei ihren Untergebenen Unzufriedenheit, ja sogar Widerstand feststellten, begingen sie manchmal obendrein ei-

---

[121] Doch sind selbst hier die offenen und versteckten Maßnahmen zur Ein- und Durchführung der Assimilation bereits recht zahlreich.
[122] Durch papierene Versprechungen, während man in Wahrheit in der Praxis offen auf die Unterdrückung und Ausrottung unserer deutschen Muttersprache ausgeht!!

Politik und Gewaltpolitik in Elsaß-Lothringen

nen andern Irrtum: es konnte ihnen vorkommen, daß sie ihre Untergebenen eher wie widerspenstige «Eingeborene» irgend einer Kolonie, denn als Franzosen behandelten. Andererseits beklagten sich die Elsaß-Lothringer darüber, daß ihre eigenen Beamten weniger gut behandelt wurden als jene, die aus dem «Innern» gekommen sind.

Angesichts der völkischen und sprachlichen Besonderheiten, des politischen Partikularismus und der allgemeinen Geistesart der Elsaß-Lothringer haben sich gewisse Innerfranzosen – in einem verhängnisvollen Irrtum – so weit vergessen, sie als *Boches* zu beschimpfen.

Die Heimatrechtbewegung.

Aus einem derartigen Gegensatz zweier verschiedenen Geistesrichtungen, die auf völkischen Verschiedenheiten beruhen, ist in Elsaß-Lothringen eine Stimmung herausgewachsen, die sich bewußt einer Verschmelzung dieses Landes mit Frankreich, einer politischen und kulturellen Assimilation widersetzt. Elsaß-Lothringen seine Eigenpersönlichkeit, vor allem seine Sprache zu erhalten, ohne es indes von Frankreich zu trennen, das ist das angestrebte Ziel. Verschieden sind die Mittel, mit denen man dieses Ziel zu erreichen sucht.

Das maßvollste bestände im Regionalismus, einer weitgehenden Dezentralisation in der Verwaltung, die auf ganz Frankreich und nicht allein auf Elsaß-Lothringen anzuwenden wäre.

Ein anderes, radikaleres Mittel bestände im Autonomismus. Es würde sich darum handeln, Elsaß-Lothringen innerhalb des «Rahmens von Frankreich» eine vollständige Autonomie zu gewähren, die aus ihm gewissermaßen einen Staat im Staate machen würde. Wenn man die Anhänger dieses Systems richtig versteht, würde Elsaß-Lothringen so etwas werden wie Polen vor 1830, bevor es seine Autonomie verlor, die es im Wiener Kongreß erlangt hatte, – oder wie das Großherzogtum Finnland, das seine Autonomie noch länger bewahrte, – oder endlich wie der heutige freie Staat Irland. Um diese Lösung zu verwirklichen, hat sich eine bedeutende politische Gruppe gebildet, nämlich der «Heimatbund», der am 7. Juni 1926 seinen Aufruf veröffentlichte. Der Heimatbund ist keine Partei; er umfaßt in Wirklichkeit Anhänger, die entsprechend ihren persönlichen Ansichten verschiedenen Parteien angehören können. Demgemäß können sich neben ihm eigentliche Parteien bilden, die zwar abweichende Programme, aber das Prinzip der Autonomie als gemeinsame Grundlage ha-

Politik und Gewaltpolitik in Elsaß-Lothringen

ben. So ist eine Autonomistenpartei entstanden, unabhängig vom Heimatbund, aber mit ihm wesensverwandt.

Eine dritte Lösung bestände schließlich im vorbehaltlosen Separatismus, worunter zu verstehen wäre, daß Elsaß-Lothringen einen völlig unabhängigen Staat bilden würde, so wie Belgien, das Großherzogtum Luxemburg oder die Schweiz.

Es ist zu bemerken, daß keine dieser Protestgruppen die Rückkehr zu Deutschland fordert, was jedoch nicht hindert, daß man in Frankreich den Autonomismus, den Separatismus und sogar den einfachen Regionalismus als deutsche Mache hinstellt und in ihnen versteckte Mittel sieht, die jene Rückkehr vorbereiten sollen…

Herr A. Ebray befaßt sich nun näher mit dem famosen Prozeß von Colmar, den Abbé Dr. Haegy gegen den Pariser Journalisten Helsey angestrengt hatte. Die Helsey-Methoden werden dabei ins richtige Licht gerückt. Insbesondere zitiert Ebray einige Stimmen von Innerfranzosen, die ernstlich davor warnen, die elsaß-lothringische Heimatbewegung als deutsche Mache hinzustellen. So erwähnt er die Auffassung des H. Oscar de Férenzy, der dagegen protestiert, daß man den Verdacht ausspreche, als sei die Mißstimmung im Elsaß mit deutschem Gelde geschaffen worden. In ähnlichem Sinne beruft sich Herr Ebray auf einen Artikel des Herrn Pierre de Quirielle im «*Correspondant*» (10. Mai), wo es heißt: Man muß sich davor hüten, die Unzufriedenheit in Elsaß-Lothringen als deutsches Fabrikat anzusehen!

Des weiteren geht dann H. Ebray auf die Zeugenaussagen des General de Castelnau ein. Dieser bekennt selber, daß er an den Wert der sog. feierlichen Versprechungen nicht glaube, und daß die Pariser Freimaurerei darauf ausgehe, die uns versprochenen Freiheiten in offenem Kampfe oder insgeheim zu vernichten. Aus diesem Grunde habe er den elsässischen Politikern empfohlen, zu schimpfen und zu schreien, falls man ihre religiösen Freiheiten bedrohen würde. Nach des Generals Ansicht seien die Elsässer durch ihre Rückkehr zu Frankreich, die von der Vorsehung gewollt sei, dazu berufen (!), ihren innerfranzösischen Brüdern die verlorenen Freiheiten wiedererobern zu helfen. Dazu bemerkt A. Ebray mit Recht:

«Wer die Dinge nüchterner betrachtet, erhält den Eindruck, daß mit größerer Wahrscheinlichkeit das Elsaß durch das laizistische Frankreich dem Katholizismus entfremdet wird, als daß es Frankreich wieder zum Katholizismus zurückführt.»

Politik und Gewaltpolitik in Elsaß-Lothringen

Wenn nun aber Castelnau von seinem Standpunkt aus die Schlußfolgerung zieht, die Elsässer, die zur Rettung ihrer Freiheiten die Autonomie verlangen, seien fahnenflüchtig und ließen die katholische Sache Frankreichs und die ihnen von der Vorsehung (!) übertragene Aufgabe im Stich, so stellt Herr Ebray dieser Auffassung diejenige des Herrn Dr. Ricklin gegenüber, der schon 1918 dem Nationalrat folgende Motion vorgelegt hat: Elsaß-Lothringen kehrt in den Schoß Frankreichs zurück in der festen Erwartung, daß ihm die Erhaltung seiner Sprache, seiner religiösen Einrichtungen, seiner eigenen Verwaltung und seiner wirtschaftlichen Interessen garantiert werde. Weil für Dr. Ricklin, so fügt Ebray hinzu, die Versprechungen einen noch zweifelhafteren Wert haben als für Castelnau, so verlangte er eben, daß man an deren Stelle ein gesetzliches Statut setze.

Gegenüber den optimistischen Auffassungen über den seltsamen Ausgang der Gerichtskomödie von Colmar, wonach die elsaß-lothringische Frage gelöst sei, läßt A. Ebray noch einen bedeutenden innerfranzösischen Politiker zu Worte kommen.

Victor Basch, der Präsident der Liga für Menschenrechte, tadelte in der «*Volonté*» (17. April) die Methoden, die von Anfang an von Militär- und Zivilbehörden, von Generalkommissaren und Zentralverwaltung gehandhabt wurden und alle in gleichem Maße verabscheuenswert waren. Victor Basch verteidigt in beredten Worten den Nutzen der Zweisprachigkeit. Vom internationalen Standpunkt aus gesehen, würde durch die Zweisprachigkeit das Elsaß die Brücke bilden zwischen der französischen und der deutschen Kultur. Aber − bemerkt dazu Ebray, «damit das Elsaß diese Rolle spielen könne, muß man endlich aufhören, es als ein französisches Land zu betrachten, das nur oberflächlich während eines halben Jahrhunderts deutscher Okkupation germanisiert worden sei, und das nur um jeden Preis wieder französiert werden müsse.»

Zur Lösung der elsaß-lothringischen Frage schreibt A. Ebray zum Schluß folgendes:

«Eines der Haupthindernisse für die Lösung besteht darin, daß man sich in Frankreich einbildet, man würde durch eine Befriedigung der Elsaß-Lothringer auch den Deutschen Genugtuung geben, insofern als man ein Elsaß-Lothringen schüfe, das gegebenenfalls leichter zu Deutschland zurückkehren könnte. Doch gerade das Gegenteil ist der Fall. Die Deutschen wissen einen Unterschied zu machen zwischen «Deutschland» und «Deutschtum». Sie verstehen recht wohl, daß Länder mit deutscher Kultur nicht zum deutschen Staate gehören. Doch wenn in diesen Ländern die deutsche Kultur bedroht ist, dann kön-

Politik und Gewaltpolitik in Elsaß-Lothringen

nen diese Länder wünschen, jenem Staate anzugehören. Umgekehrt werden die Volksteile dieser Länder um so weniger ihre Blicke dann nach Deutschland richten, wenn ihre deutsche Kultur von denjenigen Staaten, denen sie als Fremdvölkische angehören, nicht bedroht ist. In Frankreich fehlt es nicht an Leuten, die diese Dinge verstehen. Aber es gibt wenige, die es zu sagen wagen.»

Politik und Gewaltpolitik in Elsaß-Lothringen

2.
Das Manifest des elsaß-lothringischen Heimatbunds
(vom 6. Juni 1926)

Aufruf an alle heimattreuen Elsaß-Lothringer!

In schicksalsschwerer Stunde treten die Unterzeichneten vor das elsaß-lothringische Volk, um es zur Tat aufzurufen.

Längeres Zögern wäre Verrat an unserm Volkstum, denn das Maß ist voll bis zum Überlaufen.

Sieben Jahre lang haben wir zugesehen, wie man uns Tag für Tag in unserer eigenen Heimat entrechtet hat, wie all die Versprechungen, welche man uns feierlich gegeben, mißachtet worden sind, wie man unsere Rasseneigenschaften und Sprache, unsere Überlieferungen und Gebräuche zu erdrosseln suchte. Wir wissen nunmehr, daß die Assimilationsfanatiker es auf Wesen, Seele und Kultur des elsaß-lothringischen Volkes abgesehen haben, wobei sie nicht einmal vor Fragen der inneren Überzeugung und des Gewissens Halt machen.

Wenn wir von natürlichen und erworbenen Rechten und Freiheiten unserer Heimat und unseres Volkes sprechen, verhöhnt man uns und überschüttet uns mit Verleumdungen und Drohungen.

All dies Leid wollen und werden wir unter keinen Umständen weiter ertragen.

Wir haben erkannt, daß fast das ganze elsaß-lothringische Volk, daß alle, die noch echte und aufrechte Elsaß-Lothringer geblieben sind, in ihrem Innersten denken wie wir, mit uns auf dem Standpunkt des elsaß-lothringischen Selbstbewußtseins und der Heimatliebe stehen und die bestehende Zersplitterung durch gegenseitige Achtung und eine tiefe Verwurzelung im Heimatboden ersetzen wollen. Es bedarf nur des Anstoßes, und sie alle werden sich zur lang ersehnten Einheitsfront zusammenschließen, um eines Herzens und eines Willens Unterdrückung und Untergang von unserem Lande abzuwehren.

Wir sind der Überzeugung, daß die Sicherung und lebendige Auswirkung der unverjährbaren und unveräußerlichen Heimatrechte des elsaß-lothringischen Volkes und die Wiedergutmachung all der Tausenden und Abertausenden unter uns zugefügten Unrechts nur garantiert wird, wenn wir als nationale Minderheit die vollständige Autonomie im Rahmen Frankreichs erhalten.

Diese legislative und administrative Selbständigkeit soll ihren Ausdruck finden in einer vom Volk gewählten Vertretung mit Budgetrecht und einer Exekutiv-

Politik und Gewaltpolitik in Elsaß-Lothringen

gewalt, mit dem Sitze in Straßburg, welche aus dem elsaß-lothringischen Volke hervorgehen und neben dem für Fragen allgemeinfranzösischen Charakters gemeinsamen Parlament in Paris den Zusammenhang mit dem französischen Staate wahren soll.

Vor allem muß in den wichtigen und schwierigen Fragen der Weltanschauung eine einheitliche Front hergestellt werden, damit unsere Kampfeskraft nicht durch Weltanschauungsstreit und Parteihader sabotiert und geschwächt werde.

Daher sind wir im Bezug auf das Verhältnis von Kirche und Staat und die Schulfrage für die Aufrechterhaltung des gegenwärtigen gesetzlichen Zustandes, bis das elsaß-lothringische Volk selbst in der Lage ist, über die letzte Form endgültig zu entscheiden. Eine Lösung der Schulfrage sehen wir dann in der Verwirklichung des Grundsatzes, daß es unantastbares Recht der Eltern ist, in entscheidender Weise über die Art der Erziehung ihrer Kinder zu bestimmen.

Weiter verlangen wir volle Achtung und ehrliche Respektierung der christlichen Weltanschauung, in welcher ja die Mehrzahl unserer Volksgenossen verankert und aus welcher die Kultur unseres Landes geschichtlich erwachsen ist. Ihre vielfältigen kulturellen Kräfte müssen zum Ausbau eines gesunden und reichen Volkslebens verwendet werden.

Ein richtiges Verständnis dieses Programmpunktes wird alle dazu bringen, jeder andern Weltanschauung ihr Recht zu gewähren, sodaß ein Bruderkampf in Zukunft ausgeschlossen bleibt, der von unsern Feinden dazu benutzt wird, uns zu entzweien, um uns ungestört unserer gemeinsamen Volks- und Heimatrechte berauben zu können.

Wir fordern, daß die deutsche Sprache im öffentlichen Leben unseres Landes den Rang einnimmt, der ihr als Muttersprache des weitaus größten Teil unseres Volkes und als einer der ersten Kultursprachen der Welt zukommt. In der Schule muß sie Ausgangspunkt und ständiges Unterrichtsmittel und Unterrichtsfach mit abschließender Prüfung sein. In der Verwaltung und vor Gericht muß ihr gleiche Berechtigung mit der französischen Sprache zukommen.

Unser niederes und höheres Schulwesen, wie unsere sonstigen Bildungseinrichtungen, sollen in allen ihren Zweigen nicht gemäß Diktat der Pariser Zentralgewalt, sondern der Eigenart und Kulturhöhe des elsaß-lothringischen Volkes entsprechend ausgebaut werden, so wie unser zukünftiges Parlament unter weitgehendem Mitbestimmungsrecht der Eltern und Lehrpersonen es verfügen wird.

Politik und Gewaltpolitik in Elsaß-Lothringen

Wir betrachten es als eine unserer Hauptaufgaben, elsässisches und lothringisches Wesen und elsässischen und lothringischen Sinn zu pflegen und dafür zu sorgen, daß bei unserem Volk die Kenntnis von seiner reichen historischen und kulturellen Vergangenheit unverfälscht erhalten bleibt, um es dadurch zu eigener Arbeit aus eigener Kultur herauszuspornen.

Als ureigenstes Recht, aus Selbstbewußtsein, aus sozialen und sprachlichen Gründen verlangen wir Platz an der Sonne für unsere Landeskinder, welche irgend eine Verwaltungslaufbahn eingeschlagen haben. Sie allein können, bis in die höchsten Stellen hinein, die Verwaltungsarbeit leisten, die bei unserer sprachlichen und kulturellen Eigenart doppelt schwierig ist. Sie allein werden uns wieder frei machen von all dem Ballast einer rückständigen Bürokratie und all den schreienden Ungerechtigkeiten, in denen wir ersticken.

Wir fordern weiter: Volle Autonomie des elsaß-lothringischen Eisenbahnnetzes in Eigentum des elsaß-lothringischen Volkes; Schutz der elsaß-lothringischen Landwirtschaft, dem Weinbau, Handel und Gewerbe, sowohl in den Handelsverträgen wie gegenüber der innerfranzösischen Konkurrenz; Reform des Steuerwesens in ausgleichender sozialer Gerechtigkeit; Ausbau unserer seit Jahren erstarrten sozialen Gesetzgebung, deren weitere Entwicklung durch die rückschrittlichen Assimilationsbestrebungen aufgehalten worden ist; Wiederherstellung der früheren Gemeindegesetzgebung bei Anpassung derselben an die heutigen politischen und wirtschaftlichen Verhältnisse.

Wir sind begeisterte Anhänger der Friedensidee, internationaler Zusammenarbeit und Gegner des Chauvinismus, des Imperialismus und Militarismus in allen ihren Formen.

Unser Land soll als Treffpunkt zweier großer Kulturen in die Lage versetzt werden, seinen Anteil an der Aussöhnung zwischen Frankreich und Deutschland und an der zivilisatorischen Gemeinschaftsarbeit von West- und Mitteleuropa beizutragen.

Um alle diese Forderungen wollen wir das gesamte elsaß-lothringische Volk in einem Heimatbunde scharen, der stark und unerschrocken Schützer und Wegweiser sein soll.

Wir wollen keine neue Partei sein, nur eine Organisation, welche die bestehenden Parteien des Landes dazu antreiben wird, endlich die Politik des Hinhaltens, der Schwäche und der Täuschung aufzugeben und den Kampf für die elsaß-lothringischen Volks- und Heimatrechte mit rücksichtsloser Tatkraft zu führen.

Politik und Gewaltpolitik in Elsaß-Lothringen

Es lebe ein selbstbewußtes, starkes und freies Elsaß-Lothringen.

Antoni V., Landwirt, Kreistagsmitgl., Finstingen (Lothr.); Arnold J., kath. Pfarrer, Illfurth; Balzer Jean, Landwirt, Wolschheim; Dr. Benmann Louis, Arzt, Schiltigheim; Bloch Adolph, ev. Pfarrer, Metz; Braun Edmond, Gewerkschaftssekretär, Hagenau; Dr. Brickert Robert, Veterinär[123], Markolsheim; Dr. Bruar Camille, Arzt, Lapoutroie; Dr. Bucher René, Arzt, Sulz (O.E.); Charpentier Émile, Lehrer, Herbitzheim; Daessle Achilles, Notar, Benfeld; Deichtmann Viktor, *Maire*, Kreistagsmitgl., Neudorf (O.E); Decker Ernest, ev. Pfarrer, Neuweiler (Kreis Zabern); Decker Fritz, Schriftsteller, Straßburg; Demesse Joseph, Eisenbahner, Metz; Dutter Joseph, kath. Pfarrer, Artolsheim; Ehrminger Henri, *Receveur des Douanes*[124], Straßburg; Eichstätter Nicolas, Bergmann, Gemeinderatsmitgl., Kleinrosseln (Lothr.); Dr. Erhard J., Arzt, Illfurth; Ernst Jules, Buchhändler, Hagenau; Erdmann Alfred, Architekt, Straßburg; Fashauer Joseph, Redakteur, Colmar; Forster Michel, Landwirt, Melsheim; Frankum, pens. Beamter, Metz; Dr. Gromer Georges, Generalrat, Hagenau; Dr. Haag, Arzt, Großblittersdorf (Lothr.); Hartoin, Gemeinderatsmitgl., Romelfing (Lothr.); Hasselmann Alphonse, Buchhalter, Hochfelden; Hauß Florent, kath. Pfarrer, Keskastel; Hauß René, Buchdruckereibesitzer, Straßburg; Heil Charles, Apotheker, Mutzig; Heil C.P., Journalist und wissenschaftl. Hilfsarbeiter der Stadtverwaltung Straßburg, Straßburg; Heitz Paul H., Straßburg (*Rue J.-J. Rousseau*); Henck Xavier, *Chef de bureau*[125], Mondelange (Lothr.); Herber Edmond, Generalrat, Weißenburg; Hirn Emil, ehem. *Maire*, Müttersholz; Hirtzel Aug. Friedrich, ev. Pfarrer, Ernolsheim (Kreis Zabern); Hollender E., Apotheker, Gemeinderatsmitgl., Saargemünd; Hossenlopp Aimé, Angestellter, Bühl (O.E.); Ismert, *Chanoine*[126], Metz; Jung Michel, kath. Pfarrer, Hilsenheim; Keppi Jean, Generalsekretär, Hagenau; Keßler Peter, Eisenbahner, Metz; Kirch J.P., kath. Pfarrer, Welferding (Lothr.); Klingler Ignace, *Maire*, Erchingen bei Güderkirch (Lothr.); Knittel Henri, *Adjoint au Maire*[127], Ingersheim; Dr. Koessler Alfred, Arzt, Straßburg-Neudorf; Kopp Paul, *Professeur au Lycée*[128], Straßburg; Krebs Viktor, Fabrikant, Gemeinderatsmitgl., Rohrbach bei Bitsch (Lothr.); Kummer Emil, Gärtner, Neuweiler (Kreis Zabern); Leonard, Gemeinderatsmitgl., Berthelming (Lothr.); Marco Julien Jos., Eisenbahner, Straßburg-Neudorf; Mattern August,

---

[123] Tierarzt.
[124] Zolleinnehmer.
[125] Büroleiter.
[126] Domherr.
[127] Stellv. Bürgermeister.
[128] Studienrat.

Politik und Gewaltpolitik in Elsaß-Lothringen

Winzer, Dambach (Kreis Schlettstadt); Maurer Karl, ev. Pfarrer, Schwindratz-heim; Meyer Camille, Redakteur, Hagenau; Meyer René, Ingenieur, Straßburg-Ruprechtsau; Müller Georges, Brauereibesitzer, Schweighausen; Müller N.J., kath. Pfarrer, Öttingen (Lothr.); Murer, Peter[129], Eisenbahner, Metz; Nest Joseph, kath. Pfarrer, Harskirchen; Dr. Ohlmann Eugène, Arzt, Gemeinderatsmitgl., Hagenau; Parmentier, *Maire*, Romelfing (Lothr.); Reichard Ernest, ev. Pfarrer, Waltenheim (Kreis Straßburg); Reinold Armand, Textilarbeiter, Gebweiler; Reisacher Henry, Kaufmann, Straßburg; Reithler Albert, dipl. Arch. Ing., Straßburg; Dr. Ricklin, Arzt, ehem. Präsident des els.-lothr. Landtags, Dammerkirch; Risch Charles, Eisenbahner, Straßburg; Risy Jean, *Maire*, Gosselming (Lothr.); Ritter Albert, Redakteur, Gebweiler; Rohmer Alphonse, Vikar, Winzenheim (Kreis Colmar); Romy Adalbert, *Maire*, Artolsheim; Dr. Roos Karl, früh. Handelsschuldirektor, Straßburg-Meinau; Rossé Joseph, *Professeur*[130], Colmar; Ruch Georg, ev. Pfarrer, Kirrweiler (Kreis Zabern); Ruhlmann Viktor, Eisenbahner, Straßburg; Sackstedter Jean, kath. Pfarrer, Schweyen (Lothr.); Dr. Saettel Léon, Arzt, Bischheim; Schaaff André, ehem. Generalrat, Saargemünd; Schäffer Alois, Vikar, Felleringen; Schall Paul, Redakteur, Straßburg; Schlegel René, Kaufmann, Straßburg; Schmidt Georges, Landwirt, Schwindratzheim; Schnaebele Mathias, ehem. *Maire*, Baldenheim; Schnell Karl, Landwirt, Ernolsheim (Kreis Zabern); Schuler Joseph, Eisenbahner, Metz; Schulz Armand, kath. Pfarrer, Reichweiler; Solveen Henri, Maler, Schriftsteller, Straßburg; Steckler Gustave, Kaufmann, Gemeinderatsmitgl., Kleinrosseln (Lothr.); Stiegler, Landwirt, Männolsheim; Stürmel Marcel, Eisenbahner, Mülhausen; Thomas Charles, *Avocat*[131], Saargemünd; Vogel Antoine, Eisenbahner, Straßburg; Vomhoff Paul, Buchhändler, Straßburg; Mgr. Wack, Päpstl. Hausprälat, Bliesbrücken (Lothr.); Weber Charles, Apotheker, Gemeinderatsmitgl., Pfalzburg (Lothr.); Dr. Weichel Alfred, Veterinär, Straßburg-Neudorf; Wilhelm, Zimmermann, *Adjoint au Maire*, Gosselming (Lothr.); Wolf Ernest, *Entrepreneur*[132], Illfurth; Zemb Joseph, Vikar, Schiltigheim; Zimmer Paul Nicolas, Techniker, Straßburg.

Für das provisorische Comité
Der Generalsekretär des Heimatbundes: J. Keppi.

---

[129] Hans-Peter Mourer.
[130] Lehrer.
[131] Rechtsanwalt.
[132] Unternehmer.

Politik und Gewaltpolitik in Elsaß-Lothringen

3.
Offener Brief des elsässischen Senators Helmer[133]
an den französischen Ministerpräsidenten Poincaré
(betr. die Sprachenfrage und die Verwaltung, vom 17. August 1926)

[...] Das wohlwollende Interesse, das Sie jederzeit gegenüber den Elsässern bezeugt haben, die die Ehre hatten mit Ihnen in Kontakt zu kommen, und die Großzügigkeit, mit der Sie unablässig das Problem betrachtet haben, das die Rückkehr der wiedergewonnenen *Départements*[134] für Frankreich stellt, erlauben mir Ihnen einige Ideen über die Richtlinien zu unterbreiten, die, meiner Meinung nach, die französische Regierungspolitik in der nächsten Zeit in den befreiten Provinzen befolgen sollte.

Angesichts der ernsten Krise, die durch ungeschickte Maßnahmen, eine unzulängliche Organisation sowie unglückliche Parolen provoziert wurde, ist eine vollständige Bereinigung der Situation zwingend und dringend geboten, und ich weiß, daß Sie selbst dieses Werk der Wiedergutmachung in nationaler Hinsicht fast als so wichtig betrachten, wie die finanzielle und monetarische Sanierung, mit der Sie sich derzeit beschäftigen.

Indem ich mich zum Vorsprecher der Klagen und Wünsche der großen Mehrheit der Einwohner meines *Départements* mache, kann ich behaupten, daß sie, im vollen Vertrauen in Ihrem Weitblick und Ihrer Energie, entscheidende Taten erwarten, um die zu vielen Fehler und administrativen Unzulänglichkeiten wieder zurechtzubiegen, die die mit Frankreich wieder vereinte Bevölkerung ernsthaft verstimmt haben und das erzeugen, was man «elsässisches *Malaise*» nennt.

Die Religionsfrage

Ich werde über die Religionsfrage (Kirchen und Schulen) nicht reden. Ich kenne Ihre Einstellung gegenüber den wiedergewonnenen *Départements* nur zu gut (Sie haben diese höchst feierlich bekundet), um zu wissen, daß keine Ihrer Taten und keine Ihrer Worte die Seelen im Elsaß beunruhigen werden.

---

[133] Der Senator Helmer war ein frankophiler Politiker, wie manche Stellen es auch überdeutlich zeigen.
[134] Die Bezirke Unterelsaß (frz. *Bas-Rhin*), Oberelsaß (frz. *Haut-Rhin*) und Deutschlothringen (frz. *Moselle*).

Politik und Gewaltpolitik in Elsaß-Lothringen

Der Sprachenunterricht

Da jeder Religionsstreit somit beseitigt ist, ist das schwerwiegendste und gleichzeitig empfindlichste Problem dasjenige der Sprache. Es ist umso peinlicher, daß, wenn wir darüber reden, wir uns immer wieder gezwungen sehen, penetrant zu sein, damit man wohl die Tatsachen nüchtern betrachten möchte und sich aus allen Vorurteilen befreie.

In der Tat, als wir um eine Erweiterung des Deutschunterrichts in den Schulen ersuchen, stoßen wir fast immer auf den Einwand, daß die Elsässer durch diese Forderung die Abschaffung oder zumindest die Einschränkung des Französischunterrichts verlangen würden. Es ist ein schwerwiegendes und verhängnisvolles Mißverständnis! Niemand im Elsaß denkt daran den Unterricht der nationalen Sprache abzuschaffen oder einzuschränken. Aber diese verkehrte Vorstellung ist in vielen Köpfen so sehr verankert, daß wir Journalisten und manchmal sogar Minister treffen, die darauf schließen, nachdem sie die Kenntnisse der Kinder in den wiedergewonnenen *Départements* festgestellt haben.

Das Obere und das Untere Elsaß sind eine zweisprachige Region. Man sollte dort also den Unterricht der einen Sprache nicht ausschließen, um denjenigen der anderen ausschließlich zu bevorzugen. Als die Deutschen dies taten, haben die Elsässer unablässig während der gesamten Besatzungszeit gegen dieses Schulprogramm protestiert und dabei die liberalere Haltung Frankreichs vor 1870 erwähnt.

Während der Besatzungszeit sind ununterbrochen Schweizer und Luxemburger eingewandert, die dank ihrer Kenntnisse der französischen und der deutschen Sprache Stellungen im elsässischen Handel und in der Industrie besetzen konnten, wofür die Landeskinder nach Abschluß der deutschen Schulen nicht vorbereitet waren.

Es dürfte nicht sein, daß, nach der Rückkehr des Elsasses zu Frankreich, die Elsässer erneut über eine solche Schlechterstellung zu klagen hätten. Daher sollte man sich ganz bewußt die Frage stellen, ob die seit sieben Jahren im öffentlichen Schulwesen im Elsaß eingeführten Methoden genügend die Bedürfnisse des Wirtschaftslebens in einem Grenzland berücksichtigt haben.

Schule und Familie

Den Deutschunterricht im Programm für die Volksschulen zu mißachten, heißt auch das, was wir zu deutscher Zeit die «elsässische Seele» nannten, in

Politik und Gewaltpolitik in Elsaß-Lothringen

einem noch empfindlicheren Punkt zu verärgern. In den Familien, die immer nur Elsässisch gesprochen haben, und in denjenigen, wo die Eltern nicht die Gelegenheit hatten, Französisch zu lernen, ist Deutsch die Schriftsprache. Dessen Kenntnis ist also unab-dingbar, sonst macht man den Briefaustausch zwischen Eltern und Kindern unmöglich.

Es ist vor allem dieser Punkt, den ich gerne von den Journalisten und Politikern untersucht gesehen hätte, wenn sie die Ergebnisse unserer Schulen feststellen wollten.

Schule und Analphabetismus

Und was einen anderen Punkt betrifft, waren zwischen 1830 und 1871 die *Départements* Unterrhein[135] und Oberrhein[136] trotz des Deutschunterrichts an der Spitze aller *Départements* Frankreichs für die Ergebnisse der Volksschulen, wie dies die 1889 vom damaligen Unterrichtsminister Jules Ferry veröffentlichte Vergleichsstatistik des Volksschulunterrichts für die Jahre 1829 bis 1877 belegt. Stimmt es, daß es heute im Elsaß wieder Analphabeten gibt, wie die Zeitungen des Landes es öfters behaupten, ohne daß dies dementiert werde? Wie wäre es peinlich einen solchen Rückschritt feststellen zu müssen.

Es obliegt mir nicht, da ich inkompetent bin, den technischen Wert der vor sieben Jahren eingeführten pädagogischen Methoden zu beurteilen. Aber angesichts der Ergebnisse muß ich bedauern, hinsichtlich der materiellen Lage, die die Schpler im Leben anstreben werden bzw. hinsichtlich der Familienbeziehungen, daß diese nicht diejenige sind, die ich durch das französische Unterrichtswesen im Elsaß realisiert sehen möchte.

Die Verwaltungs- und Gerichtssprache

Sichern wir den Kindern des wieder französisch gewordenen Elsasses einen Unterricht, der der Zweisprachigkeit des Landes entspricht, damit sie glücklicher werden, als ihre Eltern es gewesen sind. Dieser wurde ihnen in ihrer Jugend vorenthalten und sie haben die Gelegenheit nicht gehabt unsere Nationalsprache zu lernen.

---

[135] Unterelsaß.
[136] Oberelsaß.

Politik und Gewaltpolitik in Elsaß-Lothringen

Nehmen wir diese bedauerliche Unkenntniss einer Generation nicht übel, die, getrennt durch eine Grenze und durch den Sprachunterschied, trotzdem ihre ganze Treue für das abwesende Vaterland zu behalten gewußt hat. Würde man schon vergessen, daß es unter dieser mundartsprechenden Bevölkerung war, daß der Widerstand gegen die Germanisierung sich am energischsten gezeigt hat?

Oder wäre es zu anspruchsvoll, heute von Verwaltung und Justiz zu verlangen, daß sie sich so organisieren, daß sie ihre Funktion nützlich Personen gegenüber erfüllen können, die der französischen Sprache nicht mächtig sind, aber nun nicht weniger Franzosen von Rechts wegen sind, nachdem sie in der Not längst bewiesen haben, daß sie Franzosen im Herzen waren? Der Elsässer, der sich als Franzose gefühlt hat, wenn die Deutschen im Lande waren, darf, jetzt wo Frankreich zurückgekommen ist, sich nicht wie ein Fremder befinden, der genötigt wird mit den Behörden mittels Dolmetscher und beeidete Übersetzer zu handeln. Die Beamten und Richter, die den Kontakt mit dem Publikum haben, sollten die Umgangssprache des Volkes verstehen und sie gebrauchen können.

Die Methoden der Verwaltung

Die gewöhnlichen Prozeduren, die eine alterswürdige Verwaltung in den anderen Provinzen benutzt – übrigens nicht ohne bittere doch unwirksame Beschwerden – war im Elsaß fehl am Platze.

An dem Moment, wo es hieß, die französische Verwaltung in den wiedergewonnenen *Départements* erneut aufzustellen und zu organisieren, konnte man nicht ohne Gefahr auf die gewöhnlichen Irrtümer bzw. alle Feinheiten zurückgreifen, die dazu dienen, die Angelegenheiten auf die lange Bank zu schieben. Weder Formalismus noch Routine konnten in der Sondersituation im Elsaß nach 1918 die Aufgeklärtheit ersetzen, die die Entscheidungen hätte diktieren sollen. Ein Grenzland, das sich dank seiner Lage und seiner Wirtschaft dem Außenhandel widmet, ein Land, das während dessen lange Trennung von Frankreich unabhängig eigene Institutionen entwickelt hatte und dessen öffentliches Leben sich unter den besonderen Umständen der Annexion intensiviert hatte, und eine Bevölkerung, der man nicht ohne Grund die schwierige Eigenschaft nachsagt, daß sie zu sehr zur Kritik neige, stellten für die neue französische Verwaltung heikle und schwierige Probleme dar. Diese stand Ideen, Interessen, Gewohnheiten gegenüber, die eine sorgfältige Betrachtung, einen praktischen Blick und eine sichere Überlegung verlangten, und zwar umso mehr als

Politik und Gewaltpolitik in Elsaß-Lothringen

sie einer anderen Verwaltung folgte, die, abgesehen von ihrer Pedanterie und ihrem Autoritarismus durchaus methodisch und zielorientiert gewesen war.

War die französische Verwaltung ihrer Aufgabe gewachsen? Sie selbst würde wohl nicht wagen, es zu behaupten, wenn ich von der Empfindlichkeit beurteile, die sie angesichts der «*comparaisons déplaisantes*»[137] gezeigt hat, indem sie so oft über die Elsässer klagte.

Ich weiß, Herr Präsident, daß Sie wohl auch wissen, wieviele dringende Fragen infolge der Verzögerungstaktik der Verwaltung monatelang bzw. jahrelang unerledigt geblieben sind. Sie haben uns gesagt, daß Sie dies bedauern. Wir vertrauen voll darauf, daß nachdem Sie nun an der Macht sind, Sie all Ihre Energie und hohe Autorität verwenden werden, um dem abzuhelfen.

Das Verwaltungspersonal

Es geht um das Ansehen der französischen Idee in einem Land, das während eines halben Jahrhunderts der Trennung unentwegt patriotisch gesinnt geblieben ist, und das am verwundbarsten Punkt der Grenzen Frankreichs Wache hält. Richelieu meinte dessen Verwaltung einem Colbert anvertrauen zu müssen, Napoléon hatte seine besten Präfekten hingeschickt. Dem heutigen Deutschland gegenüber konnte Frankreich nicht sorgfältig genug in der Auswahl der Beamten sein, die es dazu berief, die französischen öffentlichen Dienste im Elsaß wieder herzustellen.

Angesichts der Notwendigkeit alle vakanten Stellen dringend zu besetzen konnte Frankreich im Moment des Waffenstillstands die gründliche Auswahl eines Personals nicht vollbringen, das völlig zufriedenstellend gewesen wäre. Die damals begangenen Fehler sind noch nicht vollständig behoben worden. Und trotzdem hängen der gute Ruf der französischen Verwaltung, ihre Autorität und ihre Erfolge von den Fähigkeiten des Personals ab, vom Fingerspitzengefühl und von der Anständigkeit im Leben von jedem ihrer Beamten, von der Unabhängigkeit, von der Integrität und von der Unbefangenheit von jedem ihrer Richter.

Eine Säuberung des Personals ist heute genauso dringend notwendig wie eine Reform der Verwaltungsmethoden.

---

[137] Kränkende Vergleiche.

Politik und Gewaltpolitik in Elsaß-Lothringen

Zerwürfnis und Entäuschung

Die französische Sache in den wiedergewonnenen *Départements* wäre ernsthaft gefährdet, wenn es durch die Einstellung von Beamten und Richtern, die an den Qualitäten mangeln würden, die ihre heiklen Ämter zwar überall aber im Elsaß umso gründlicher als sonstwo erfordern, zu einem dauerhaften Zerwürfnis zwischen ihnen und ihren Kollegen elsässischer Herkunft bzw. der Bevölkerung der befreiten *Départements* käme.

Die elsässischen Beamten, denen die zutiefst bedauerliche Verspätung der Inkraftsetzung ihres Statuts nicht die Möglichkeit gegeben hat, sich mit ihren aus den anderen *Départements* gekommenen Kollegen zu verschmelzen, klagen außerdem öffentlich, daß sie in mehreren Ressorts der Verwaltung nicht die Beförderung erhalten, auf die sie glauben Anspruch haben zu können. Und wenn man ihnen dagegenhält, daß ihre geringere Kenntnisse der französischen Sprache oder ihre ungenügende Vorbereitung für Führungspositionen unter dem deutschen Regime sie von gewissen Ämtern ausschließt, bekommen sie umso stärker das Gefühl eine geopferte Generation zu sein. Diese Enttäuschung, die das Vaterland seinen wiedergefundenen Kindern vermeiden sollte, macht sie für die allzu zahlreichen Zwischenfälle besonders empfindlich, die zwischen ihnen und den aus den anderen *Départements* gekommenen Beamten und Richtern vorkommen.

Die Bevölkerung, die damit rechnete, bei allen Vertretern der Behörden diese französische Liebenswürdigkeit vorzufinden, an die sie so oft angesichts der Rauheit der deutschen Beamten gedacht hatte, ist oft durch ein unnötig schroffes und brüskes Verhalten bzw. eine herablassende oder unfreundliche Einstellung peinlich desillusioniert worden, die manchmal sogar von einer gewissen Feindseligkeit geprägt war.

Derartige Zwischenfälle können zwar nicht immer vermieden werden; Fingerspitzengefühl und Feinfühligkeit sind nicht gleichmäßig bei allen verteilt, aber sie sollten sich nicht häufen. Es obliegt der auf den guten Ruf Frankreichs in den befreiten *Départements* bedachten Regierung, diese rasch und streng abzustellen. Um jeden Preis die begangenen Fehler decken zu wollen, sich in dieser Hinsicht auf die Ergebnisse von offenbar gefälligen Untersuchungen zu berufen, zeugen von einer falschen Vorstellung des Autoritätsbegriffs. Nach der Ungeschicklichkeit des untergeordneten Beamten bringt dieses Vorgehen noch die oberen Instanzen in Verruf. Man läuft Gefahr in den Köpfen der elsässischen Bevölkerung das Gefühl der Ehrerbietung, mit dem sie daran gewöhnt war, an die Vertreter der öffentlichen Gewalt heranzutreten, bzw. das absolute

Politik und Gewaltpolitik in Elsaß-Lothringen

Vertrauen zu zerstören, das sie in die Korrektheit und in die Unbefangenheit der französischen Verwaltung und Justiz hatte.

Die Dezentralisierung

Die derzeitige Situation ist das Ergebnis der unterschiedlichen Regimen, die in den wiedergewonnenen *Départements* seit dem Waffenstillstand aufeinander folgten.

Die Unzulänglichkeit der Organisation und der in besonderen Umständen in Elsaß und Lothringen angewandten Verwaltungsmethoden haben offenkundig bewiesen, daß einerseits die ständige Berufung auf die zentrale Behörde für alle Fragen des Verwaltungslebens rasche Lösungen verhindert, und daß andererseits die Entfernung dieser zentralen Behörde die Aufsicht des Personals vor Ort erschwert und einen notwendigen Kontakt mit den Bürgern hindert. Sie hat andererseits festgelegt, daß ein zu weitgehendes Überlassen der Macht an die Regionalbehörde die allgemeine politische Richtung außer Acht lassen und die Regierungsverantwortung sowie die Kontrolle durch das Parlament ausschließen könnte.

Die im Elsaß gesammelten Erfahrungen können somit für ganz Frankreich die Gelegenheit liefern, neue Verwaltungsformen zu suchen und die seit so langem angedachte Reform der Dezentralisierung zu unternehmen.

Politik und Gewaltpolitik in Elsaß-Lothringen

4.
Brief des elsässischen Abgeordneten Seltz
an den französischen Ministerpräsidenten Poincaré.
(betr. das Sprachenproblem, vom 24. Mai 1927)

Herr Präsident!

Ich gestatte mir, einmal mehr Ihre Aufmerksamkeit auf die Sprachenfrage in Elsaß und Lothringen zu lenken, welche in eine neue Phase einzutreten scheint. Herr Georges Wolf, früherer Abgeordneter im elsaß-lothringischen Parlament, Präsident einer neu gegründeten Partei, hat nämlich soeben den politischen Parteien vom Elsaß und Lothringen einen Vorschlag unterbreitet, zwecks einer gemeinsamen Aktion in der Sprachenfrage. Ich persönlich bin Anhänger jeder Maßnahme, die uns aus der Zweideutigkeit, in der wir uns zurzeit befinden, ziehen könnte. Zu diesem Zweck auch habe ich die Schulkommission vorgeschlagen, von der Sie nichts wissen wollen, obwohl sie von unseren Generalräten und von den Berufsverbänden, d.h. von der Mehrheit der öffentlichen Meinung verlangt wird. In meiner Eigenschaft als Präsident bin ich verpflichtet meinem Parteivorstand die Anregungen des Herrn Georges Wolf vorzulegen. Die Partei wird die Ansicht ihres Präsidenten teilen.

Was die Regierung betrifft, so scheint die Lage folgende zu sein: 1. Sie ist von der Notwendigkeit überzeugt, Reformen vorzunehmen. 2. Sie überläßt Technikern die Sorge, die Reformen im einzelnen zu bestimmen. Diese Techniker gefallen sich in einem vielsagenden Schweigen.

Ich überlasse es der Regierung, selbst zu urteilen, was sie dabei gewinnen kann, wenn sie berechtigte Kritik nicht zum Schweigen bringt und wenn sie die politischen Parteien zwingt, durch eine gemeinsame und lärmvolle Aktion eine der heikelsten Fragen zum Aufwallen zu bringen. Besser wäre es gewesen, diese Frage in dem beschränkten Rahmen eines Comités zu lösen, dessen Vorsitz die Regierung übernommen hätte und in dem die organisierte öffentliche Meinung in ihrer Gesamtheit zum Ausdruck gekommen wäre, und in dem jeder in definitiver Weise seine Verantwortung hätte übernehmen können.

Entschuldigen Sie, Herr Präsident, meine Offenheit, die ausschließlich von der Sorge um die Beschwichtigung eingeflößt ist, und empfangen Sie den Ausdruck meiner Hochachtung.

Seltz, *Député*.

Politik und Gewaltpolitik in Elsaß-Lothringen

5.
Dr. Vazeille: Ansprache an das Elsaß
(aus der *Zukunft* Nr. 31 vom 31. Juli 1926)

Elsaß, ich grüße dich, dich und deine Söhne!

Ich bin aus Frankreich, aus dem Herzen dieses Landes; meine Vorfahren wohnten in dem Gebiete, das den großen Gallierfürsten Vercingetorix hervorbrachte. An den Quellen der Loire tragen mehrere Dörfer den Namen Vazeilles; sie sind es, die meinen Ahnen den Namen gaben. Jener große Führer sprach ein Wort, das auf seinem Siegesdenkmal verewigt ist: «Ich nahm die Waffen für die Freiheit aller.» Treu diesem alten Worte trete ich an eure Seite, Elsässer, zur Verteidigung der «Freiheit aller», zur Verteidigung eurer Freiheit.

Schreckt nicht zurück vor dem Trommelfeuer der Beleidigungen. Gestern schimpfte euch ein deutscher Kommißkerl «Wackes» und heute nennt euch «Fäulnispilze»[138] ein französischer Zeitungsschreiber. Aber wanket nicht, Elsässer!

Kürzlich sagte ein Gelehrter, das Leben komme von Schimmelpilzen her. Ich weiß das nicht, aber, sollte es wahr sein, dann wird aus diesen Elsässer «Pilzen» Großes erwachsen: das Leben Europas, eines neuen, großen Europa.

Elsässer, bleibt unerschütterlich in der Liebe zu eurer Heimat. Laßt die schlechten Hirten Frankreichs mit ihren Schädelstopfereien laufen.

Die eine und unteilbare Republik, das ist der Geßlerhut, den Wilhelm Tell sich zu grüßen weigerte; und daraus erstand die freie Schweiz! In Wahrheit ist es eine imperialistische, leere Formel, vorgetragen von glänzend gefiederten Papageien, die sie nie verstanden, aber immer wieder nachreden.

Alles Leben besteht harmonisch aus Einheit und Vielseitigkeit. Die Erde ist eins in ihrer Masse, aber wie vielgestaltig, wie mannigfaltig ist sie an ihrer Oberfläche! Das Licht des Tages selbst, das Freude in der Menschen Herzen trägt, fügt sich aus einem Regenbogen von verschiedenen Farben zusammen zur glänzenden Einheit.

Eine unteilbare Republik ist dem sicheren Niedergange, ist dem Tode geweiht. Autonomistische Elsässer, ihr schenkt meinem Lande wieder neues Leben, durch die Selbstregierung, die ihr im Rahmen des republikanischen Frankreich

---

[138] *Moisissures.*

201

Politik und Gewaltpolitik in Elsaß-Lothringen

verlangt. Schlecht sind jene Hirten, die die Liebe zur unteilbaren Republik befehlen wollen. Liebe läßt sich nicht aufzwingen; sie erwacht, oder auch nicht, gemäß den Lebensbedingungen; die Polizeigewalt kann da nichts helfen.

Des Elsasses Los ist ein trauriges. Zwischen zwei ehrgeizigen Rivalen wird es hin- und hergezerrt. Der eine will ihm die deutschen Farben, der andere die französische Kokarde aufzwingen. Das heißt Kampf und Streit für lange, ewige Zeiten, wie es gerade des Schicksals Launen bestimmen.

Aber die elsässische Seele hat sich dem Streite entwunden und hat sich auf sich selbst besonnen: warum soll ich denn nicht «ich» selbst sein, ganz einfach nur elsässisch? sagt sich das Elsaß. Meine Heimat ist schön genug, um mir ein kleines, aber teures Vaterland zu sein. Seine Söhne sind selbstbewußt, arbeitsliebend und fleißig. Es sind Männer!

Die schlechten Hirten Frankreichs werden mich vielleicht nie ergründen, vielleicht glauben sie, mich wie eine räudige Herde führen zu können. Doch Frankreich selbst, das französische Volk, kann und muß mich verstehen.

Hat es nicht selbst die Freiheit der Völker, die Menschen- und Bürgerrechte begeistert der Welt verkündet? Steht nicht die Freiheit voran in seinem flammenden Wahlspruch?

Sagte es nicht dem kämpfenden Soldaten auf dem tosenden Schlachtfelde leise ins Ohr: «Verstehe zu sterben für die Freiheit der Völker.» Diesem Gedanken wurde ein ungeheures Schlachtopfer gebracht: Fünfzehn Millionen Menschen starben, Tausende von Städten liegen zerstört. War es denn nur um einen Wahn, ein Blendwerk?

Sich selbst regieren, nicht Sklave sein zu wollen, ist da nicht ein Zeichen der Größe der Menschenseele? Das Elsaß verlangt dieses Menschenrecht, und jeder muß es deshalb achten.

Querköpfe nennt man euch, Elsässer! Ist eure Querköpfigkeit vielleicht ein Fehler? Ich bewundere euch dafür und rufe euch zu: «Bleibt fest und stark! Ohne Überstürzung und ohne Schwanken, bleibt Elsässer! Beugt eure Stirne nicht dem neuen Geßlerhute! Gestern sah man gerne euren Starrsinn, warum sollte dieses heute eine Schlechtigkeit sein?

Frankreich geht an der aufgezwungenen Einförmigkeit zu Grunde. Eine schlechte und verhängnisvolle Einheit! Rette es, trotzdem! Der wahre «Fäulnispilz», nicht jener, der zum Leben führt, sondern der, welcher aus der Verkümmerung des Lebens erwächst, ist nicht in der elsässischen autonomistischen Be-

Politik und Gewaltpolitik in Elsaß-Lothringen

wegung, sondern in dem Volke, das Beherrscher erträgt, die es in den Abgrund führen. Ja, da sitzt die tiefste Fäulnis, die aus dem verflachenden Zentralismus kommt; sie gärt an leitenden Stellen, im Staube der Büros; sie harrt des starken Besens, der Frankreichs Haushalt sauber fegt.

Elsässisches Volk, eine große Zukunft wartet deiner.

Das Elsaß liegt im Herzen Europas. Jetzt noch Zankapfel zwischen Frankreich und Deutschland, kann es eines Tages das einigende, versöhnende Band zwischen den zwei feindlichen Schwestern werden: beide verstehend, wird es Europa den Frieden bringen.

Seine Autonomie ist der notwendige Keim, um den sich die Vereinigten Staaten Europas ordnen können zu einem herrlichen Kranze von Staaten, zwar klein an Gebiet, doch groß durch ihr Schaffen, wie man schon heute hie und da einige sieht; kleine Nationen, heute wie Aschenbrödel so bescheiden, doch zu Prinzessinen berufen, trotz der großen Raubstaaten, die in den kleinen Völkern nur machthungerstillende Beute sehen.

Autonomes Elsaß! du wirst im neuen Europa der Kristall sein, um den herum sich die jetzt noch unförmliche Masse ordnen wird in herrlicher Harmonie.

Straßburg, du stolze Stadt, mit deinem wie zum Schwur gen Himmel zeigenden Münster, du wirst die Hauptstadt der europäischen Menschheit werden, jener Menschheit, die in der Schöpfung neuer Werke der Zivilisation nie erlahmt.

An den Quellen der Loire, in meiner Väter Land, tragen die Frauen an Festtagen einen Kopfschmuck mit zwei breiten Seitenbändern, der dem elsässischen ähnlich ist. Jedoch liegt er am Kopfe seitwärts an. Aber die elsässische Haube ist frei, ihre breiten Bänder fliegen im Wind, wie Engelsfittiche. Und in der Tat, das Elsaß wird der Friedensengel für Europa werden.

Die Legende erzählt von einem großen Schatze, der tief im Rheine versenkt liegt. Dies Gold des Rheines ist Wirklichkeit, nur ist es nicht greifbar: Es ist der Weltfriede!

Diesen Frieden wirst du, Elsaßvolk, schmieden, wenn du unerschütterlich standhältst in deinem Befreiungswillen: Im Rahmen Frankreichs – zuerst – um jenes zu retten; besonders aber, und vor allem – im Rahmen eines geeinigten, versöhnten Europa. –

«Ich habe die Waffen für die Freiheit aller ergriffen.» Ich nahm die Waffen der Vernunft, die nie einen Tropfen heiligen Menschenblutes vergossen, die nicht Sieger und Besiegte scheiden, sondern alle verbrüdern.

Politik und Gewaltpolitik in Elsaß-Lothringen

Das autonome Elsaß und sein Heimatbund soll dieses Wunder vollbringen! Die Mütter Deutschlands und Frankreichs können dann beruhigt sich neigen über die Wiegen, in denen ihre Kinder dem Leben entgegenlachen. Und die jungen Mädchen in Frankreich und in Deutschland können ohne Bangen ihr Leben mit dem Leben ihrer Verlobten vereinen zum lebenfortsetzenden Bunde!

Das sei die «Zukunft»!

Und ich schließe mit dem Sänger der Freiheit, dem großen Schiller:

> *Duldet mutig, Millionen,*
> *Duldet für die bess're Welt!*
> *Droben über'm Sternenzelt*
> *Wird ein großer Gott belohnen.*
>
> *Unser Schuldbuch sei vernichtet,*
> *Ausgesöhnt die ganze Welt,*
> *Brüder! über'm Sternenzelt*
> *Richtet Gott, wie wir gerichtet.*

Dr. Vazeille, früherer Abgeordneter.

Politik und Gewaltpolitik in Elsaß-Lothringen

6.
Morvan Marchal an die elsaß-lothringischen Autonomisten
(Offener Brief des bretonischen Autonomistenführers –
Aus der «*Zukunft*» Nr. 41 vom 9. Oktober 1926)

Meine Herren!

Am 6. Juni habt Ihr das Manifest der elsaß-lothringischen Rechte veröffent-licht, habt Ihr in eine feste Gruppe diejenigen Eurer Landsleute zusammenge-schlossen, welche ihre Volksseele nicht sterben sehen wollen, habt Ihr mit der ursprünglichen Kraft Eures Volkes die Assimilierungspolitik zurückgewiesen, die der Euch und uns regierende Staat bis zum äußersten betreibt.

Noch kein Monat war vergangen, da kamen harte Vergeltungsmaßnahmen. Von den Unterzeichnern Eures Manifestes werden die Beamten, die Notare usw. abgesetzt; die Religionsdiener fallen in Ungnade. Die französische Regie-rung, nicht wahr, greift an, wo sie kann und verkündet wieder einmal, daß die-jenigen, die von ihr bezahlt werden, kein anderes Vaterland, kein anderes Ideal haben dürfen, als das ihrige. *Romani sunt.*

Dies ist nur der erste Akt. Andere werden folgen. Aber schon klatscht die Ga-lerie der Französlinge und der Hurrapatrioten Beifall; die von der Rechten, weil «Ihr als Elsässer doppelt gute Franzosen sein müßt», die von der Linken, weil Frankreich «eins und unteilbar» ist, und vielleicht weil Priester bei Euch sind. Die öffentliche Meinung peitscht man gegen Euch auf, veranlaßt einen Haufen Resolutionen von einem Haufen Vereine. Man tut Euch in Acht und Bann der französischen Nation. «Verräter, Sonderbündler, *Boches*, Bolschewiki» heißt es, und: «Feste drauf.» Die wohldressierte Meute ist losgelassen. Das «elsässische *Malaise*», die «wiedergefundenen Brüder», die «berechtigten Unstimmigkeiten», alles ist erledigt. Die Handschuhe werden ausgezogen und das Idyll endet in Beschimpfungen und in Schlägereien.

Seid Ihr vielleicht darüber erstaunt, Ihr aus dem Elsaß? Fühltet Ihr in aller Un-befangenheit einige Bestürzung vor diesem Schildaufheben im Lande, das Be-schützer sein will der kleinen Völker; im Lande der Freiheit?... Wir, nicht. Wir ertragen seit vierhundert Jahren, was bei Euch erst beginnt. Wie man seine Heiligen kennt, verehrt man sie, und die Dragonnaden[139] von 1675, wie die

---

[139] Militärterror, der ursprünglich von Dragonern ausgeübt wurde.

Politik und Gewaltpolitik in Elsaß-Lothringen

heutige Hetze gegen die bretonische Sprache, haben uns hart, aber sicher unsere französische Überzeugung beigebracht.

«Liebesheiraten»

Als Karl der Achte, König von Frankreich, in Rennes einzog, um sich dort seine Braut Anna von Bretagne zu holen, da äußerten die Bretonen, die zwar geschlagen worden waren, seine Truppen aber doch ein wenig gestriegelt hatten, keine übermäßige Freude! Mit dem Bräutigam kam Frankreich ins Land. Es ist da geblieben, gegen den Willen aller, und allen zum Trotz. Und das langsame Verschwinden unseres Volksgeistes und unserer Sprache ist das schreckliche Lösegeld! Trotzdem sagen sie zu uns: Es war eine «Liebesheirat».

Ihr hingegen empfingt die Franzosen als sie zum zweiten Male in drei Jahrhunderten in Straßburg einzogen, mit ehrlicher Freude, mit der Begeisterung im Gedanken an eine bevorstehende freie Zukunft. Euer ganzes Elsaß gab sich aus freiem Willen Frankreich hin. Auch zu Euch sprachen sie von Liebesheirat. Und da ist es wahr gewesen und Ihr glaubtet an ewige Flitterwochen, die Euch an Gewittertagen versprochen wurden!! – Eure Liebesheirat endet wie die unsre. Wir verlangen, wenn nicht die Scheidung, so doch die Gütertrennung. Warum?

Die Gründe des Mißbehagens
Der erste elsässische Irrtum

Warum, ja, warum? In acht Jahren hat die Stimmung in Eurem Lande sich vollständig gewandelt. In acht Jahren seid Ihr aus Franzosen zu entschlossenen Elsässern geworden. Warum, wenn es nicht war, weil man Euch Frankreich aufzwingen wollte, nachdem Ihr es angenommen hattet, und weil dieses Frankreich nicht dem entsprach, was Ihr Euch erträumt?

Das Entstehen Eures Autonomismus ist die Frucht einer langen Enttäuschung. Euch war es gelungen, nach bitterem Kampfe, dem preußischen Imperialismus Eure Autonomie zu entreißen. Ihr hattet Euern Landtag, Eure Ministerien. Endlich wurdet Ihr im Reiche nicht mehr als Stiefkinder behandelt. Als Frankreich Euch dann wiedernahm, hattet Ihr da nicht gehofft, daß es Euch eine noch größere Freiheit bringen werde?

Gewiß, Euer Eintreten in den französischen Staat verlangte Opfer. Ihr habt sie auf Euch genommen, mit frohem Herzen. Aber bald verlangte man weitere

Politik und Gewaltpolitik in Elsaß-Lothringen

größere Opfer von Euch. Man forderte die Verschmelzung Eurer Verwaltung mit der des übrigen Frankreich. Man tilgte jede Spur von Autonomie aus. Man bedrohte Eure deutsche Sprache. Man zwang Euch, leise zuerst, dann kräftiger, die *Méthode directe* auf. Die Losung zur Hetze auf Eure Sprache war gegeben, wie bei uns.

Und dann hat sich eine Flut von Zeitschriften über Euch ergossen, von Vereinsblättern, die durch Gott weiß wen bezahlt sind. Die fanden alle Maßnahmen der Behörden sehr richtig. Als Fanatiker verlangten sie die Assimilierung vollständig und restlos. Gingen sie nicht soweit, daß sie einen großen Unterschied machten zwischen Eurer Mundart und dem Deutschen, als ob die Schriftsprache Eurer fränkischen und alemannischen Volkssprache nicht die deutsche wäre. Man ließ ja alle Minen springen, um die rücksichtslose Verwelschung zu rechtfertigen.

Da sahet Ihr, nach acht Jahren, daß Ihr im Irrtum wart, als Ihr dachtet, Ihr könntet zur französischen Nation gehören und doch Elsässer bleiben in Geist und Sprache! Frankreich ist immer dasselbe, im Jahre 1926, wie zur Zeit der revolutionären Verstiegenheiten, wo der Konvent, um jede germanische Spur auszutilgen, Euern Urgroßmüttern befahl, ihre Volkstracht abzulegen. Um Franzosen zu sein, sollt Ihr aufhören, Elsässer zu sein, sollt Ihr aufhören, Ihr selbst zu sein. Sollt Ihr mit Eurer Überlieferung, Euren Vorfahren brechen. Man will Euch dazu zwingen!

Ihr wolltet diese Selbstverleugnung nicht, noch diese Schande. Aus diesem Gedanken ist Euere starke mutige Bewegung entstanden. Ihr wolltet das Recht, das unbedingte Recht für Euer Heimatland nach seiner Art zu leben in voller Entfaltung seines Volksgeistes. «Heimatrecht». Ihr wollt das Recht, und Ihr habt es. Darum sucht man es zu verdecken mit Hilfe widrigster Machenschaften. Aber kann die Flamme, die den ganzen Wald durchlodert, mit einigen Händen voll Schmutz erstickt werden?

Der zweite elsässische Irrtum.

Ihr glaubtet wohl, meine Herren, durch die entschlossene Beteuerung Eurer Anhänglichkeit an Frankreich, durch die klare Feststellung, daß Ihr Euere Autonomie im französischen Rahmen wollt, den Zorn, der um Euch tobte, zu besänftigen? Würde denn die Regierung und die patriotischen Parteien in Zorn geraten wegen einer Forderung innerpolitischer Art? Muß man denn, um Franzose zu sein, die Zentralisation anbeten?

207

Politik und Gewaltpolitik in Elsaß-Lothringen

Ihr glaubtet nicht an solche Ungeheuerlichkeit. Ihr glaubtet nicht, daß man im Zeitalter des Föderalismus, sowohl in innerstaatlicher wie in internationaler Anwendung, es Euch als ein Verbrechen anrechnen würde, wenn Ihr für Euer Land eine autonome Stellung im Rahmen Frankreichs verlangt. Vor 1918 habt Ihr selbst Eure Steuern bewilligt und selbst Euere Gesetze gemacht. Nichtsdestoweniger wart Ihr ein Teil des deutschen Reiches. Daher auch konnte Euch die Forderung nach einer Freiheit, deren glückliche Auswirkungen Ihr gekannt hattet, nicht im geringsten umstürzlerisch und der französischen Einheit gefährlich scheinen. Nun, die Regierung hat Euch geantwortet.

Um Franzose zu sein, genügt es nicht französisch zu sprechen, nur französisch zu sprechen, und nur französische Bücher zu lesen; nein, gewiß nicht; Ihr müßt außerdem mit dankerfülltem Herzen die Beschlagnahme Eures Wirtschaftslebens durch Paris, die Präfekten und die Beamten aus dem Midi, das Regietabakbüro und das Käppi des Briefboten in Kauf nehmen.

Der französische Zorn.

Ohne dies, meine Herren, ohne daß Ihr Euch dem Imperialismus und der Zentralisierung unterwerft, die jedem modernen Staat zur Schande gereichen würde, werdet Ihr als Verräter an Frankreich gebrandmarkt.

Denn – abgesehen von einigen großen Geistern – wiegt das mit dem Male eines schrecklichen Niedergangs behaftete Frankreich sich in dem kindlichen Wahn, das erste Land der Welt zu sein! Täglich frischt die Presse dieses Trugbild neu auf! Und der Franzose, der im allgemeinen wenig reist, der wenig die ihn umgebenden Völker und Nationen kennt, glaubte ganz ehrlich, Euch im Jahre 1918 mit einer Verwaltung, um die, wie er meint, ihn die ganze Welt beneidet, einen Geist und eine Kultur zu bringen, die ihn an die Spitze des Abendlandes stellen.

Aber Ihr, die Ihr an der Grenze zweier großer Völker wohnt, die Ihr nicht nur am Leben des Westens, sondern und vielleicht mehr noch am Leben Mitteleuropas teilnehmt, Ihr habt gesehen, was trotz den Überresten einer glänzenden Vergangenheit die französische Kultur und die französischen Methoden von heute an Künstlichem, Falschem und an Dekadenz enthalten. Und durch seine unerbittliche Gewaltassimilierung wollte Frankreich Euch Euere Sprache nehmen, Euch die Fenster nach der Welt hinaus verschließen. Der Preis, für den Ihr den französischen Namen zahlen sollt, ist außer dem Verlust Eurer Volksseele, die Ertötung Eures Geistes. Um das bedrohte Elsaß zu retten, verweigert

Politik und Gewaltpolitik in Elsaß-Lothringen

Ihr heute das Opfer. Ihr fordert die Führung Eurer Geschäfte durch Euch selbst. Und da versteht Euch das französische Volk nicht mehr.

Von Henri de Kerillis zu Pierre Laval.

Es versteht nicht mehr. Wie könnte es denn auch verstehen? Wenn jemand schwer krank ist, so umgibt man ihn mit wohltuender Täuschung, man stellt ihm nahe Gesundung in Aussicht, spricht von der Ungefährlichkeit seines Übels. So ist es mit dem französischen Volk, das nun erzürnt ist, weil Ihr nicht sein Leben leben wollt. Euch nicht nach dem umbilden wollt, was es als die Vollendung ansieht. Das erklärt Euch, meine Herren, die Stärke und die Wirksamkeit der Pressefehde, die im ganzen Lande gegen Euch geführt wird. Das zeigt Euch auch und für alle Zeiten den Wall des Nichtverstehens, der die Franzosen von Euch trennt. Denn mußte man ihnen nicht, damit sie die elsässische Frage erfassen, ihr eigenes, wahres Gesicht enthüllen?

Und so hat nach Bekanntwerden der elsässischen Forderungen in Frankreich, nach der anfänglichen feinfühlenden Zurückhaltung, die nicht aufrichtig war, nach der Ausbeutung der Geschehnisse durch die politischen Parteien zum Schaden ihrer Gegner, der Kampf eingesetzt.

Erinnert Ihr Euch, daß einer Eurer Gesinnungsgenossen an der Kehler Brücke festgenommen wurde, daß ihm einige private Schriftstücke beschlagnahmt und nach 24 Stunden, glaube ich, zurückerstattet wurden. Das Linkskartell war schon an der Regierung. Und einige Tage später unternahm H. Henri de Kerillis im «*Écho de Paris*» einen Angriff auf die «*Zukunft*», die er der Verbindung mit Deutschland anklagte, was er übrigens niemals bewiesen hat. Zur Erhärtung seiner Angaben gab er die auf Eurem Freunde beschlagnahmten Briefe und Schriftstücke wieder. Nun ist das «*Écho de Paris*» die führende Zeitung der kartellfeindlichen Opposition. Was haltet Ihr von diesem sonderbaren Einverständnis zwischen der Regierungspolizei und der Opposition?

Wie dem auch sei, von jenem Tage an bestand die Einheitsfront gegen Euch. Von den gemeinen Grobheiten des «*Candide*», der einen Eurer Führer, den früheren Präsidenten Eures Parlamentes, als einen verblödeten Spießer hinstellt, bis zu den Sanktionen des Justizministers, hat die Unterdrückung ihren stetigen Verlauf genommen. Und es ist anzunehmen, daß sie nicht so bald aufhören wird.

Die Moral der Geschichte von dem Katholiken de Kerillis, dem Anhänger des Nationalblocks zu Pierre Laval, dem sozialistischen Minister des Linkskartells,

Politik und Gewaltpolitik in Elsaß-Lothringen

ist ziemlich hübsch. Diese feindlichen Brüder, wie sie sich nennen und sie auch stehen mögen, werden sich immer vereinigen gegen jede Bewegung der kleinen Völker, durch die ihr Kuchen verringert werden könnte.

Vorhin sprach ich von «*Union sacrée*», Einheitsfront. Die Franzosen haben sie immer nur gegen äußere Gefahr gebildet. Danken wir ihnen gemeinsam für die Anerkennung und den Hinweis, der Euch wie uns bezeugt, daß unser Geist und unser Ursprung ihnen fremd ist.

An der anderen Grenze Frankreichs.

Ihr und wir, meine Herren aus dem Elsaß. Denn wie im Osten von Frankreich, das unser gemeinsames Schicksal leitet – und wie leitet – Ihr eine völkische Minderheit darstellt, von germanischer Kultur und Zivilisation, so sind wir ein kleines Volk, das weder nach seiner Art, noch nach seinem Geiste französisch ist, eine völkische Minderheit, eine Minderheit keltischer Rasse.

«Die Bretagne und das Elsaß sind Geschwister,» sagte naiv vor einigen Monaten ein Redner der Rechten. Ja gewiß, und nicht nur auf politischem und religiösem Gebiete. Sie sind Geschwister, weil sie Frankreich fremd und durch desssen Macht und Regierung in ihrer Eigenart unterdrückt sind.

Was Ihr heute erleidet, erleiden wir seit 400 Jahren. Monarchie, Republik, Kaiserreich, Linksblock oder Rechtsblock trachteten vier lange Jahrhunderte danach, uns dreieinhalb Millionen Bretonen französisch zu machen, in furchtbarer Raserei wird die Bretagne in den Tod gezogen. Aber die alte Bretagne lebt immer noch. Doch es ist ein Leben, das mehr und mehr erschwert und gefährdet wird. Eine Million zweihunderttausend der unsrigen sprechen noch die Muttersprache. Aber wir fragen uns, wieviel morgen noch?

Und zu unserem Volke, dem der Krieg entsetzliche Wunden geschlagen hat, sagten wir, wie Ihr zu dem Eurigen: «Unser Heimatland darf nicht sterben.» Wir haben, wie Ihr, für unser Volk das Recht gefordert, über sein Schicksal selbst zu bestimmen, damals beim Heraufsteigen des Friedens. Frankreich hatte laut und feierlich das Recht der nationalen Minderheiten festgestellt. Heute zeigt es Euch, wie es sein Wort hält.

Autonomisten sind wir, wie Ihr, weil unser alleiniges Vaterland die Bretagne ist, und weil einzig das Volk unserer Heimat uns leitet und vorschwebt. Und jetzt setzen an allen Enden Frankreichs die kleinen Völker, die es erobert und im Laufe eines Jahrtausends sich einverleibt hat, und die assimilieren zu können es

Politik und Gewaltpolitik in Elsaß-Lothringen

glaubte, der Französierungssucht, die endgültig zu siegen schien, denselben Lebenswillen, denselben Freiheitsdrang entgegen.

Flandern, Elsaß, Bretagne, Korsika, katalanischer Roussillon, Baskenland. Unter diesen seid Ihr die stärksten, die bestorganisierten. Und dazu auch die zuerst getroffenen. Dies ist eine große Lehre. Wenn einige von uns noch einen Augenblick hofften, daß Frankreich seine Fesseln lockern würde, dürften sie nach den Sanktionen gegen Euch eines Besseren belehrt sein. Schon die Iren hatten in anderen Verhältnissen dieses Gesetz begriffen.

«Sinn Féin!», «Wir selbst!», sagten sie. Wir sagen es nach ihnen. Wir selbst! Von uns selbst kommt die Rettung, von uns allein. Vielleicht aber auch von uns allen.

Bisher konnte Euch von der bretonischen Presse nur Unverständnis und Beleidigung kommen. Unsere großen Zeitungen, wie die Eurigen, sind ja so sehr französisch! Aber eben so wenig wie sie bei Euch die elsässische Seele wiedergeben, stellen diese in der verdorbenen Luft unseres Landes gewachsenen fremden Pilze die bretonische Seele dar.

Wir wollten, daß Ihr über das Haßgeschrei der Diener des Imperialismus in der Bretagne, den Brudergruß unserer Zeitschrift, unserer Partei erhaltet, die jung, aber doch so alt ist, daß sie bis zum Ursprung unseres Vaterlandes zurückreicht, als einziger und lebendiger Erbe einer tausendjährigen Überlieferung.

Wir wollten sodann bei unserer Bevölkerung die Wolken zerstreuen, die ihr das wahre Elsaß verdecken. Vor aller Augen wollten wir die Gemeinsamkeiten unserer Leiden, die Übereinstimmung unseres Ideals bezeugen.

Am Hange eines Berges in Eurem Land, auf dem Odilienberg, steht eine uralte Mauer aus riesigen, unförmlichen Felsblöcken gefügt. Sie hat in ihrer ungeheuren Größe, an den Felsen gelehnt, Menschen aller Rassen, Heere aller Staaten vorüberziehen sehen, die Legionen Roms, die salischen Franken, die Goten und Burgunder, die Hunnen Attilas, die Krieger des heiligen Römischen Reiches, die Schweden Gustav Adolfs, die Franzosen des Turenne und vor hundert Jahren Russen und Preußen. Menschenmassen aus allen Zeiten und allen Völkern sind unter ihr vorbeigeflutet. Und als ob die Unerschütterlichkeit dieser Steine ein Zeichen der Unerschütterlichkeit Eures Volkstums sei, habt Ihr das Kloster, das über ihnen thront, zu Eurer großen elsässischen Wallfahrtsstätte gemacht.

Politik und Gewaltpolitik in Elsaß-Lothringen

Diesen alten Wall nennt Ihr, wie ich gehört habe, die Keltenmauer. Vielleicht waren es unsere fernen Vorfahren vor unzähligen Menschenaltern, die diese wilde Mauer erbaut haben vor ihrer Wanderung nach dem äußersten Westen. Heute, angesichts einer größeren Gefahr, als es die Einfälle und die Kriege von ehemals waren, angesichts eines Angriffs, der das Leben Eurer Heimat selbst gefährdet, richtet eine neue und unerschütterliche Mauer auf, aus Eurem Geiste und Euren Herzen. Dahinter, wie die Kapelle auf dem Berge, hütet einen leuchtenden Herd elsässischen Selbstbewußtseins. Und dann werden die Angriffe der Seelenzerstörer zerschellen.

Wie sie sich die Zähne ausbeißen werden, so es Gott gefällt und die Bretonen es wollen, am Granit der bretonischen Erde.

Morvan Marchal
Leiter der «*Breiz Atao*»
Präsident des Bretonischen Nationalbundes.

Politik und Gewaltpolitik in Elsaß-Lothringen

7.
Resolution der Völkerbundsversammlung betr. Minderheitenschutz.
(angenommen anläßlich der dritten Session des Völkerbunds
vom 21. September 1922 – siehe «*Journal Officiel,
supplément spécial n° 9, octobre 1922*, Seite 35 ff.)

Der Absatz IV hat folgenden Wortlaut:

Die Versammlung drückt die *Hoffnung* aus, daß die Staaten, die durch keine legale Verpflichtung betreffend die Minderheiten dem Völkerbund gegenüber verbunden sind, jedoch in der Behandlung ihrer völkischen, religiösen oder sprachlichen Minderheiten *mindestens* das gleiche Maß an Gerechtigkeit und Toleranz einhalten werden, das durch die Verträge und gemäß der ständigen Aktion des Rates gefordert wird.

Politik und Gewaltpolitik in Elsaß-Lothringen

8.
Beschluß des Weltverbands der Völkerbundsligen
betr. die Zukunft der nationalen Minderheiten.
(angenommen auf der zehnten Tagung zu Aberystwyth
vom 29. Juni bis 3. Juli 1926 – siehe *Comptes-rendus, 1926,
Bruxelles, Bureaux de l'Union*, Seite 48 ff.)

Die Zukunft der nationalen Minderheiten.

a) «Betrachtend, daß die völkischen, sprachlichen und religiösen Minderheiten die *Pflicht* haben, *loyal* dem Staat gegenüber zu sein, dem sie angehören, und daß *dieses Ergebnis nur erreicht werden kann, wenn diese Minderheiten nicht unzufrieden über ihr Schicksal sind, wegen des Entzugs des Genusses ihrer Sprache, ihrer Religion oder ihrer eigenen Kultur, oder infolge von Behandlungen, die dazu führen sollen, sie gegen ihren Willen in die Nationalität des Mehrheitsvolkes zu assimilieren.*

Die Versammlung meint, daß die völkische, sprachliche, religiöse oder kulturelle *Vielfalt* unter den Bürgern eines Staates *mit der Loyalität der Bürger* gegenüber dem Staat *nicht unvereinbar ist* bzw. *nicht dazu angetan ist, dessen Einheit zu gefährden*, und daß infolgedessen solche Assimilationsversuche sowohl *unbedacht wie ungerecht* sind, und drückt ihre Überzeugung aus, daß, um eine zufriedenstellende Lösung der Minderheitenfrage zu erreichen, es notwendig ist, diese als einen Wert des Staates zu betrachten, und daß, indem es ihren Wunsch erfüllt, Gegenstand besonderer Maßnahmen zu sein, was ihre Sprache, ihre Religion bzw. ihre eigene Kultur zu sein, das Mehrheitsvolk dadurch am wirksamsten sowohl der Gerechtigkeit wie dem Interesse des Staates dienen wird.

b) Um zur Verwirklichung der hieroben vorgetragenen Prinzipien beizutragen, bittet die Versammlung den Völkerbund seine Mitglieder *mit Nachdruck* an die auf der dritten Session angenommene Resolution zu erinnern, die *die Hoffnung* ausdrückte, *daß die Staaten, die durch keine legale Verpflichtung betreffend die Minderheiten dem Völkerbund gegenüber verbunden sind, jedoch in der Behandlung ihrer völkischen, religiösen oder sprachlichen Minderheiten mindestens das gleiche Maß an Gerechtigkeit und Toleranz einhalten werden, das durch die Verträge und gemäß der ständigen Aktion des Rates gefordert wird.*»

Politik und Gewaltpolitik in Elsaß-Lothringen

9.
Aus dem Programm der Elsässischen Volkspartei (früher Zentrum)
(siehe «*Heimat*», Januar 1926)

«Der Delegiertentag der Elsässischen Volkspartei vom 29. November 1925 hat in bewegter Zeit zur Präzisierung des Programms der Partei eine Reihe von Resolutionen gefaßt, die für die Aktion der Partei grundlegenden Wert haben.»
Wir geben aus dem Programm folgende Teile wieder:

Verwaltungspolitik.
Die Partei, in der von einsichtigen Politikern aller Richtungen geteilten Überzeugung, daß eine aufs Äußerste betriebene Zentralisation das Grundübel bildet, an dem seit mehr als einem Jahrhundert das französische Staatswesen leidet, fordert mit allem Nachdruck eine durchgreifende Reform im Sinne eines gesunden Regionalismus. Nur eine großzügige Dezentralisation mit Schaffung großer Regionen und Gewährung **regionaler Verwaltungsautonomie** kann dem Staats- und Volkskörper neues Leben, der nationalen Einheit neue, den Wurzeln des Volkstums entwachsene Kräfte zuführen.

Wir verlangen deshalb für die zu schaffenden Regionen:

1. eine regionale Verwaltung,

2. einen regionalen Beratungskörper[140], der sich aus gewählten Vertretern des Volkes zusammensetzt,

3. ein regionales Budget.

Den regionalen Organen müssen weitgehende Befugnisse zum Erlaß von Verordnungen und Ausführungsbestimmungen sowie zur Verwaltung des eigenen Budgets zugesprochen werden.

Der Zentralgewalt und dem Parlament verbleiben die Angelegenheiten nationalen Charakters, so die Außenpolitik, die Landesverteidigung, das Landesbudget und die Gesetzgebung.

Nach dem Grundsatz: Die Angelegenheiten des Staates dem Staate, die Angelegenheiten der Region der Region, die Angelegenheiten der Gemeinde der Ge-

---

[140] Conseil régional.

Politik und Gewaltpolitik in Elsaß-Lothringen

meinde, soll eine weitgehende Selbstverwaltung auch den Gemeinden zugesprochen werden.

Die den einzelnen Regionen aufgrund ihrer historischen Vergangenheit verbliebenen besonderen Gesetzesbestimmungen können nur unter Mitwirkung und Zustimmung der regionalen Verwaltung und Vertretung geändert werden. Sie sind als Bestandteil des nationalen Staatsrechtes anzuerkennen.

***

Als regionale elsässische Partei, die es als ihre Hauptaufgabe betrachtet, die Interessen unseres engeren Heimatlandes zu vertreten und seine Jahrhunderte alten Rechte und Freiheiten aufs Energischste zu verteidigen, hält unsere Partei die Durchführung dieser regionalen Reform für das Elsaß für besonders dringend und notwendig.

Die Erfahrung hat gezeigt, daß trotz des besten Willens zur Versöhnung die Hoffnung auf eine reibungslose Eingliederung unserer Provinzen in den französischen Verwaltungskörper bitter enttäuscht wurde. Die Partei erklärt sich deshalb als grundsätzliche Gegnerin einer jeden Assimilation, die das elsässische Volkstum, sowie die Interessen des elsässischen Volkes schädigen könnte, und mit der Wahrung der Volks- und Heimatrechte unserer Provinz unvereinbar ist.

Die Partei fordert mit allem Nachdruck, daß vor allem für unser Land, das bereits vor seiner Rückkehr zu Frankreich ein provinziales Eigenleben mit weitgehender Selbstverwaltung führte, ja sogar eine gewisse staatliche Eigenständigkeit besaß, auf den Gebieten des Kultus-, des höheren und niederen Schulwesens, der Gerichts- und Verwaltungssprache, der Universität- und Landesbibliothek, Handel und Industrie, der Landwirtschaft, der öffentlichen Arbeiten und des Verkehrs, sowie der sozialen Versicherungen jede die Lösung der Probleme verschleppende und den Willen des Landes verkennende Einmischung der Zentralregierung und des Parlaments ausgeschaltet werde.

Diese regionale Verwaltungsautonomie wird am besten den Verhältnissen unseres Landes gerecht werden, dessen regionaler Charakter von niemand bestritten werden kann. Sie wird durch Beibehaltung und Ausbau der wertvollen und fortschrittlicheren, kulturellen, wirtschaftlichen und sozialen Errungenschaften lokalen Charakters unsere Provinzen höherem geistigem Leben und wirtschaft-

Politik und Gewaltpolitik in Elsaß-Lothringen

lichem Aufschwung zum Wohle der ganzen Nation entgegenführen und sie dazu befähigen, als Vermittler zwischen zwei großen Kulturnationen zum Friedenswerke des Völkerbundes beizutragen.

***

Zur Lage im Elsaß.

Unsere Partei erwartet von Regierung und Parlament, daß sie unverzüglich eine vollständige Umstellung ihrer Politik in unserem Lande vornehmen und alle Maßnahmen ergreifen, die tiefgehende Mißstimmung, die in weiten Kreisen unserer Bevölkerung herrscht, und die zu den bedenklichsten Konsequenzen führen kann, zu beseitigen. Die Partei ist der Ansicht, daß dieses Ziel nur erreicht werden kann durch baldige Gewährung der regionalen Selbständigkeit, wie die Partei sie fordert.

Die Einführung innerfranzösischer Gesetze darf nicht planlos von Paris aus erfolgen auf dem Wege von Dekreten, sondern unter bestimmender Mitarbeit und Kontrolle gewählter Vertreter unseres Volkes. Verordnungen und Ausführungsbestimmungen zur Anwendung neuer Gesetze dürfen nur erlassen werden von den zu schaffenden regionalen Verwaltungsorganen. Nur so wird es möglich sein, den wirtschaftlichen, kulturellen und sozialen Interessen und Forderungen unserer Bevölkerung, sowie der Eigenart unseres Volkstums Rechnung zu tragen.

In der Erwartung der Durchführung dieses Programms fordert die Partei als unmittelbare Maßnahmen:

1. Die baldige endgültige Lösung aller noch schwebenden elsässischen Probleme, die das wirtschaftliche, soziale und berufliche Interesse der verschiedenen Schichten unserer Bevölkerung berühren.

2. Durchführung der Zweisprachigkeit in Schule, vor Gericht und im öffentlichen Verkehr und deshalb Verwirklichung der Forderung, daß die aus Innerfrankreich in unsere Provinzen berufenen Beamten aller Grade beider Sprachen mächtig sind, um so den wirtschaftlichen Notwendigkeiten in unserem Grenzland Rechnung tragen zu können.

3. Auf kulturell religiösem Gebiet eine Politik der Eintracht und der Versöhnung, die den religiösen Forderungen der Anhänger aller Konfessionen gerecht

Politik und Gewaltpolitik in Elsaß-Lothringen

wird und unsere Traditionen auf dem Gebiete der Schule und der Religion hochhält, so wie es unser Programm verlangt.

Die Partei betont, daß sie in dem Bekenntnis zu diesen Forderungen jede die Interessen unseres Volkstums schädigende und den Rechten und Freiheiten unseres Landes entgegenstehende Assimilierung verwirft.

Die Partei ist der Ansicht, daß sie bei der Aufstellung und Verteidigung dieser Forderungen am besten auch den nationalen Interessen gerecht wird.

Aus diesem Bewußtsein heraus erklärt die Partei auf das Entschiedenste, daß sie mit aller Kraft dazu mitwirken will, daß das Elsaß sich stets als bewußtes und lebendiges Glied der französischen Nation fühlt.

Die Partei hat nur das Ziel vor Augen, das Wohl und die Zukunft Frankreichs und unserer engeren Heimat sicherzustellen.

Politik und Gewaltpolitik in Elsaß-Lothringen

10.
Die Diktatur bei den Wahlen von 1919.
(ein Dokument)

République Française[141]
Administration du Territoire de Haguenau[142]

No. 4736.   Haguenau, le 30 octobre 1919.[143]

L'Administrateur du Territoire de Haguenau

à Messieurs les Maires.[144]

Politische Versammlungen.
Autonomistische Propaganda.

Ich beehre mich, Ihnen mitzuteilen, daß die Verwaltung unter keinem Vorwand, selbst dem der Wahlen, irgend eine öffentliche oder private Versammlung dulden kann, in welcher für Elsaß-Lothringen irgend eine andere Regierungsform angepriesen oder einfach erörtert würde als diejenige, welche durch die Waffenstillstandsbedingungen oder den Friedensvertrag festgesetzt ist, d.h. die bedingungslose Wiedereinreihung der Frankreich durch den Frankfurter Frieden geraubten Provinzen in die französische nationale Einheit.

Es obliegt Ihnen infolgedessen, darauf zu achten, daß in Ihrer Gemeinde keine Versammlung stattfinde, in welcher das Thema der Autonomie, des Neutralismus, des Föderalismus oder irgend eines andern politischen Systems zur Erörterung gelangen sollte, welches für Elsaß-Lothringen eine andere politische Gestaltung als die oben beschriebene umfassen würde.

Die Verteilung von Flugschriften und Rundschreiben unterliegt selbst in der Wahlperiode denselben Vorschriften. Sie sind verpflichtet, jede in diesem Sinne gehaltene Propagandaschrift unverzüglich zu beschlagnahmen und mir sofort darüber zu berichten.

L'Administrateur du Territoire de Haguenau:
Le Hoc.

---

[141] Französische Republik.
[142] Verwaltung des Gebiets Hagenau.
[143] Hagenau, am 30. Oktober 1919.
[144] Der Verwalter des Gebiets Hagenau an die Herren Bürgermeister.

Politik und Gewaltpolitik in Elsaß-Lothringen

11.
Aus der Rede des Colmarer Präfekten Susini
gelegentlich der Wahl eines Vertreters für den Bezirksunterrichtsrat
(am 1. Dezember 1927)

Bei Gelegenheit der Wahl eines Vertreters für den Bezirksunterrichtsrat hatte der Präfekt zahlreiche Beamte und Lehrer eingeladen, um ihnen, wie er einleitend bemerkte, zugleich mit der Verkündung des Wahlergebnisses «eine Erklärung von größter Wichtigkeit» zu geben. Er führte aus:

«Ich habe die Freunde des Herrn Rossé gebeten, sich heute Abend um 6 Uhr in diesem Saal zur Verkündung des Wahlergebnisses einzufinden. Ich hätte daran gehalten, ihm die Gedanken mitzuteilen, die die Korrespondenz in mir erweckt hat, welche er mit dem Herrn *Inspecteur d'académie*[145] wechselte, für dessen Eifer, dessen Hingabe und dessen Tätigkeit es mir besonders angelegen ist, ein öffentliches Lob zu spenden, sowie auch für die wunderbaren Resultate, die er in dem *Département*[146] erzielt hat.

«Infolge von Umständen, die unabhängig sind von seinem Willen, hat Herr Rossé beim *Rendez-vous* von heute Abend nicht zugegen sein können. Ich will Ihnen nichtsdestoweniger die Gründe meiner Anwesenheit unter Ihnen angeben.

«Ich bin in den *Haut-Rhin*[147] gekommen, um Ordnung zu schaffen und um über die Anwendung des Gesetzes auf allen seinen Gebieten zu wachen. Von der Stunde meiner Ankunft in diesem *Département* an, wohin ich durch das Vertrauen des großen Franzosen gerufen worden bin, dessen Mitarbeiter ich während 15 Monaten war, was meine *Carrière* mit Ehren kleidet, habe ich daran gehalten, das Programm, das ich mir vorgezeichnet habe, einzuhalten.

«Der neue Präfekt des *Haut-Rhin* wird nur zwei Parteien (!) kennen: diejenige der Freunde Frankreichs und diejenige seiner Gegner.

«Diese letzteren, Meine Herren, haben von mir keine Gunst, keine Schonung, welcher Art es auch sei, zu erwarten. Sie werden in aller Unerbittlichkeit das Gesetz in seiner ganzen Strenge auf sich angewendet sehen. Ich werde, dies ist mein feierlicher Schwur in eurer Gegenwart, meine ganze Energie und alle le-

---

[145] Schulinspektor.
[146] Bezirk.
[147] Oberelsaß.

220

Politik und Gewaltpolitik in Elsaß-Lothringen

galen Mittel, über die ich verfüge, dafür einsetzen, um es den schlechten Franzosen unmöglich zu machen, zu schaden, und ich schwöre es Ihnen, meine Herren, ich werde dieser häßlichen, abscheulichen und verbrecherischen Kampagne ein Ende bereiten. Sie hat mir nur zu lange gedauert!»

Dann zog der Präfekt die Uhr aus der Tasche (es war 6 Uhr abends) und gab seinem Zynismus folgendermaßen Ausdruck: «Meine Herren, ich habe die Ehre, Ihnen mitzuteilen, daß Herr Rossé seit fünf Minuten verhaftet ist.»

Politik und Gewaltpolitik in Elsaß-Lothringen

12.
Geheimbefehl
zur Unterdrückung der autonomistischen Zeitungen.

Durch Zufall sind wir in den Besitz des folgenden geheimen Rundschreibens gelangt, das den ganzen Polizeiapparat mobil machte:

Tel. Amtl.

Amtlich Rundschreiben Straßburg von Paris 032544 191 12 19/15.

Inneres Generalsicherheit an Präfekten Frankreich und Algerien und Direktoren der allgemeinen Dienste der Polizei in Elsaß-Lothringen Straßburg.

Rundschreiben — Mit heutigem Erlaß habe ich den Umlauf, Verkauf und Vertrieb im gesamten französischen Gebiet der Zeitungen mit den folgenden Titeln verboten:

1. «*Die Wahrheit*», herausgegeben in Straßburg in deutscher Sprache, gedruckt durch die Fa. «Erwinia», Mülhauser Straße 40, und dessen Geschäftsführer ein gewisser *Baumann* Charles ist.

2. «*Die Zukunft*», herausgegeben in Straßburg in deutscher Sprache, gedruckt durch die Druckerei Charles *Hauss*, Knoblochgasse, und dessen Geschäftsführer ein gewisser A. *Matter* ist.

3. «*Die Volksstimme*», herausgegeben in Straßburg, gedruckt durch die Fa. «Erwinia» in Neudorf, und dessen Geschäftsführer ein gewisser *Ritter* ist.

Die Titeln dieser Zeitungen dienen nur zur Orientierung, und die Unterdrückung, die sie betrifft, weitet sich namentlich auf jede Zeitung gleicher Sprache und gleicher Gesinnung, die den Sitz ihrer Redaktion und ihrer Verwaltung in Frankreich hat, auch mit einem anderen Geschäftsführer bzw. aus einer anderen Druckerei stammend. Bitte um Ausführung.

Direktion der allgemeinen Dienste der Polizei für Elsaß-Lothringen.

N. 7/5719 — 1240. Straßburg, am 13. November 1927.

Übermittelt für Ausführung an die Herren Polizeidirektoren, Regierungskommissare usw.

Der Direktor:
(Unterschrift)

Politik und Gewaltpolitik in Elsaß-Lothringen

13.
Erklärung des «Zentralkomitees der nationalen Minderheiten Frankreichs» zur Pressediktatur.

Der Hauptausschuß der nationalen Minderheiten Frankreichs war am 12. September 1927 in Rosporden (Bretagne) gebildet. Seine erste Sitzung hielt er vom 3. bis 4. Dezember in Paris ab. Bezüglich der Ereignisse in Elsaß-Lothringen wurde die Veröffentlichung folgender Erklärung beschlossen:

«In Anbetracht dessen, daß vier elsaß-lothringische Zeitungen, «*Zukunft*», «*Volksstimme*», «*Wahrheit*», «*Freiheit*», unterdrückt wurden, weil sie in deutscher Sprache erscheinen, obwohl das Deutsche, das die Umgangssprache von 85 Prozent der Bevölkerung ist, als Landessprache betrachtet werden muß, und obwohl andere Zeitungen (insbesondere eine royalistische) weiter in deutscher Sprache erscheinen,

in Anbetracht dessen, daß die «*Zukunft*» versucht hat, drei Nummern im elsässischen Dialekt herauszugeben und diese Nummern beschlagnahmt wurden, obwohl das Gesetz vom 22. Juli 1895 offensichtlich darauf nicht anwendbar ist,

in Anbetracht dessen, daß diese Maßnahmen einen neuen Beweis für die durch die französische Regierung entfesselte Unterdrückung darstellen, im Widerspruch zum Nationalitätenprinzip, das durch den Vertrag von Versailles und den Grundvertrag zum Völkerbund feierlich verkündet wurde,

protestiert das «Zentralkomitee der nationalen Minderheiten in Frankreich» energisch gegen die Anwendung eines auf ungesetzlichem Wege ausgedehnten, abscheulichen Gesetzes auf die Presse in Elsaß-Lothringen

und brandmarkt die zweideutige Haltung der französischen Regierung, die, da sie nicht wagt und nicht dazu imstande ist, ein politisches Bekenntnis zu verbieten, durch unehrliche Machenschaften die Autonomisten herabzusetzen versucht und sie außerhalb des Gesetzes stellt, ihnen jedes Mittel zur Verteidigung ihrer Kandidaturen bei den kommenden Wahlen nimmt und ihnen die normale Ausübung ihrer Bürgerrechte unmöglich macht.»

Politik und Gewaltpolitik in Elsaß-Lothringen

14.
Protest der Autonomisten gegen die französische Gewaltpolitik in Elsaß-Lothringen.
(von Basel aus an die Weltpresse versandt, 15. Januar 1928)

Seitdem die Unterzeichneten, Mitglieder und Führer der Heimatbewegung in Elsaß-Lothringen, sich der Einkerkerung entzogen haben, hört die französische Presse nicht auf, diese Tatsache zu mißbrauchen, um die Bewegung, ihre Anhänger und Führer herabzuwürdigen.

Weder aus Scheu vor der Verantwortung noch aus Mangel an persönlichem Mut haben wir unser Land verlassen. Die letzten Gewaltmaßnahmen der französischen Regierung wurden schon lange als Stimmungsmache vor den bevorstehenden Kammerwahlen von uns erwartet. Darum waren wir unter den Bedrohten im voraus bestimmt, im neutralen Auslande eine Zuflucht zu suchen. Frankreich hat in Elsaß-Lothringen jede Meinungs-, Presse- und Versammlungsfreiheit geknebelt. Die Wahrheit darf jedoch, um des bedrängten Volkes willen, nicht ganz unterdrückt werden:

So erheben wir nun als Landflüchtige unsere Stimme für die Volks- und Menschenrechte unserer Heimat!

Die elsaß-lothringische Heimatbewegung hat ein hohes und ideales Ziel. Dieses Ziel steht im Zeichen des Selbstbestimmungsrechtes und des Minderheitenschutzes, der Völkerversöhnung und des Weltfriedens! Alle Beschuldigungen, die von Seiten Frankreichs dagegen erhoben werden, sind unbegründet, wenn nicht offensichtliche Torheit, so vor allem die Unterstellung einer Verschwörung gegen die Sicherheit des Staates, einer heimlichen Bewaffnung von Truppen, eines Moblisierungs- und Mordplanes, eines revolutionären Ministeriums sowie überhaupt jeglicher Gewalttat. Nur auf verfassungsmäßigem Wege, mit den Mitteln des Gesetzes und des Rechtes will die Heimatbewegung die Verwirklichung ihrer Forderungen erreichen. Sie verlangt zumindest und unbedingt:

Selbstverwaltung für Elsaß-Lothringen,

Schutz des Volkstums und aller Freiheiten,

Schutz und Pflege der deutschen Sprache, die seit eineinhalb Jahrtausend die Muttersprache für eineinhalb Millionen Elsässer und Lothringer ist.

Politik und Gewaltpolitik in Elsaß-Lothringen

Ist die gesetzmäßige Vertretung dieser Forderungen in der französischen Republik ein Staatsverbrechen, wohlan, so bekennen sich die Unterzeichneten zu dieser Schuld. Wir werden uns jedem Gericht stellen, das uns Gewähr bietet für eine unparteiische Rechtsprechung. Frankreich hat indes in Elsaß-Lothringen die Justiz zur Dienerin der Politik herabgewürdigt; niemand hat mehr Vertrauen zu ihr!

Über zwanzig unserer Gesinnungsgenossen schmachten schon seit Wochen, zum Teil seit Monaten, im Gefängnis. In noch größerer Zahl sind schuldlose Frauen und Kinder ihres Ernährers beraubt und sehen sich in Not und Elend gestoßen!

Für sie alle erheben wir flammenden Protest gegen die Polizeiwillkür und Gewaltpolitik Frankreichs!

Für ein jedes dieser Opfer appellieren wir vor aller Welt an das Mitgefühl jedes Rechtdenkenden!

Dr. Karl Roos
Präsident der Autonomistischen
Partei für Elsaß-Lothringen

Pfarrer A.F. Hirtzel
Vorstandsmitglied des
«Heimatbunds für Elsaß-Lothringen»

Postdirektor E. Pinck
Mitbegründer der «*Zukunft*» in
Straßburg

Politik und Gewaltpolitik in Elsaß-Lothringen

15.
Auszug aus dem *Journal Officiel*
Abgeordnetenkammer – 2. Sitzung des 8. Dezember 1927
S. 3683-3687

[...]

3. – Fortsetzung der Verhandlung über den Gesetzentwurf betreffend die Verabschiedung des allgemeinen Haushaltsplans für das Jahr 1928.

Der Präsident. Die Tagesordnung sieht die Fortsetzung der Verhandlung über den Gesetzentwurf betreffend die Verabschiedung des allgemeinen Haushaltsplans für das Jahr 1928 vor.

Verwaltung für Elsaß-Lothringen.

Der Präsident. Heute morgen hat die Kammer mit dem Haushaltsplan der Verwaltung für Elsaß-Lothringen aufgehört.

Ich erteile das Wort an den Herrn Ministerpräsidenten.

Hr. Raymond Poincaré[148], *Ministerpräsident, Finanzminister.* Meine Herren, ich bitte die Vertreter der wiedergewonnenen Bezirke darauf zu verzichten, eine allgemeine politische Debatte anläßlich dieser Debatte über den Haushaltsplan der Verwaltung für Elsaß-Lothringen eröffnen zu wollen.

Wir haben heute Donnerstag. Wenn wir den Haushaltsplan innerhalb der Frist verabschieden wollen, die Herr Präsident am andern Tag nannte, sprich am Sonntag oder am Montag, müssen wir uns beeilen.

Ich verstehe, daß die Vertreter der wiedergewonnenen Bezirke den lebhaften Wunsch haben, eine breite Debatte einzuleiten, sei es hier, bei dem Ausschuß für Elsaß-Lothringen bzw. selbst im Kabinett des Finanzministers.

Man spricht so sehr in Innerfrankreich über die wiedergewonnenen Bezirke, daß es legitim ist, daß ihre Vertreter die Gelegenheit erhalten ihre Stimme hören zu lassen.

Hr. Joseph Pfleger[149]. Es ist sogar notwendig.

---

[148] Raymond Poincaré (1860-1934), französischer Politiker, Staatspräsident (1913-1920), Senator der Meuse (1920-1934), Ministerpräsident (1912-1913, 1922-1924, 1926-1929).

[149] Joseph Pfleger (1873-1957), elsässischer frankophiler Politiker, Abgeordneter im Landtag

Politik und Gewaltpolitik in Elsaß-Lothringen

Der Ministerpräsident. Das kann ihnen sogar notwendig erscheinen. Für meinen Teil werde ich ihnen alle wünschenswerten Möglichkeiten erteilen und ich werde mit ihnen die Bedingungen besprechen, in denen die Debatte eingeleitet werden könnte.

Aber wenn wir heute alle Fragen erörtern würden, die sich über Elsaß-Lothringen stellen können, wären wir mit der Verabschiedung des Haushaltsplans nicht fertig und die wiedergewonnenen Bezirke wären das erste Opfer dieser Verzögerung.

Ich bitte daher meine Kollegen, welcher Partei sie auch angehören – und ich glaube im voraus mit ihrer günstigen Antwort rechnen zu können – ich bitte sie diese Debatte zu vertagen, bis auf ein Datum, das ich später mit ihnen vereinbaren werde, die aber auf jeden Fall im Laufe des Januars stattfinden könnte, nach der großen finanzpolitischen Debatte, die ich versprochen habe einzuleiten. *(Sehr gut! sehr gut!)*

Der Präsident. Es ist selbstverständlich, daß das Recht Anmerkungen über die Kapitel vorzustellen, reserviert ist.

Der Ministerpräsident. Selbstverständlich. Alle den Haushaltsplan betreffenden Anmerkungen können debattiert werden.

Der Präsident. Ich erteile das Wort an Herrn Peirotes.

Hr. Peirotes[150]. Nach den Versicherungen, die der Herr Ministerpräsident gerade erteilt hat, stünde es mir schlecht an, wenn ich nicht auf das Wort verzichten würde. *(Beifall.)*

Hr. Georges Weill. Ich verzichte ebenfalls auf das Wort, und zwar aus den gleichen Gründen. *(Beifall.)*

Der Präsident. Ich erteile das Wort an Herrn Schuman.

Hr. Robert Schuman[151]. Meine Freunde und ich nehmen den von Herrn Ministerpräsident genannten Termin an. *(Beifall.)*

(1911-1918), Abgeordneter des Oberelsaß (1928-1935), Senator des Oberelsaß (1929-1935, 1946-1948)

[150] Jacques Peirotes (1869-1935), elsässischer sozialistischer und frankophiler Politiker, Abgeordneter im Landtag (1911-1918), Abgeordneter im Reichstag (1912-1918), Bürgermeister von Straßburg (1919-1929), Abgeordneter des Unterelsaß (1924-1932).

[151] Robert Schuman (1886-1963), elsaß-lothringischer autonomistischer, später zentristischer Politiker, Abgeordneter Deutsch-Lothringens (1919-1940, 1945-1962), Staatssekretär in der ersten Pétain-Regierung 1940, Ministerpräsident (1946, 1947-1948), Finanzminister (1947),

Politik und Gewaltpolitik in Elsaß-Lothringen

HH. Walter und **Oberkirch**[152]. Wir verzichten ebenfalls auf das Wort. (*Sehr gut! sehr gut!*)

Der Präsident. Ich erteile das Wort an Herrn Hueber, der von der Fraktion der kommunistischen Partei bestellt wurde.

Hr. Karl Hueber. Bevor ich anfange, möchte ich Sie darüber informieren, daß meine Muttersprache, sowie die der meisten Elsässer und Lothringer, die deutsche Sprache ist, und wenn ich gezwungen werde Ihnen in französischer Sprache zu sprechen, ist es weil die Hausordnung dieser Versammlung es mir nicht erlaubt in meiner Muttersprache zu sprechen.

Ich stelle fest, daß die französische Regierung im November 1927 gezwungen wird, einen Sonderhaushalt für die drei Bezirke der Kammer vorzulegen. Sie hat nun mal gewollt, daß unser Land sich von den anderen in Frankreich unterscheide, daß es anders sei als das eigentliche Frankreich, betrachte man dessen Geschichte, dessen besondere Kultur oder dessen Verwaltung.

Sie sollten sich also nicht wundern, daß Tausende von Einheimischen bei uns der gleichen Meinung sind.

Warum also diese verfolgen und mit Strafen belegen, wenn wir einverstanden sind.

Ich weiß, daß Sie das Vorhandensein einer elsaß-lothringischen Frage leugnen. Sie werden mir gleich sagen, daß die Elsaß-Lothringer sich mit Begeisterung dem Vaterland hingegeben hätten...

Der Ministerpräsident. Ich werde Ihnen gar nichts sagen.

Hr. Karl Hueber. ...daß sie ihre Befreier mit sehr großer Freude empfangen hätten.

Ich gebe zu, daß viele unserer Landsleute 1918 das alte Märchen geglaubt haben, Frankreich sei das Land der Freiheit, der Gleichheit und der Brüderlichkeit.

Hr. Peirotes. Sie haben es selber geglaubt!

Außenminister (1948-1952), Präsident der parlamentarischen Versammlung der Europäischen Gemeinschaft (1958-1960). Verhaftet durch die Gestapo nach seiner Rückkehr nach Lothringen im Juli 1940 und danach unter Hausarrest gelingt es ihm zu fliehen und sich der französischen *Résistance* in London anzuschließen.
[152] Alfred Oberkirch (1876-1947), elsässischer frankophiler Politiker, Abgeordneter des Unterelsaß (1919-1940, 1945-1946).

Politik und Gewaltpolitik in Elsaß-Lothringen

Hr. Karl Hueber. Vor neun Jahren haben wir große Worte gehört; aber seitdem haben wir kleine Taten gesehen. Werfen Sie einem enttäuschten Volk nicht vor, daß es seine Begeisterung verloren hat. Werfen Sie einem getäuschten Volk nicht vor, daß es seinen Abscheu für ein imperialistisches Regime zu laut hinausschreit, das es seit neun Jahren ertragen muß. Werfen Sie einer Masse von Arbeitern nicht vor, daß sie die Autonomie verlangt.

Wenn es in Elsaß-Lothringen schlecht läuft, ist es die Schuld der Regierung und ihrer Vertreter seit dem Waffenstillstand. Treu ihrer Tradition haben sie die finanziellen Interessen der Industriellen und der hohen Beamten verteidigt, die in unserem Land ein Einsatzgebiet gefunden haben, das schon ein paar Millionen Tote wert ist. (*Beschwerden und Protest auf zahlreichen Bänken.*)

Der Präsident. Ich bitte Sie Ihre Worte zu mäßigen.

Hr. Karl Hueber. Wenn es unter Euch Parteien gibt, die behaupten, daß die elsaß-lothringische Frage mit dem Versailler Vertrag endgültig erledigt sei, werden sie sehen, wie die Geschichte es sich zur Aufgabe machen wird, ihre Meinungen zu zerstören. Die Geschichte machten keinen Halt vor Verträgen. Wir Elsässer und Lothringer haben diese Erfahrung gemacht. Im Privatleben kommt es vor, daß eine zwischen zwei Ehegatten geschlossene Heirat aufgelöst werde. Die Scheidung wird trotz der Unterschriften der beiden Gatten unter dem Vertrag gesprochen. Nach einigen Jahren stellt man fest, daß es ein Mißverständnis gab, daß man sich geirrt habe, daß man Gefühlsduselei getrieben hatte und man lieber eine Vernunftehe geschlossen hätte.

Dieser Vergleich ist teilweise falsch, weil wir, Elsaß-Lothringer, den Vertrag nicht einmal unterzeichnet haben, der uns an das imperialistische Frankreich ausgeliefert hat. Man hat uns eines Tages gesagt: «Nach dem Wohlgefallen einiger Minister seid Ihr jetzt für immer Franzosen. Paßt Euch an!»

Ich kann Ihnen versichern, daß wir uns nicht anpassen werden und daß wir uns nicht den Launen unserer Sieger fügen werden. (*Lebhafter Aufschrei auf zahlreichen Bänken. – Lärm.*)

Der Präsident. Diese Worte sind in einer französischen Kammer unzumutbar. (*Lebhafter Beifall.*)

Der Ministerpräsident. Herr Präsident, wir sollen in der Tat Worte nicht allzusehr mißachten, die außerhalb Frankreichs den größten Schaden für die französische Sache in Elsaß-Lothringen verursachen könnten. (*Lebhafter Beifall.*)

Politik und Gewaltpolitik in Elsaß-Lothringen

Ich brauche nicht zu sagen, daß Herr Hueber hier kein Vetreter der Autonomie ist, sondern eines späteren Anschlusses an Deutschland. (*Unterbrechungen durch die kommunistische Linke.*)

Hr. Karl Hueber. Ich bin Kommunist.

Hr. Joseph Pfleger. Sie sprechen nicht wie ein Vertreter des französischen Elsaß. (*Beifall in der Mitte und auf der rechten Seite. – Unterbrechungen durch die kommunistische Linke.*)

Der Ministerpräsident. Sie sind Kommunist, sagen Sie, Herr Hueber, und, in den letzten Tagen versuchten Sie, geschützt durch Ihre parlamentarische Immunität, deutsche Zeitungen und autonomistische Zeitungen in einem Koffer zu schmuggeln, dessen Schloß Sie sorgfältig bewachten. (*Beifall auf der linken Seite, in der Mitte und auf der rechten Seite. – Lärm bei der kommunistischen Linken.*)

Sie werden es nicht leugnen, oder, Herr Hueber?

Hr. Karl Hueber. Nein! nein! es waren keine deutschen Zeitungen, sondern kommunistische Zeitungen

Der Ministerpräsident. Das ist es, was der Kommunismus in Elsaß-Lothringen macht, sprich im Teile Frankreichs, das für alle Franzosen am Heiligsten sein sollte. (*Lebhafter Beifall auf zahlreichen Bänken.*)

Hr. Gaston About[153]. Herr Hueber scheint zu übersehen, daß er sich in einer französischen Kammer befindet und nicht im Reichstag!

Hr. Charles François[154]. Es ist besser gar nicht zu antworten.

Hr. Eugène Raynaldy[155]. Es gibt Worte, die man nicht durchgehen lassen darf.

Der Ministerpräsident. Ich erweise manchen Kommunisten aus dem Inneren [Frankreichs] zu glauben, daß sie sich Ihren Worten nicht anschließen, Herr Hueber.

Hr. Karl Hueber. Meine Genossen sind mit mir einverstanden.

---

[153] Gaston About (1890-1954), französischer Politiker, Abgeordneter der Haute-Saône (1919-1932).
[154] Charles François (1874-1945), lothringischer frankophiler Politiker, Abgeordneter von Deutschlothringen (1919-1928).
[155] Eugène Raynaldy (1869-1938), französischer Politiker, Abgeordneter des Aveyron (1919-1928), Senator des Aveyron (1930-1938).

Politik und Gewaltpolitik in Elsaß-Lothringen

Hr. Joseph Pfleger. Es ist gut, daß der Kommunismus einmal zeige, was er vorhat: alle Welt wird dann seine verhängnisvollen Absichten erfahren.

Der Ministerpräsident. Genau deshalb habe ich gesagt, was ich eben gesagt. Man soll im Elsaß die Ziele dieser Leute erfahren! (*Sehr gut! sehr gut!*)

Hr. Karl Hueber. Es gibt Leute, die das *Malaise* in Elsaß-Lothringen unerklärlich finden. Es gibt andere, die die sensationelle aber wenig originelle Entdeckung gemacht haben, daß die Führung der kommunistischen Bewegung für Deutschland und Moskau arbeite. Man wagt es nicht zu sagen, daß der französische Imperialismus sich seit dem 11. November 1918 selbst entlarvt hat... (*Lebhafter Protest auf sehr vielen Bänken.*)

Der Präsident. Herr Hueber, wenn Sie darauf beharren, sich an dieser Tribüne mit Worten auszudrücken, die das Nationalgefühl dermaßen verletzen, dann werden Ihre Worte im *Journal officiel* nicht erscheinen. (*Beifall.*)

(*Hr. Hueber spricht einige Worte mitten im Lärm. – Lebhafter Aufschrei auf zahlreichen Bänken.*)

Der Präsident. Ich rufe Sie zur Ordnung.

Die Worte, die sie eben gesprochen haben, werden im *Journal officiel* nicht erscheinen.

Hr. Robert Sérot[156]. *Berichterstatter.* Sie sind unzumutbar!

Hr. Gaston About. Wir sind eine gewisse Anzahl hier, die sich haben verprügeln lassen um das Elsaß zu befreien und wir können die französischfeindlichen Erklärungen von Herrn Hueber nicht durchgehen lassen (*Beifall in der Mitte und auf der rechten Seite.*)

Wenn Hr. Hueber sich hier nicht wohl fühlt, soll er in den Reichstag!

Hr. Dubois Fresney[157]. Oder nach Moskau!

Hr. Karl Hueber. Ich bleibe hier aus dem gleichen Grund wie Sie, und ich vertrete Straßburg und Elsaß-Lothringen. (*Beifall von der kommunistischen Linken. – Lebhafter Protest in der Mitte und auf der rechten Seite.*)

Hr. Charles François. Nein! Sie vertreten Moskau!

---

[156] Robert Sérot (1885-1953), französischer Politiker, Abgeordneter von Deutschlothringen (1919-1940, 1945-1946), Senator von Deutschlothringen (1946-1948).
[157] Jacques Duboys Fresney (1873-1956), französischer Politiker, Abgeordneter der Mayenne (1914-1932, 1936-1940).

Politik und Gewaltpolitik in Elsaß-Lothringen

Hr. Joseph Pfleger. Das ist der Mandatar eines Teils der Beamten, die nach dem Waffenstillstand nach Elsaß-Lothringen entsandt wurden. (*Unterbrechungen durch die kommunistische Linke.*)

Wir kennen Sie, Herr Hueber, und wir sind nicht unzufrieden, daß Sie Ihre Absichten zeigen. Jeder muß erfahren, was Sie mit uns machen wollen. Was uns betrifft, lehnen wir Sie geringschätzend ab! (*Neue Unterbrechungen durch die kommunistische Linke. – Beifall auf der rechten Seite und in der Mitte.*)

Hr. Auguste Desoblin[158]. Er hat recht zu sagen, daß Ihr Imperialisten seid! (*Unterbrechungen in der Mitte und auf der rechten Seite.*)

Hr. Charles Coutel[159]. Ich gratuliere Ihnen, Herr Desoblin, für Ihre Einstellung als Vetreter des befreiten Regionen.

Hr. Charles Frey[160]. Hr. Hueber zeigt sich hier wohl als das Sinnbild der verhängnisvollen und schändlichen Aktion des Kommunismus in Elsaß-Lothringen.

Der Präsident. Ich bitte Euch ihn nicht mehr zu unterbrechen. Ihr habt erklärt, meine Herren, daß Ihr in der allgemeinen Debatte auf das Wort verzichtet, und Ihr verlängert diese durch wiederholte Unterbrechungen.

Hr. Joseph Pfleger. Wir können aber solche Worte nicht hinnehmen, Herr Präsident.

Der Präsident. Ich habe Herrn Hueber zur Ordnung gerufen und ich habe schon gesagt, daß alle Worte, die geeignet sind, das Nationalgefühl zu verletzen, im *Journal officiel* nicht erscheinen werden. Ich wiederhole es. Mehr kann ich nicht tun. (*Beifall.*)

Hr. Joseph Pfleger. Wir haben aber auch die Pflicht zu protestieren. (*Unterbrechungen durch die kommunistische Linke.*)

Hr. Karl Hueber. Die Regierung weiß, daß die Arbeiter in Elsaß-Lothringen unter dem französischen Regime Sklaven geblieben sind. (*Aufschrei und Protest auf zahlreichen Bänken. – Lärm.*)

---

[158] Augustin Desoblin (1873-1956), französischer kommunistischer Politiker, Abgeordneter des Bezirks Nord (1924-1932).
[159] Charles Coutel (1871-1948), französischer sozialistischer Politiker, Abgeordneter des Bezirks Nord (1926-1936).
[160] Charles Frey (1888-1955), elsässischer frankophiler Politiker, Abgeordneter des Unterelsaß (1919-1936), Bürgermeister von Straßburg (1935-1940, 1945-1955).

Politik und Gewaltpolitik in Elsaß-Lothringen

Der Präsident. Hr. Hueber, ich kann Sie solche Worte nicht sagen lassen. Ich rufe Sie erneut zur Ordnung. (*Lebhafter Beifall auf der rechten Seite, in der Mitte und auf zahlreichen Bänken auf der linken Seite.*)

Hr. Karl Hueber. Sie weiß, daß die einheimischen Beamten sich über die Günstlingswirtschaft beschweren, die seit 1918 eingerichtet wurde, daß die Bauern den blau-weiß-roten Militarismus beklagen... (*Unterbrechungen auf zahlreichen Bänken. – Lebhafter Aufschrei durch die kommunistische Linke. – Lärm.*)

Hr. Georges Weill. Ich bitte um das Wort wegen einer persönlichen Angelegenheit.

Der Präsident. Ich kann Ihnen das Wort nicht jetzt erteilen. Ich werde sie Ihnen am Ende der Sitzung wegen einer persönlichen Angelegenheit erteilen.

Hr. Karl Hueber. Gehen Sie zu den Eisenbahnern und zu den Beamten.

Sie werden über ihre Geisteshaltung unterrichtet, Herr Ministerpräsident. (*Unterbrechungen in der Mitte und auf der rechten Seite.*)

Seit dem Waffenstillstand erleiden sie Kränkungen allerart. Sie haben genug von Ihrer Günstlingswirtschaft. Die Einheimischen werden von den höheren Stellen gedrängt. Fast alle einigermaßen wichtigen Positionen werden durch Missionare aus dem Inneren [Frankreichs] belegt.

40.000 Eisenbahner, aus allen politischen Parteien, versammelten sich in ein Aktionskomitee. Sie haben einen gnadenlosen Kampf gegen die berühmte Konvention von 1921 angefangen, die unser vorbildliches Netz in die Hände der Hochfinanz und der Privatfirmen gelegt hat.

Diese Konvention stellt für unsere Eisenbahner eine Zwangsjacke dar; sie wird durch den Willen eines ganzen Volks von Arbeitern gebrochen werden, das es genug hat, sehen zu müssen, wie seine Interessen zugunsten einer Handvoll Kapitalisten geopfert werden.

Die Beamten warten seit vier Jahren auf die Zahlung von Nachforderungen, die man ihnen wegen ihrer Neuzuordnung seit dem 1. Juli 1919 schuldet. Sie warten immer noch darauf, daß der vom Dekret von 1925 betreffend die Reform der Verwaltung für Elsaß-Lothringen vorgesehene paritätische Ausschuß gebildet werde.

Sie warten immer noch auf die Abschaffung des Diktaturparagraphen. Sie warten immer noch auf die Aufhebung der gegen einige der Unterzeichner des Manifests des Heimatbunds verhängten Sanktionen.

Politik und Gewaltpolitik in Elsaß-Lothringen

Sie verstehen Ihre Justiz nicht, die manche begnadigt hat und andere weiterhin verfolgt.

Es ist ein Skandal, der Ihr Regime der Gleichheit ganz genau bezeichnet.

Gemeinsam mit allen Landesbeamten sind wir empört festzustellen, daß Sie dieses Unrecht verlängern wollen, daß Sie den französischen Staatsbeamten eine Enschädigungszulage von 16% gewähren, während Sie diejenige der Landesbeamten belassen wollen.

Hr. Charles François. Hr. Hueber ist nicht auf dem Laufenden.

Hr. Joseph Pfleger. Sie haben den Brief des Herrn Ministerpräsidenten an Herrn Weill nicht gelesen.

Der Ministerpräsident. Ich habe den Vertretern Elsaß-Lothringens das Gegenteil von dem geschrieben, was Sie sagen.

Hr. Karl Hueber. Das, Herr Ministerpräsident, stellt ganz einfach eine Provokation für das ganze elsaß-lothringische Volk dar, das genau weiß, wie sehr die Beamten aus dem Inneren [Frankreichs] bevorzugt wurden.

Die Landesbeamten sprechen heute beide Sprachen. Die Beamten aus dem Inneren sprechen meistens die Landessprache nicht.

Alle in Elsaß-Lothringen hofften, daß dieser Zustand am 31. Dezember dieses Jahres verschwinden würde. Sie sind erneut dabei zu beweisen, daß Ihre berühmte Gleichheit bloß in Worten vorhanden ist.

Alle Beamten haben 20% gefordert, egal ob Landes- oder Staatsbeamten. Diese Forderung ist völlig gerechtfertigt.

Sie haben der Belegschaft der Universität Straßburg eine Zulage von 25% gewährt. Aber, Herr Ministerpräsident, Sie werden wohl leicht verstehen, daß der Lehrer wohl mehr Arbeit in seiner Klasse wegen der beiden Sprachen hat, als der Universitätsprofessor, dessen Aufgabe kaum schwerer sein wird, als die jenige seines Kollegen in Nanzig oder in Paris.

Die kommunistische Partei unterstützt demnach alle Beamten in Elsaß-Lothringen in ihrem Kampf für die Entschädigungszulage.

Die Ausbeutung der Arbeiterklasse wird noch durch die nationale Unterdrückung verstärkt. Aber in Elsaß-Lothringen sind ihre Bedingungen besonders schlecht. Nirgends gibt es die acht Stunden. Die Wohnungskrise belastet die Arbeiterklasse. Die Offensive der Arbeitgeber dort ist brutal, wie die Bewegung der Bergleute es zeigt. Die Rationalisierung findet dort ohne Garantie für das

Politik und Gewaltpolitik in Elsaß-Lothringen

Proletariat statt und die Beachtung der sozialen Schutzgesetze wird nicht mehr gesichert.

Die elsaß-lothringischen Rentner leiden auch unter einem Sonderregime. Man behandelt sie, wie Leute, die nicht zu Frankreich gehören. Wenn es dann Autonomisten unter ihnen gibt, dann wundern Sie sich nicht.

Ihre Pension wird nicht nach dem Beiwertsystem berechnet, wie im Inneren [Frankreichs].

Das Dekret des vergangenen 3. August hat den Rentnern eine Verdoppelung ihrer Pension gebracht. Aber es brauchte über drei Monate um dieses Dekret in Elsaß-Lothringen anzuwenden.

Die Anwendung der Steuergesetze geschieht dagegen immer mit einer außerordentlichen Schnelligkeit.

Es gibt eine große Anzahl von Verbannten, die während des Krieges in Deutschland interniert wurden und nun neun Jahre nach der glücklichen Rückkehr immer noch auf die Bewertung ihres Geldes im Kurs von 1,25 Franken für eine Mark warten.

Statt des Geldes haben Sie ihnen die Treuemedaille gegeben.

Ich mache mich zum Vermittler einer Kategorie von Elsaß-Lothringern, die zwangsläufig all ihre Illusionen für eine Republik verloren haben, die allein die Großen begünstigt.

Eine Summe von drei Millionen wird notwendig sein um sie zufriedenzustellen.

Die Zivilinternierten, d.h. die Elsaß-Lothringer, die während des Krieges in Frankreich interniert wurden, fordern ebenfalls Entschädigungen. Sie stellen fest, daß die für sie vorgesehene Summe von drei Millionen durchaus ungenügend ist. Sie verlangen, daß eine Summe von 40 Millionen in den Haushalt 1928 eingetragen werde.

Von Jahr zu Jahr hat die Bevölkerung der drei Bezirke gehofft, daß man die geltenden Schulprogramme verändern würde. Man gab ihr schöne Versprechungen bzw. den Erlaß von Hr. Pfister[161], der aber niemand zufrieden machte. (*Unterbrechnugen in der Mitte und auf der rechten Seite.*)

---

[161] Christian Pfister (1857-1933), französischer Historiker elsässischer Herkunft, Rektor der Universität Straßburg nach 1927.

Politik und Gewaltpolitik in Elsaß-Lothringen

Die Bevölkerung hat mehrmals und unter unterschiedlichen Formen ihre Unzufriedenheit gezeigt. Am 22. Oktober 1926 stellte die Handwerkskammer nach den von den Lehrlingen abgeleisteten Prüfungen öffentlich fest, daß das intellektuelle Niveau der Elsaß-Lothringer wesentlich gesunken war, daß überall die meisten Lehrlinge nicht mehr in der Lage waren, sich ordentlich auf Deutsch auszudrücken, und auch nicht genügend auf Französisch; daß öfters sogar die elementarsten Kenntnisse nicht vorhanden waren.

Am 2. Juni 1927 erklärte der Bauernbund in seiner Generalversammlung, daß einige Zeit nach ihrem Schulaustritt die Kinder bald nicht mehr sprechen oder schreiben können, weder auf Französisch noch auf Deutsch.

Ich brauche Ihnen nicht zu sagen, daß Arbeiter, die leider ebenfalls Opfer dieses Unterrichts sind, schon seit langem protestiert haben. Die Lehrergewerkschaften, die die meisten Lehrer und Lehrerinnen der drei Bezirke vertreten, haben seit langem Vorschläge unterbreitet um diesem Zustand abzuhelfen.

Anläßlich einer Generalversammlung, die 1926 abgehalten wurde, haben die Delegierten von über 2500 Lehrern die Einrichtung eines Ausschusses gefordert, der die nationalen Programme an das Land anpassen sollte.

Die Lehrer fordern auch, daß die Kinder lesen und schreiben zuerst auf Deutsch lernen. Warum hat Herr Pfister die Fachleute nicht konsultiert? Die Pädagogen sind mit den Arbeitern, den Bauern, den Handwerkern und den meisten politischen Vertretern des Landes einverstanden um Reformen zu fordern, aber die Regierung berücksichtigt es nicht.

Die kommunistische Partei stellt fest, daß es für die meisten unserer Kinder während der Zeit in der Volksschule nicht nur unmöglich ist, zwei Sprachen zu lernen, sondern auch unmöglich ist, die notwendigen Kenntnisse in einer Fremdsprache zu erwerben, die für ihre Emanzipation notwendig sind.

Das Französische ist jedoch für die Kinder aus pädagogischer Sicht eine Fremdsprache. Von diesen Feststellungen ausgehend erscheint uns die einzig annehmbare Lösung die Gründung einer Schule, wie sie in Rußland und in der Schweiz funktioniert, nämlich eine Volksschule, die auf die Muttersprache des Kindes basiert.

Am 9. Dezember 1918 erklärte der Herr Ministerpräsident selber in Straßburg:

«Elsässer, Ihr seid gerettet, Ihr seid frei. Elsaß, die Zukunft ruft dich und lächelt dich an.»

Politik und Gewaltpolitik in Elsaß-Lothringen

Ich möchte Ihnen kurz illustrieren, wie diese Freiheit und diese Zukunft angelächelt hat.

Es ist eine echte Diktatur, die die französische Regierung auf die Bevölkerung in Elsaß-Lothringen lasten läßt. Die Versammlungsfreiheit gibt es bei uns nicht mehr. Schon 1919 anläßlich der Parlamentswahlen verbot die Regierung jede Versammlung, wo man über Autonomie oder Föderalismus reden würde. Am 11. Juli 1927 verbot sie eine Versammlung der evangelischen Jugend. Am 30. September und am 26. November 1927 verbot sie eine Kundgebung der kommunistischen Partei.

Der Ministerpräsident. Es stimmt faktisch nicht.

Hr. Karl Hueber. Am 22. August 1926 sind anti-autonomistische Banden aus den [französischen] Nachbarbezirken [ins Oberelsaß nach Colmar] gekommen um durch Waffengewalt eine Kundgebung zu verhindern, die organisiert worden war, um gegen die Strafen zu protestieren, die gegen Beamten verhängt worden waren, die das Manifest des Heimatbunds unterzeichnet hatten.

Ältere Menschen bzw. Kriegsinvaliden sind auf offener Straße niederträchtigerweise angegriffen und geschlagen worden. Weder die Polizei noch der Staatsanwalt haben die Angreifer belangt.

Was in Colmar geschehen, ist kurz davor sich in Straßburg zu wiederholen. Am 30. September, während die Regierung die Kundgebung der kommunistischen Partei verboten hatte, wurden bewaffnete Banden in der Polizeigeneraldirektion in Straßburg versammelt, um ihren Überfall zu wiederholen.

Am 23. Juli erklärt ein Reserveoffizier mitten auf einem Kongreß, daß er und seine Helfershelfer bereit sind, [andere] Bürger mit der Waffe in der Hand zu bekämpfen, wenn diese autonomistische Ansichten äußern.

Es ist ein Mordaufruf. Aber die Justiz greift nicht ein, und wir verstehen es wohl. Es ist die gleiche Justiz, die in Colmar von einem Staatsanwalt namens Fachot geführt wird, der von Senator Helmer beschuldigt wird, einem guten Freund aus Nanzig eine halbe Million Franken ausbezahlt zu haben, die aus den in Beschlag genommenen Kalibergwerken stammen...

Hr. Robert Sérot. *Berichterstatter.* Sie beweisen Ihre Kollusion mit den Autonomisten.

Hr. Aimé Berthod[162]. Diese Kollusion ist allgemein bekannt, niemand kann sie leugnen.

Politik und Gewaltpolitik in Elsaß-Lothringen

Hr. Karl Hueber. Durch die Stimme der Zeitungen, der Innungen und der Politiker, die ihr gefügig sind und die man bis unter den Sozialisten findet, bearbeitet die Regierung die öffentliche Meinung, um in Elsaß-Lothringen die Einführung eines Diktaturregimes einzuführen, das schlimmer ist als dasjenige unter dem *Ancien Régime*[163]. (*Aufschrei und Gelächter.*)

Es ist so.

Die den Anordnungen der Macht fügsame Justiz geht gegen die Personen und die Parteien vor, die es wagen, Mißbräuche aufzudecken bzw. die unabdingbaren Rechte der Elsaß-Lothringer zu verteidigen.

Eine bloße Antwort auf eine schändliche Verleumdung wird, in einem kommunistichen Blatt, zu einer schweren Diffamierung und die Justiz, die bei uns nicht blind ist, verhängt dann Monate Gefängnis bzw. Geldstrafen in der Höhe von zigtausend Franken. Eine sprachliche Entgleisung wird gleich zu einem Verbrechen gegen die Staatssicherheit. Aber das alles war nicht genug. Es ist an der Zeit gute Wahlen vorzubereiten. (*Aufschrei.*)

Erster Punkt im Programm: Sie wissen, daß die Zeitungen der politischen Parteien in Elsaß-Lothringen in deutscher Sprache erscheinen. Seit zwei Wochen verbietet die Regierung das Erscheinen der *Wahrheit*, einer Wochenzeitung von Hr. Bulach[164] aufgrund des Gesetzes des 29. Juli 1881, ergänzt durch das vom 22. Juli 1895, das der Regierung erlaubt, das Erscheinen einer Zeitung in fremder Sprache zu verbieten.

Hr. Charles Scheer[165]. Deren Redakteur hat Abbitte geleistet.

Hr. Karl Hueber. Hr. Scheer, Sie können dies mit mir auf einer öffentlichen Versammlung in Mülhausen besprechen.

In seiner Sitzung vom 12. November hat der Ministerrat die Unterdrückung der autonomistischen Zeitungen *Zukunft*, *Volksstimme* und *Wahrheit* entschieden bzw. die *Zukunft* verboten und beschlagnahmen lassen, die in elsässischer Mundart verfaßt war, also in der Sprache, die von 80% der Bevölkerung [im Elsaß] gesprochen wird.

---

[162] Aimé Berthod (1878-1944), französischer Politiker, Abgeordneter des Jura (1911-1914, 1924-1935), Senator des Jura (1935-1940).
[163] Vor der Revolution von 1789.
[164] Baron Zorn von Bulach.
[165] Charles Scheer (1871-1936), elsässischer frankophiler Politiker, Abgeordneter des Oberelsaß (1919-1929).

Politik und Gewaltpolitik in Elsaß-Lothringen

Dies kennzeichnet die gegen die deutsche Sprache und die elsässische Mundart geführten Machenschaften, die Sie durch diese Maßnahme als Fremdsprache bezeichnen.

Der Ministerpräsident. Das stimmt absolut nicht.

Hr. Karl Hueber. Die patriotischen Blätter werfen der Regierung vor, daß sie dabei *L'Humanité* vergessen habe. Die Regierung beachtet kein Gesetz. Laut den Pressegesetzen darf jeder Bürger irgend ein Organ ohne Genehmigung im voraus veröffentlichen, voausgesetzt er benachrichtigt den Staatsanwalt. Es ist aber etwas Neues in Straßburg geschehen. Nach der Unterdrückung der *Volksstimme* sollte eine neue Zeitung unter dem Titel *Friedenstimme* erscheinen. Die gesetzeskonformen Erklärungen wurden per Einschreiben am Abend des 13. November erledigt. Am Morgen des 14. um 4 Uhr sollte die neue Zeitung die Druckerei verlassen. Aber die Polizei hatte Befehl diese zu beschlagnahmen. Der Polizeikommissar erklärte ausdrücklich, daß er – was eine krasse Verletzung des Gesetzes darstellt – vom Präfekt die Anweisung erhalten hatte, jede Zeitung zu beschlagnahmen, die aus der Druckerei herauskäme. Der Präfekt hatte diese Anweisung gegeben an einem Moment, wo er die Zeitung noch nicht kannte, wo er weder deren Titel noch deren Inhalt kannte.

Der nächste Verstoß gegen die Pressefreiheit findet am 25. November statt. An diesem Tag erschien eine Wochenzeitung der kommunistische Partei, *La Liberté.* (*Aufschrei.*)

Hr. Joseph Pfleger. Wir kennen dieses Blatt.

Hr. Karl Hueber. Ich warte auf eine neue Entscheidung des Ministerrats. Der Präfekt des Unterelsaß hat diese Zeitung verboten. Tag und Nacht hat er die Druckerei der Partei durch Polizisten bewachen lassen. Die Jagd auf die kommunistische Partei ist ja eröffnet.

Hr. Joseph Pfleger. Das schöne Wild. (*Geschmunzel*)

Hr. Karl Hueber. Ihr seid entschlossen ihre Stimme zu ersticken. Ihr irrt Euch, denn Ihr seid nicht die ersten, die sich in Elsaß-Lothringen ihr eigenes Grab geschaufelt haben.

Ruhe in Elsaß-Lothringen! Das ist Ihr Motto.

In der Mitte Hr. Hueber muß einfach dabei lächeln, während er das sagt. (*Sehr gut! sehr gut!*)

Politik und Gewaltpolitik in Elsaß-Lothringen

Hr. Karl Hueber. Am 24. November sollte ich in einer von der Partei organisierten Kundgebung auftreten. Der Präfekt hat eine einzige Antwort: Es ist verboten.

Hier ist die Diktatur in Elsaß-Lothringen. Vielleicht nennen Sie das die Freiheit. Wir protestieren energisch gegen alle Schikanen und Strafen, von denen die Kommunisten, die Autonomisten und die Bevölkerung Elsaß-Lothringens Opfer sind.

Die kommunistische Partei kämpft um alle Fraktionen der Bourgeoisie zu stürzen und für die soziale Revolution.

Hr. Joseph Pfleger. Sie glauben an diese Revolution nicht.

Der Berichterstatter. Kommunisten und Autonomisten sind einverstanden.

Hr. Ernest Couteaux[166]. Sie marschieren gemeinsam.

Hr. Karl Hueber. Sie sind der Beweis, daß die Freiheiten, die Sie Elsaß-Lothringen erlaubt haben nur Illusionen sind und daß Sie jene wieder abschaffen, sobald man Sie widerspricht, sogar wenn dieser Widerspruch aus ihrem Lager kommt, aus der Bourgeoisie. Aber wir grenzen uns genauso deutlich von der autonomistischen Bourgeoisie, die eine autonome Republik Elsaß-Lothringen gründen will um das elsaß-lothringische Proletariat noch gründlicher ausbeuten zu können. (*Aufschrei und Gelächter.*)

Hr. Charles François. Der Haussegen hängt schief. Sie sind nicht mehr so sehr einverstanden.

Hr. Karl Hueber. Eine solche Autonomie, unter der Diktatur der elsaß-lothringischen Bourgeoisie, würde an der Lage des elsaß-lothringischen Proletariats nichts Wesentliches ändern.

Die kommunistische Partei hat in ihr Programm das Selbstbestimmungsrecht der Völker aufgenommen. Daher unterstützt sie die Forderung der Bevölkerung Elsaß-Lothringens, eine solche ihr passende [Regierungs-]Form zu suchen.

Aber sie erklärt deutlich, daß die Bevölkerung Elsaß-Lothringens all ihre nationalen Wünsche nur unter der Diktatur des Proletariats wird erfüllen können. (*Beifall durch die kommunistische Linke. – Unterbrechungen.*)

---

[166] Ernest Couteaux (1881-1947), französischer Politiker, Abgeordneter des Bezirks Nord (1919-1928, 1932-1936), Präsident des Bezirkstags des Bezirks Nord (1946-1947).

Politik und Gewaltpolitik in Elsaß-Lothringen

Hr. Charles François. Halten Sie uns für Kosaken, daß Sie uns von Moskau führen lassen wollen?

Hr. Joseph Pfleger. Glauben Sie, daß das Regime der Kosaken Chancen hätte, sich in Elsaß-Lothringen zu halten?

Hr. Karl Hueber. Es ist nur unter dem Regime des Proletariats, daß die Bevölkerung Elsaß-Lothringens die gleichen nationalen Entwicklungsmöglichkeiten haben wird, wie die nationalen Minderheiten.

Hr. Joseph Pfleger. Die Bevölkerung Elsaß-Lothringens will keine Diktatur, weder Ihre noch eine andere.

Hr. Charles François. Ich glaube, Hr. Hueber möchte uns Trotsky schicken, den man in Rußland nicht mehr will. (*Gelächter.*)

Hr. Karl Hueber. Von dieser Tribüne aus rufe ich den Proletariern Frankreichs zu: wenn 1914 nicht die Hälfte der Welt Frankreich zu Hilfe gekommen wäre, wenn der deutsche Imperialismus gesiegt hätte, wenn er sich in eure Regionen eingerichtet hätte, wenn er eure Muttersprache erstickt hätte, wenn er euch der Pressefreiheit und der Versammlungsfreiheit beraubt hätte, wären dann nicht auch die Proletarier dieses Landes zum Aufstand bereit? (*Aufschrei. – Beifall durch die kommunistische Linke.*)

Der Ministerpräsident. Diese Vergleiche sind eine Schande. (*Lebhafter Beifall.*)

Hr. Karl Hueber. Der französische Imperialismus führt heute seinen letzten Krieg für die Eroberung Elsaß-Lothringens; er hat die Reichtümer des Bodens erobert, er hat das Volk verloren. (*Lebhafter Aufschrei.*)

Hr. Charles François. Wir haben uns immer im Elsaß gegen die Deutschen erhoben, weil wir immer betrachtet haben, daß das Elsaß ein französisches Land ist. (*Lebhafter Beifall.*)

Hr. Édouard Moncelle[167]**.** Frankreich ist das Land der Freiheit.

Hr. Gaston About. Diese Rede wird in Berlin Beifall bekommen, denn Sie sprechen gegen Frankreich. (*Beifall.*)

Wir sind viele, die uns haben verprügeln lassen, um Elsaß-Lothringen zu befreien. Wir lassen nicht zu, daß Sie ihr Andenken verraten. (*Lebhafter Beifall.*)

---

[167] Édouard Moncelle (1879-1962), lothringischer frankophiler Politiker, Abgeordneter von Deutschlothringen (1924-1940). Er nahm am 1. Weltkrieg als französischer Soldat teil.

Politik und Gewaltpolitik in Elsaß-Lothringen

Der Ministerpräsident. Vom Anfang bis zum Ende ist diese Rede eine Beschimpfung Elsaß-Lothringens. (*Lebhafter Beifall.*)

Hr. Karl Hueber. Die Sozialisten werfen uns vor den Frieden zu stören. Sie sollten sich daran erinnern, daß Sie 1914 selber die Autonomie Elsaß-Lothringens gefordert hatten. Sie sind also nicht mehr Pazifisten gewesen, als die heutigen Kommunisten. Sie erklärten sogar, und Hr. Peirotes und Hr. Weill sind Zeugen davon...

Hr. Peirotes. Lassen Sie uns in Ruhe!

Hr. Karl Hueber. ...daß eine autonome Republik die einzige Garantie für den Frieden wäre. 1915 warnte Hr. Grumbach die französiche Regierung davor, sich durch die Begeisterung der Elsaß-Lothringer im Moment des Sieges täuschen zu lassen. In seiner Broschüre *Le sort de l'Alsace-Lorraine*[168], forderte er nachdrücklich eine Volksabstimmung.

Hr. Marcel Sembat rief seinerseits am 2. August 1914 in der Salle Wagram[169]: «Als Sieger werden wir Elsaß-Lothringen das sagen, was die Deutschen nicht gesagt haben. Wir werden sagen: «Elsaß-Lothringische Brüder, Ihr habt das Wort! Entscheidet Ihr über Euer Schicksal.»

Der Ministerpräsident. Sie haben es ausgesprochen.

Hr. Karl Hueber. «Was wollt Ihr? Ihr seid frei. Wollt Ihr wieder Vollmitglieder Frankreichs werden oder Eure Autonomie behalten?»

Hr. Joseph Pfleger. Sie sind 1919 auf einem nationalen Programm gewählt worden.

Hr. Édouard Moncelle. Und Hr. Cachin[170] weinte in Straßburg!

Hr. Karl Hueber. Ich antworte Hr. Marcel Sembat, daß Elsaß-Lothringen nicht frei ist, daß man seine Stimme nicht hören will, daß seine Freunde der sozialistischen Partei heute die Poincaré-Regierung decken und daß seine Präfekten... (*Unterbrechungen auf der rechten Seite und in der Mitte.*)

Hr. Charles Frey. Erlauben Sie mir, daß ich Sie unterbreche, Herr Hueber? (*Unterbrechungen durch die kommunistische Linke.*)

---

[168] Das Schicksal Elsaß-Lothringens.

[169] Versammlungshalle in Paris.

[170] Marcel Cachin (1869-1958), französischer kommunistischer Politiker bretonischer Herkunft, Abgeordneter der Seine (1914-1932, 1945-1958), Senator (1936-1940).

Politik und Gewaltpolitik in Elsaß-Lothringen

Hr. Karl Hueber. Ich setze lieber meine Rede fort. Sie antworten mir dann, wenn ich fertig bin.

Hr. Joseph Pfleger. Haben Sie Angst? (*Unterbrechungen durch die kommunistische Linke.*)

Hr. Camille Bénassy[171]. Erzählen Sie uns von Herrn Cachins Tränen, Herr Hueber.

Hr. Karl Hueber. Wir, Kommunisten, wissen, daß der französische Imperialismus sich in Elsaß-Lothringen schwer bedroht fühlt. Heute schlägt er zurück. Aber das Volk wird seinerseits auch zurückschlagen. Es wird sich nicht durch eine Regierung im Dienste einer Clique von Finanzlern mundtot machen lassen… (*Lebhafte Unterbrechungen auf der rechten Seite, in der Mitte und auf der linken Seite. − Beifall durch die kommunistische Linke.*)

Der Präsident. Ich rufe Sie zur Ordnung. Ich kann solche Worte nicht zulassen. Achten Sie auf Ihre Wortwahl.

Hr. Karl Hueber. …die allein vom politischen Wechsel in Elsaß-Lothringen profitiert haben. Durch keine Diktaturmaßnahme werden Sie verhindern, daß die Elsaß-Lothringer die politische Autonomie und das Selbstbestimmungsrecht verlangen.

Das imperialistische Frankreich hat uns nicht gerettet! das imperialistische Frankreich hat uns nicht befreit! (*Lebhafter Aufschrei auf zahlreichen Bänken. − Hr. Hueber spricht trotz des Lärms weiter.*)

Der Präsident. Herr Hueber, ich rufe Sie erneut zur Ordnung. Die Worte, die Sie gerade gesprochen haben, werden im *Journal officiel* nicht erscheinen, und wenn Sie darauf beharren, werde ich Ihnen das Wort entziehen müssen. (*Beifall.*)

Auf zahlreichen Bänken. Raus!

Hr. Karl Hueber. Es ist die Wahrheit! (*Beifall durch die kommunistische Linke. − Lärm.*)

Hr. Marcel Armould[172]. Es ist eine Schande! Es ist eine Beleidigung für unsere 1.600.000 Gefallenen.

---

[171] Camille Bénassy (1887-1958), französischer sozialistischer Politiker, Abgeordneter der Creuse (1924-1928, 1931-1936).
[172] Marcel Arnould (1891-1955), französischer Politiker, Abgeordneter des Wasgaus (1926-1928).

Politik und Gewaltpolitik in Elsaß-Lothringen

Hr. Karl Hueber. Um sich zu befreien, soll das elsaß-lothringische Volk nicht den bürgerlichen Parteien folgen, die ihm die Autonomie versprechen, um es noch mehr ausbeuten zu können. *(Erneute Unterbrechungen auf der rechten Seite und in der Mitte.)*

Der Präsident. Hr. Hueber hat mich wissen lassen, daß er die von ihm gesprochenen Worte zurücknimmt, die die Kammer haben beleidigen können. *(Unterbrechungen auf der rechten Seite.)*

Hr. Joseph Pfleger. Er hat nicht nur die Kammer beleidigt.

M. Pierre Taittinger[173]. Sondern Frankreich.

Hr. Joseph Pfleger. Er hat Frankreich beleidigt und gleichzeitig alle elsaß-lothringischen Patrioten. *(Beifall in der Mitte, auf der linken und auf der rechten Seite.)*

Hr. Gaston About. Wir sind immerhin im französischen Parlament. *(Unterbrechungen durch die kommunistische Linke.)*

Der Präsident. Herr Hueber, sprechen Sie zu Ende bitte.

Hr. Karl Hueber. Es soll sich um die kommunistische Partei sammeln, der Avant-Garde der Arbeiterklasse, die allein in der Lage ist, das gesamte Volk zu dessen Befreiung zu führen... *(Lebhafter Protest auf der rechten Seite und in der Mitte. – Lärm.)*

Hr. Pierre Taittinger. Es ist unzumutbar, daß man Herrn Hueber seine Rede fortführen läßt.

Er sollte lieber nach Berlin! *(Aufschrei der kommunistischen Linken.)*

Hr. Jacques Duclos[174]. *(an die rechte Seite gerichtet.)* Ihr seid ja die Fachleute des Patriotismus! *(Protest auf der rechten Seite und in der Mitte.)*

Der Präsident. Herr Hueber, sprechen Sie bitte Ihre Rede zu Ende, Ihre Redezeit ist bald zu Ende... *(Protest durch die kommunistische Linke.)*

Hr. Cornavin[175]. Nein! Um fünfzehn Uhr fünf war die Sitzung noch nicht eröffnet!

---

[173] Pierre Taittinger (1887-1965), französischer Politiker lothringischer Herkunft, Abgeordneter der Charente-Inférieure (1919-1924), Abgeordneter von Paris (1924-1940), Präsident des Gemeinderats von Paris (1943-1944).

[174] Jacques Duclos (1896-1975), französischer kommunistischer Politiker, Abgeordneter von Paris (1926-1932, 1936-1940, 1945-1958), Senator von Paris (1959-1975).

[175] Gaston Cornavin (1894-1945), französischer kommunistischer Politiker, Abgeordneter des Cher (1924-1928, 1936-1940).

Politik und Gewaltpolitik in Elsaß-Lothringen

Hr. Karl Hueber. In diesem Kampf... (*Lebhafter Protest in der Mitte und auf der rechten Seite. – Aufschrei durch die kommunistische Linke.*)

Der Präsident. Seien Sie bitte still, meine Herren; bitte, Hr. Hueber, sprechen Sie jetzt zu Ende und verlassen Sie die Tribüne. (*Lebhafter Protest durch die kommunistische Linke. – Lärm.*)

Hr. Pierre Taittinger. Und daß man damals Hr. de la Ferronays[176] zensuriert hat!

Hr. Karl Hueber. In diesem Kampf sind wir sicher, daß die französischen Arbeiter und Bauern uns gegen den französichen Imperialismus unterstützen werden, unter dem sie ebenfalls leiden. Wir haben einen gemeinsamen Feind, wir werden gemeinsam siegen. (*Lebhafter Beifall durch die kommunistische Linke. – Protest und Lärm auf zahlreichen Bänken.*)

Auf mehreren Bänken. Wir verlangen eine Unterbrechung der Sitzung.

Der Präsident. Ich höre, daß eine Unterbrechung der Sitzung verlangt wird.

Niemand ist dagegen?

Die Sitzung wird unterbrochen.

[...]

---

[176] Henri Ferron, Marquis de la Ferronays (1876-1946), französischer Politiker, Abgeordneter der Loire-Inférieure (1907-1942).

Politik und Gewaltpolitik in Elsaß-Lothringen

16.

**Erlaß betreffend die Erklärung der französischen Sprache
zur Gerichtssprache in Elsaß und Lothringen
bzw. diverse gerichtliche Formalitäten.**
(*Journal Officiel* vom 5. Februar 1919)

Der Ministerpräsident, Kriegsminister

Nach dem Dekret des 26. November 1918,

erläßt:

Art. 1. – Die Gerichtssprache ist in Elsaß und Lothringen die französische Sprache, in der die Erhebungen verfaßt, die Plädoyers gesprochen, die Urteile, Verordnungen und Anordnungen verkündet werden müssen, sowohl vor dem obersten Gericht wie vor den Landgerichten. Die Verhandlungen können dort in der lokalen Mundart oder auf Deutsch stattfinden, aber nur auf Entscheidung des Sitzungspräsidenten, wenn alle teilnehmenden Personen erklären, daß sie die lokale Mundart oder das Deutsche kennen und das Französische nicht genügend beherrschen.

Vor allen anderen Gerichten können Ausnahmen zur oben genannten Regel durch Verordnung des Präsidenten des Landgerichts auf Antrag des Regierungskommissars bei diesem Gericht gewährt werden.

Art. 2. – Jede notarielle Urkunde muß in französischer Sprache verfaßt werden, außer alle anwesenden Parteien erklären, daß sie das Französische nicht können und ausdrücklich beantragen, daß die Urkunde in deutscher Sprache verfaßt werde.

Art. 3. – Die Ausfertigungen der Anordnungen, Urteile oder Befehle, sowie der Vollstreckungen und Verträge bzw. aller exekutierfähigen Urkunden, werden mit «*au nom de la loi*»[177] eingeleitet und mit der Formel «*la présente expédition est délivrée à... aux fins d'exécution forcée*»[178] abgeschlossen.

---

[177] Im Namen des Gesetzes.
[178] Die vorliegende Ausfertigung wird... ausgehändigt zum Zwecke der Zwangsvollstreckung.

Politik und Gewaltpolitik in Elsaß-Lothringen

Die Träger der oben genannten vor der Verkündung des vorliegenden Erlasses ausgehändigten Urkunden, die diese exekutieren lassen möchten, müssen diese zuvor entweder dem Urkundsbeamten des urteilenden Gerichts, im Falle der Ausfertigung einer Anordnung oder eines Urteils, oder einem Notar, im Falle einer notariellen Urkunde, vorlegen, damit die Vollstreckungsklausel angefügt werde. Dieses Anfügen hat kostenlos zu geschehen.

Art. 4. – Die Siegel der Amtspersonen weisen in der Mitte, nach einem einheitlichen Muster, das Zeichen der Justiz, und in der Umrandung die Wörter «*Alsace et Lorraine*»[179] mit Namen, Funktion und Sitz der Amtsperson.

Art. 5. – In den Fällen, wo das deutsche Gesetz eine besondere Bekanntmachung im Reichsanzeiger für manche Urkunden verlangte, wird diese Bekanntmachung im *Bulletin Officiel d'Alsace et Lorraine*[180] erfolgen.

Paris, am 2. Februar 1919.

Der Ministerpräsident, Kriegsminister,
Georges Clemenceau.

---

[179] Elsaß und Lothringen.
[180] Amtsblatt für Elsaß und Lothringen.

247

Politik und Gewaltpolitik in Elsaß-Lothringen

17.
Dekret betreffend die Erläuterung des Artikels 2 des Erlasses des 2. Februar 1919 betreffend die Erklärung der französischen Sprache zur Gerichtssprache in Elsaß und Lothringen.

(Journal Officiel vom 19. Mai 1922)

Justizministerium

Bericht an den Präsidenten der Republik

Paris, am 15. Mai 1922

Herr Präsident!

Ich habe die Ehre, Ihnen einen Dekretentwurf betreffend die Erläuterung des Artikels 2 des Erlasses des 2. Februar 1919 betreffend die Erklärung der französischen Sprache zur Gerichtssprache in Elsaß und Lothringen vorzulegen.

Das Dekret vom 6. Dezember 1918 hatte in den besetzten Gebieten die vorher geltenden Zivil- und Strafgesetze aufrechterhalten, jedoch mit Ausnahme (Art. 2) der gesetzlichen Bestimmungen, die mit dem neuen Stand der Dinge unvereinbar wären. Der Erlaß vom 2. Februar 1919 zog aus diesem Prinzip eine notwendige Konsequenz und ersetzte die deutsche durch die französische Sprache in der Justizverwaltung.

Der Artikel 1 legt fest, daß die Gerichtssprache die französische Sprache ist, in der alle Erhebungen verfaßt, die Plädoyers gesprochen, die Urteile, Verordnungen und Anordnungen verkündet werden müssen.

Der Artikel 2 bestimmt daß «jede notarielle Urkunde in französischer Sprache verfaßt werden muß, außer alle anwesenden Parteien erklären, daß sie das Französische nicht können und ausdrücklich beantragen, daß die Urkunde in deutscher Sprache verfaßt werde.»

Schwierigkeiten in Bezug auf die Interpretation dieses letzten Artikels ließen nicht auf sich warten. Das Personal in den Amtsräumen der Notare beherrschte das Französische nur schlecht und neigte daher natürlich dazu die deutsche Sprache weiter zu verwenden, dessen Gebrauch ihm geläufiger war. Bedenken juristischer Art haben sich übrigens zu dieser faktischen Unwissenheit hinzugefügt. Die deutschen Texte, die die deutsche Sprache vorschreiben (Art. 2240 BGB[181] und Art. 175 des Gesetzes vom 17. Mai 1898 über die Angelegenheiten

---

[181] Bürgerliches Gesetzbuch.

Politik und Gewaltpolitik in Elsaß-Lothringen

der freiwilligen Gerichtsbarkeit waren im Imperativen verfaßt (muss ein Protokoll in deutscher Sprache aufgenommen werden). Die elsässischen oder lothringischen an eine strenge Interpretation der Texte gewöhnten Juristen haben sich gefragt inwiefern ein Erlaß so ausdrückliche Bestimmungen hatte außer Kraft setzen können. Sie waren sich nicht darüber im Klaren, daß die Besatzung des Elsaß und Lothringens durch unsere Truppen die *de facto* wenn auch nicht *de jure* Rückgliederung der zurückgewonnenen Gebiete in die französische Einheit verwirklicht hatte, daß die Legislative von Deutschland genommen und in die Hände Frankreichs gelegt worden war, und daß die französische Regierung, der die Verwaltung der besetzten Provinzen anvertraut wurde, ihre Gesetzgebung so verändern konnte, wie der neue Stand der Dinge es erforderte.

In der Tat wurden zahlreiche Urkunden unter Mißachtung der Bestimmungen des Erlasses vom 2. Februar 1919 auf Deutsch verfaßt, ohne daß man festgestellt habe, daß die anwesenden Parteien dies ausdrücklich beantragt hätten.

Das wegen dieser Frage angerufene Oberlandesgericht in Colmar entschied mit Urteil vom 23. Juni 1921, daß die Vorschriften des Erlasses von 1919 bindend waren, unter Androhung der Nichtigkeit. Die Konsequenz davon war die Unwirksamkeit zahlreicher Urkunden wie Testamente, Bestellungen von Hypoteken usw. Diese Lösung rief eine große Empörung hervor. Man konnte zwar eine gewisse Anzahl an Verträgen neumachen, aber nicht alle. Juristische Situationen, die private Leute als endgültig geglaubt hatten, konnten dadurch in Frage gestellt werden.

Das Oberlandesgericht in Colmar wurde erneut angerufen und urteilte am 11. Januar 1922 umgekehrt, indem es «den Notaren vorschrieb, ihre Urkunden auf Französisch zu verfassen, und die Bedingungen einschränkte, unter denen es ihnen erlaubt war, dagegen zu verstoßen; der Erlaß von 1919 hat ihnen berufliche Richtlinien gegeben, denen sie sich nicht entziehen können, ohne sich disziplinarischen Sanktionen auszusetzen, war aber nicht gewillt, die beteiligten Parteien dem auszusetzen, einen Schaden davon zu tragen».

Dieses letzte Urteil hat die Besorgnis der Geschäftsleute in gewissem Maße beruhigt. Jedoch ist diese Besorgnis nicht völlig verschwunden. Die Jurisprudenz kann sich nochmals ändern. Der Kassationshof wurde nicht angerufen, es wurde keine Revision eingelegt, weder gegen das erste noch gegen das zweite Urteil des Oberlandesgerichts in Colmar, aber er könnte es in einem anderen Fall werden, und man müßte dann noch lange Monate auf seine endgültige Entscheidung warten. Um diese Unsicherheit zu beenden soll man eine offizielle

Politik und Gewaltpolitik in Elsaß-Lothringen

Interpretation des umstrittenen Textes geben. Unsere Gesetzgebung bietet Beispiele, wo das Parlament so interpretierende Texte für vorherige Gesetze verkündet hat. So wurde ein Gesetz vom 4. September 1807 erlassen, um im Artikel 2148 des bürgerlichen Gesetzbuches zu interpretieren, ob die Eintragung einer Hypothekarschuld die Angabe des Fälligkeitsdatums der Forderung beinhalten sollte. So wurde noch das Gesetz vom 21. Juni 1843 verkündet, um die Bestimmungen des Gesetzes vom 25. Ventôse Jahr XI bezüglich der Anwesenheit des stellvertretenden Notars anläßlich der Verfassung von Urkunden zu interpretieren.

Der vorliegende Dekretentwurf nimmt sich ein Beispiel an diese Präzedenzfälle.

Sein Ziel ist es die These des zweiten Urteils des Oberlandesgerichts in Colmar zu bestätigen. Was haben tatsächlich die Verfasser des Erlasses vom 2. Februar 1919 gewollt? Sie haben die französische Sprache zur Amtssprache der Justiz in Elsaß und Lothringen erklären und die Bestimmungen des Landesgesetzes abschaffen wollen, die den Gebrauch der deutschen Sprache vorschrieben. Aber gleichzeitig haben sie die Gewohnheiten der Bevölkerung respektieren wollen, indem sie die Möglichkeit beliessen, das Deutsche zu verwenden, wenn alle Parteien französisch nicht konnten und den Gebrauch der germanischen Sprache beantragten. Die Eigenschaft solcher von einer französischen Behörde angeordneten Vorschriften kann nur diejenige sein, der in der allgemeinen französischen Gesetzgebung ähnlichen Bestimmungen beigemessen wird, die auf unserem Staatsgebiet den Gebrauch der nationalen Sprache vorsehen. Doch in dieser Hinsicht, mangels eines präzisen Textes sind sich Schrifttum und Jurisprudenz einig. Man muß wegen ihrer unterschiedlichen Eigenschaft in Bezug auf die Staatsgewalt zwischen den öffentlichen und den privaten Urkunden unterscheiden. Einerseits ist die Gebrauchspflicht der nationalen Sprache in den öffentlichen Urkunden Teil der Justizverwaltung und stellt ein vorgeschriebenes Prinzip der öffentlichen Ordnung unter Androhung der Nichtigkeit dar (Kassationshof, 4. August 1859); andererseits, indem er den Notaren den Gebrauch der französischen Sprache beim Verfassen ihrer Urkunden vorschreibt, war der Gesetzgeber nicht gewillt diese Maßnahme durch die Nichtigkeit der in fremder Sprache verfaßten Urkunden zu sanktionieren, um einen Strafrahmen zu vermeiden, dessen zu unbedingte Strenge zu verhängnisvollen Störungen für die allgemeinen Interessen der Bürger wie auch für die öffentliche Glaubwürdigkeit (Kassationshof, 22. Januar 1879).

Politik und Gewaltpolitik in Elsaß-Lothringen

Der Ihnen vorgelegte Entwurf bestätigt diese Unterscheidung und, nachdem er durch seinen Titel die interpretierende Eigenschaft dieser Bestimmungen anzeigt (Titel aus dem Gesetz vom 4. September 1807 entlehnt) legt in seinem Artikel 1 (Formulierung aus dem Gesetz vom 21. Juni 1843 entlehnt) fest, daß «die seit dem Inkrafttreten des Erlasses vom 2. Februar 1919 abgeschlossenen notariellen Urkunden nicht aus dem Grunde können annulliert werden, daß die Vorschriften des Artikels 2 besagten Erlasses nicht befolgt wurden», und stellt in seinem Artikel 2 klar, daß «in Zukunft jeder Notar, der gegen die Vorschriften besagten Artikels 2 verstößt, Disziplinarstrafen unterliegen wird».

Die hier oben erwähnten Umstände zeigen die Dringlichkeit des Entwurfs und rechtfertigen den Gebrauch der Prozedur eines Dekrets. Es geht tatsächlich darum, einen 1919 vom Kriegsminister aufgrund der ihm vor dem Votum durch das Parlament des Gesetzes über das provisorische Regime für Elsaß und Lothringen übertragenen Sondervollmachten verkündeten Erlaß zu interpretieren. Dieser Erlaß ist somit Teil der Landesgesetzgebung, die das Gesetz vom 17. Oktober 1919 in Kraft belassen hat, aber für die der Artikel 7 besagten Gesetzes erlaubt, die Prozedur des Dekrets zwecks dessen Ausführung zu gebrauchen.

Falls Sie diesen Betrachtungen zustimmen mögen, habe ich die Ehre Sie zu bitten, den vorliegenden Dekretentwurf zu unterzeichnen.

Gestatten Sie, Herr Präsident, den Ausdruck meiner respektvollen Ergebenheit.

Der interimistisch für das Justizministerium
zuständige Minister für die befreiten Regionen,
Charles Reibel.

Der Präsident der französischen Republik,

angesichts des Berichts des Siegelbewahrers, Ministers der Justiz,

nach dem Dekret vom 21. März 1919 betreffend die Verwaltung von Elsaß und Lothringen;

nach dem Gesetz vom 19. Oktober 1919 betreffend das Übergangsregime für Elsaß und Lothringen, Artikel 4 und 7;

Politik und Gewaltpolitik in Elsaß-Lothringen

nach dem Dekret vom 17. Januar 1922, der dem Siegelbewahrer, Minister der Justiz die dem Ministerpräsidenten durch den Dekret vom 21. März 1919, das Gesetz vom 17. Oktober 1919 und das Haushaltsgesetz vom 31. Dezember 1921 (Art. 62) übertragenen Vollmachten delegiert;

nach dem Erlaß vom 2. Februar 1919, der die französische Sprache zur Gerichtssprache in Elsaß und Lothringen erklärt;

nach den Vorschlägen des Generalkommissars der Republik in Straßburg,

dekretiert:

Art. 1. – Die seit dem Inkrafttreten des Erlasses vom 2. Februar 1919, der die französische Sprache zur Gerichtssprache in Elsaß und Lothringen erklärt, abgeschlossenen notariellen Urkunden können nicht aus dem Grunde annulliert werden, daß die Vorschriften des Artikels 2 besagten Erlasses nicht befolgt wurden.

Art. 2. – In Zukunft wird jeder Notar, der gegen die Vorschriften besagten Artikels 2 verstößt, Disziplinarstrafen unterliegen.

Art. 3. – Das vorliegende Dekret wird innerhalb eines Monats dem Parlament zur Ratifizierung vorgelegt.

Art. 4. – Der Siegelbewahrer, Minister der Justiz, wird mit der Ausführung des vorliegenden Dekrets beauftragt, das im *Journal Officiel* und im *Bulletin Officiel d'Alsace et Lorraine* veröffentlicht wird.

Paris, am 15. Mai 1922.

A. Millerand

Durch den Präsidenten der Republik:

Der interimistisch für das Justizministerium
zuständige Minister für die befreiten Regionen,
Charles Reibel.

Politik und Gewaltpolitik in Elsaß-Lothringen

18.
Eine Stimme des Heimatbunds
(L'Action française vom 31. August 1926)

Léon Daudet hat den vorliegenden Brief erhalten. Sein unerhörter Inhalt und die Eigenschaft des Unterzeichnenden machten es uns zur Pflicht ihn erst nach Überprüfung zu veröffentlichen. Wir haben erfahren, daß der Pfarrer Guerrier in Mülhausen wohl bekannt ist. Sein Sohn nahm am andern Sonntag als einer der militantesten Mitglieder des Heimatbunds an den Ausschreitungen in Colmar teil.

Mülhausen, am 25. August 1926.

Herr Daudet,

Ihre Mamluken haben letzten Sonntag ganze Arbeit geleistet, sie können stolz sein und Sie können stolz über diese Helden sein! Sie haben meinen Sohn beinahe ermordet, den sanftmütigsten und harmlosesten Jungen der Welt, der ihnen nichts angetan und sie keinesfalls provoziert hatte. Sie haben ihn in Colmar, am Bahnhof, brutal angegriffen und geschlagen, und diese Barbaren rißen ihm sogar die Haare aus! Und das sind vorgebliche den König dienende Ritter, die ein so schändliches und ruchloses Werk an französische Bürger wie sie verrichten. Eine schöne Brut, die wir der öffentlichen Verachtung übergeben. Damit verekelt man allen rechtschaffenen Leuten das Französischsein, und alle Mitglieder des Heimatbunds werden mit Freude den Tag grüßen, an dem sie ihre deutsche Staatsbürgerschaft wiedererlangen und ihre deutschen Brüder kommen werden, sie an diesen frankophilen Grobianen zu rächen. Daß sie dann zittern, diese Elenden!

Ich schäme mich dafür noch einen französischen Namen zu tragen. Sobald ich wieder Deutcher bin, werde ich mich beeilen, ihn zu übersetzen. Übrigens ist bei uns, bei meinen Kindern und mir, allein der Name und die Staatsbürgerschaft französisch, diese widerliche französische Staatsbürgerschaft, die uns leider aufgezwungen wurde! Daher reden wir immer nur deutsch, das reine und edle Hochdeutsche, um unsere Lippen mit diesem nichtswürdigen welschen

Politik und Gewaltpolitik in Elsaß-Lothringen

Idiom nicht zu beschmutzen, und um unsere Gefühle unveränderlicher Treue zum deutschen Vaterland zum Ausdruck zu bringen.

Gestatten Sie die Achtung, die Ihnen zukommt.

Guerrier,
Pfarrer der evangelischen Kirche
in der Weidengasse, Mülhausen.

Die protestantischen Patrioten im Elsaß, unter denen wir viele Freunde zählen, werden diesen seltsamen Pfarrer kennenlernen, dessen Unwürdigkeit sie nicht heimsuchen kann. Dieser Wutausbruch eines *Boche* braucht übrigens nicht kommentiert zu werden. Er wird bloß den Elsässern zeigen, die geneigt waren an der Aufrichtigkeit des Heimatbunds zu glauben, wenn er seine Treue zu Frankreich und seinen Wunsch beteuert, im «nationalen Rahmen» zu bleiben, welch sind die wahren Gefühle, die ihn beseelen. Und sie werden verstehen, daß mit diesem gehässigen und hinterhältigen Feind, die energische von den Patrioten in Colmar erteilte Lektion wohl geboten war.

Maurice Pujo.

Politik und Gewaltpolitik in Elsaß-Lothringen

19.
Die Gemeinderatswahlen in Hagenau
(*Le Temps* vom 24. Februar 1928)

Straßburg, am 23. Februar

Am kommenden Sonntag finden in Hagenau die Gemeinderatswahlen statt, um den früheren Gemeinderat zu ersetzen, der – mehrheitlich aus Elementen der Volkspartei bestehend – vor drei Wochen wegen seiner antinationalen Haltung aufgelöst worden ist.

Nun, in einer gestern Abend von der Volkspartei organisierten Wahlkundgebung rief der Graf de Leusse, Senator des Unterelsasses und Mitglied dieser Partei, die Anwesenden auf nicht für den früheren Gemeinderat zu stimmen.

«Es muß ein für allemal Schluß gemacht werden mit dem Autonomismus,» sagte er unter anderem. «Wir würden wohl nicht der katholischen Sache helfen, in dem wir einer Gemeindeverwaltung zu Hilfe kämen, die die Interessen der Stadt Hagenau durchaus kompromittiert hat. Erwecken wir nicht den Eindruck, daß die elsässischen Katholiken nur Franzosen zweiter Klasse seien. Es ist notwendig, daß wir uns als gute Franzosen zeigen.»

Politik und Gewaltpolitik in Elsaß-Lothringen

20.
Wahlkampfchronik – Die Parlamentswahlen von 1928
(*Le Temps* vom 24. Februar 1928)

Lothringen. Herr Manceron, Präfekt von Deutsch-Lothringen, ist gestern nach Bolchen gekommen, um einem vornehmen Landwirt, Herrn Émile Pallez, Präsident des Bauernverbands, das Kreuz der Ehrenlegion, und dem Bolchener Bürgermeister, Herrn Koune, die Insignien eines Offiziers des Unterrichtswesens zu verleihen. Der Präfekt hat zu diesem Anlaß eine Ansprache gehalten, in der er die Wähler vor autonomistischen Kandidaten mit den folgenden Worten gewarnt hat:

«Wir kommen in eine ernste Zeit, in der die Bürger aus ganz Frankreich aufgerufen werden, ihre Vertreter zu wählen. Ich habe keinesfalls den Wunsch, mich in diese Wahl einzumischen. Die Verwaltung bleibt außerhalb der politischen Auseinandersetzungen. Sie übersieht die Persönlichkeiten. Aber ich habe das Recht und die Pflicht Ihnen zu sagen: Vermeiden Sie, sich von Zwietracht- und Haßverbreitern betrügen zu lassen. Fragen Sie sie: Seid Ihr Franzosen?

«Sie werden ihnen auch sagen: Seid Ihr bereit alle schlechten Schäfer zu desavouieren, die Unruhe in das Land gebracht haben? Daran wird Frankreich die Seinigen erkennen. Sollten unglücklicherweise in irgendeinem Eck unserer dreien Bezirke irregeführte Wähler sich dazu verleiten lassen, einen autonomistischen Kandidaten zu bezeichnen, sollten sie durch einen autonomistischen Abgeordneten vertreten werden, so hätte dieser keinen Zutritt zu irgend einer französischen Verwaltung, und niemand könnte ihre Interessen vertreten. Ich sage das hier, obwohl es nicht notwendig ist. Wenn jemals ein autonomistischer Abgeordneter nach Paris gehen möchte, so würde kein *Député* neben ihm sitzen wollen.»

Politik und Gewaltpolitik in Elsaß-Lothringen

21.
Die Wahlen in Hagenau
(*Le Temps* vom 25. Februar 1928)

Die Gemeinderatswahlen in Hagenau, die am Sonntag 26. Februar stattfinden, bieten das besondere Interesse, daß sie im kleinen Rahmen die verschiedenen Meinungsströmungen im Elsaß versammeln. Es ist ein kontreter und typischer Fall für dieses berühmte «*Malaise*», von dem man so viel gesprochen hat und den man sich jenseits des Rheins allzu schnell beeilt hat auszunutzen.

Am vergangenen 24. Januar hat der Ministerrat entschieden die Gemeindeverwaltung dieser kleinen Stadt von etwa 17 000 Einwohnern infolge von Zwischenfällen aufzulösen, die die Bevölkerung unserer zurückgewonnenen Provinzen stark bewegt und Widerhall im Ausland gefunden hatten. Diese Zwischenfälle häuften sich seit drei Monaten, aber einige waren schon älter.

1924 ist die traditionelle Kundgebung für den 14. Juli im Rathaus abgeschafft worden und fand seitdem nicht statt. Im Folgejahr fiel der nicht minder traditionelle Bankett anläßlich der Musterung aus. 1926, anläßlich des Kongresses der elsaß-lothringischen Gemeindebeamten, hatte der Bürgermeister gemeint, er könne die Stadt nur in Rot-Weiß, den elsässichen Farben, und nicht Blau-Weiß-Rot beflaggen lassen, und es bedurfte der Intervention des Präfekten des Unterelsasses damit auch mit den nationalen Farben beflaggt wurde. Am 1. November des vorigen Jahres ließ der Bürgermeister Trauerkränze mit blau-weißen Schleifen, den Farben der Stadt, auf die Soldatengräber im Friedhof legen. Am Jahrestag des Waffenstillstands erschien der gleiche Bürgermeister auf einer Feier nicht, die die General- und Kreisräte bzw. vierzig Bürgermeister unter dem Vorsitz des Unterpräfekten versammelte. Trotz der Anregung der Hälfte des Gemeinderats unterließ es dieser die Belangung der Autonomisten gutzuheißen. Schließlich spitzten sich die Auseinandersetzungen auf der Sitzung des Gemeinderats vom 28. Dezember. Von den 27 Mitgliedern – 13 von der Volkspartei, 7 von der Demokratischen Partei und 7 von der Radikalsozialistischen Partei –, aus denen er bestand, empörten sich die Radikalsozialisten und 6 Demokraten gegen die autonomistischen Bestrebungen ihrer Kollegen und besonders gegen den antinationalen Einfluß, der von zwei Stadtbeamten, Herrn Jean Keppi, ehemaliger Sekretär des Heimatbunds und dem Bibliothekar, Herrn Abbé Gromer, auf den Rat ausgeübt wird.

Darüber hinaus hatte die Häufung der autonomistischen Bekundungen schließlich die patriotische Bevölkerung der Stadt alarmiert. Fabrikbesitzer und Kauf-

Politik und Gewaltpolitik in Elsaß-Lothringen

leute hatten sich an den Präfekten gewandt um ihm die «geheimen und verantwortungslosen Beinflussungen» zu melden, die auf die Ratsmehrheit lasteten. «Die Ablehnung der Ratsmehrheit,» sagten sie, «die trikoloren Farben als Stadtfarben anzuerkennen bzw. die Ablehnung derselben Mehrheit die autonomistischen Umtriebe klar und deutlich zu mißbilligen… zwingt uns dazu Stellung zu nehmen.» Der durch die autonomistischen Umtriebe verursachte Schaden war in der Tat sowohl moralischer wie materieller Natur. Die Bevölkerung der Stadt wurde unruhig, die Fabrikbesitzer und die Kaufleute erfuhren Auftragsausfälle, ein ernsthafter Streit konnte auftreten. «Wir würden es bedauern, da wir keine weiteren Mittel zum Protest und zur Wehr finden,» schrieben zuletzt die Unterzeichneten der Bittschrift, «wenn wir uns gegebenenfalls gezwungen sähen, unsere Fabriken vorübergehend schließen zu müssen, um durch diese Maßnahme zu zeigen, daß wir mit der derzeitigen Leitung unserer Stadt nicht einverstanden sind.»

Es ist unter diesen Bedingungen und um die tiefe in Hagenau hervorgerufene Unruhe zu begegnen, daß die Regierung entschied den Gemeinderat aufzulösen.

Alsbald griffen die autonomistischen Elemente auf ihr gewöhnliches Argument zurück. Sie versicherten, daß die Proteste der Ratsminderheit und die getroffene Maßnahme schlicht ein antiklerikales Manöver darstellten. «Unsere Gegner,» schrieb «*Der Elsässer*», «wollen unsere konfessionelle Schule stürmen, diese Schule, die sie in allen Städten abgeschafft haben, wo sie im Gemeinderat die Mehrheit innehaben». Die ständige Zweideutigkeit! In Hagenau geht es allein um das nationale Gefühl. Katholiken, Protestanten und Freidenker empören sich über die Mißachtung, die den nationalen Farben widerfährt, und über die franzosenfeindlichen Umtriebe einiger verdächtigen Personen. Man antwortet ihnen mit konfessionellen Spitzfindigkeiten. «Die Fraktion der Volkspartei,» sagt «*Der Elsässer*», «stellt sich unentwegt auf dem Boden der christlichen Lehre.» Es handelt sich um Frankreich, die Volkspartei antwortet mit Religion!

Die Liste des früheren Bürgermeisters, der es gewagt hat erneut zu kandidieren, stellt sich eben auf diese konfessionelle Zweideutigkeit. Aber gegenüber hat sich glücklicherweise eine Liste französischer und nationaler Union gebildet, die – wir hoffen es bestimmt – am Sonntag siegen wird…

Man denkt wohl, daß man Mühe hatte, diese zu bilden. Zwar war vordergründig alles leicht. Gestützt auf die Empörung der Einwohner von Hagenau und müde von dem schlechten Ruf, den die autonomistischen Schafhüter auf ihre Stadt lasten ließen, hatten sich alle patriotischen Fraktionen geeinigt, von den

Politik und Gewaltpolitik in Elsaß-Lothringen

Katholiken bis einschließlich zu den Sozialisten. Aber die Aufstellung der Kandidatenliste bot Schwierigkeiten.

Würdigen wir daher hier die Radikalen und Sozialisten, dessen nationaler Sinn eine Einigung ermöglichte. In Hagenau ist die Bevölkerungsmehrheit katholisch; die überwiegende Mehrheit des früheren Rates war es auch. Man mußte sich also über die besonderen Anschauungen hinwegstellen und die Versuchung vermeiden, eine ungerechte Kampagne zu führen, wo man die Fehler einiger Autonomisten den Katholiken angelastet hätte bzw. wo man versucht hätte, wie es «*Der Elsässer*» schreibt, die klerikale Festung zu stürmen.»

Herr Pierre Caillot, der Präsident der radikalen Föderation des Unterelsasses, hat es wohl verstanden, genauso wie die radikale Sektion in Hagenau, indem sie sich verpflichteten, «ohne zu versagen, eine Liste zu unterstützen, die alle nationalen und republikanischen Elemente versammeln würde, von den von den autonomistischen Rädelsführern unabhängigen Katholiken bis zu den Sozialisten, ungeachtet ihrer Glauben oder Meinungen, um in einer französischen Stadt frei atmen zu können». Ebenfalls betrachtet es die sozialistische Sektion «als eine ganz normale Pflicht treu neben ihrer Verbündeten im Wahlkampf zu stehen um, für das Wohl der Stadt Hagenau, einen Gemeinderat aus Bürgern zu bilden, die für autonomistische Beeinflussungen unzugänglich sind.»

So stellt sich dem Doppelspiel der Autonomisten, über die Parteien und Konfessionen hinweg, eine einheitliche patriotische Front entgegen. Es ist beschlossen, daß man die konfessionelle Schule nicht antasten wird und daß die Katholiken die Mehrheit behalten sollen, die sie zuvor hatten. Die nationale Liste besteht aus 9 Katholiken der Volkspartei, 9 Demokraten, davon mehrere Katholiken sind, und 9 Radikalsozialisten. Eine beispielhafte und ziemlich rührende Koalition.

Diejenigen, die sie bekämpfen und so tun als würden sie glauben es handle sich hierbei um ein antiklerikales Manöver, haben keine Ausrede mehr. Falls es ihnen gelingen sollte, einige katholische Wähler zu beeindrucken, dann würden sie eine schwere Verantwortung tragen, genauso wie die Elemente der Volksparteien, die sie unterstützen. Sie würden dann die Sache gefährden, die sie zu verteidigen behaupten. Wie es das *Bulletin d'Alsace et de Lorraine* schreibt, sollte der bloße Menschenverstand sie fühlen lassen, «daß es katastrophal wäre das Katholische dem Nationalen entgegenzusetzen».

Politik und Gewaltpolitik in Elsaß-Lothringen

Politik und Gewaltpolitik in Elsaß-Lothringen

Verzeichnis

Action française 82, 143, 144, 145, 253

Antiklerikalismus 90, 91, 93, 165, 181

Argument boche 49, 51, 52, 53, 55, 60, 65, 66, 81, 90, 96

Arnold, Daniel 157

Assimilation 10, 11, 13, 19, 35, 37, 51, 61, 65, 67, 68, 69, 71, 72, 78, 79, 84, 85, 86, 87, 90, 91, 92, 97, 98, 100, 102, 103, 106, 108, 109, 115, 119, 120, 121, 171, 183, 184, 188, 190, 205, 207, 208, 214, 216, 218

Aulard, François-Alphonse 76

Autonomie (Selbstverwaltung) 9, 14, 19, 26, 27, 28, 29, 30, 31, 33, 34, 35, 36, 37, 38, 43, 47, 48, 55, 56, 58, 60, 61, 62, 65, 69, 70, 71, 77, 78, 86, 97, 99, 100, 102, 103, 104, 105, 107, 115, 123, 169, 184, 186, 188, 190, 203, 206, 207, 215, 216, 219, 224, 229, 230, 237, 240, 242, 243, 244

Autonomismus 15, 17, 22, 25, 26, 27, 28, 29, 31, 32, 33, 35, 36, 47, 48, 49, 53, 54, 55, 56, 57, 58, 59, 61, 65, 66, 75, 88, 90, 91, 93, 94, 95, 96, 97, 98, 99, 102, 104, 105, 107, 108, 110, 112, 113, 114, 116, 117, 119, 126, 133, 134, 135, 136, 138, 139, 140, 141, 142, 143, 144, 145, 148, 149, 150, 152, 153, 154, 158, 160, 161, 162, 163, 164, 165, 166, 169, 170, 171, 184, 185, 201, 202, 205, 206, 210, 219, 222, 223, 224, 225, 227, 230, 235, 237, 238, 240, 255, 256, 257, 258, 259

Autonomistische Partei 25, 26, 35, 134, 141, 142, 143, 154, 185, 225

Bardoux, Jacques 23, 24, 72, 136

Barthou, Louis 53, 88, 139, 169, 170

Barrès, Maurice 36, 181, 182

Basch, Victor 9, 186

Basler Nachrichten 46, 67, 75, 104

Baumann, Charles 117, 132, 133, 145, 222

Berthon 150

Bertrand, Louis 38, 85

Bismarck, Otto von 56, 67

Blumenthal, Daniel 66, 97, 98

Blutiger Sonntag 25

Bordeaux 42, 57

Borromée, Henri 163

Bouillet 130

Bourgeois Robert 97

Bourgoin 130, 131

Brant, Sebastian 157

Breiz Atao 35, 212

Briand, Aristide 106

Brogly, Medard 137

Brom, Joseph 103

Brun, Jean Lucien 68

Brunot, Ferdinand 13, 51

Bulach, s. Zorn von Bulach

Buisson, Ferdinand 31

Cahiers des Droits de l'Homme 124

Castelnau, Noël de 31, 185, 186

Chaminade, Marcel 11

Chanrigaud, Cyprien 26

Charles-Brun, Jean 27

Politik und Gewaltpolitik in Elsaß-Lothringen

Charléty, Sébastien 19, 20
Charpentier, Armand 43
Chauffour, Ludwig 120
Chauvinismus 12, 15, 20, 21, 25, 29,
  30, 33, 49, 51, 54, 59, 63, 64, 65,
  66, 67, 81, 91, 93, 96, 98, 99, 100,
  108, 110, 119, 120, 121, 136, 137,
  142, 145, 148, 150, 160, 161, 162,
  164, 165, 166, 190
Clemenceau, Georges 28, 29, 247
Collin, Henri 57, 58
Correspondant, Le 54, 185

Dahlet, Camille 92, 93
Delcasso, Laurent 51
Dépêche, La 19
Deutsches Reich 42, 56, 61, 84, 119,
  156, 158, 208
Deutschtum 63, 179, 186
Dezentralisation 12, 100, 172, 184,
  199, 215
Dorten, Hans Adam 47, 153
Doumergue, Gaston 29, 30
Dreyfus, Alfred 132, 145, 159
Droit du Peuple, Le 12
Dur's Elsaß 87, 158

Ebray, Alcide 12, 27, 44, 50, 59, 63,
  64, 73, 74, 84, 123, 177, 185, 186
Eccard, Frédéric 66
Écho de Paris, L' 30, 49, 98, 181, 209
Elsässer, Der 98, 111, 157, 160, 166,
  167, 258, 259
Elsässer Kurier 34, 70, 137, 138, 141,
  158, 166, 167, 170
Elsässer Journal 57
Elsässische Volkspartei, s.
  Volkspartei
Espoir du Monde, L' 31

Europe Nouvelle, L' 50

Fachot, Roger 53, 88, 127, 133, 138,
  139, 141, 153, 237
Farnier, René 28
Faszisten 151
Faure, Paul 53
Fayet 146, 150
Fédération régionaliste française 27
Férenzy, Oscar de 185
Ferry, Jules 195
Figaro, Le 38, 54, 84, 85
Fischart, Johannes 157
Fortschrittspartei, Elsässische 118
Fourrier 150
France de l'Est, La 132
Frankfurter Zeitung 141, 142
Freie Presse 45, 82, 83, 84, 87, 111,
  122, 129, 132, 150, 154, 160, 162,
  163
Frey, Charles 20, 232
Fustel de Coulanges, Numa 40

Gasser, Henri 24
Geiler von Kaysersberg, Johann 157
Geßlerhut 34, 83, 89, 201, 202
Gillouin, René 50, 88, 90, 91
Goethe, Johann Wolgang von 157
Grau, Andreas 72, 73
Gromer, Georges 160, 191, 257
Grumbach, Salomon 41, 42, 43, 67,
  90, 242
Guernut, Henri 56
Guerrier 145, 253, 254
Guesde, Jules 42

Haegy, Franz-Xaver 26, 31, 99, 185
Hagenau 108, 118, 137, 160, 161,
  162, 165, 166, 167, 255, 257, 258,

259
Hauß, Karl (Charles) 46, 55, 142
Hauß, René 142, 143, 191
Heil, Charles-Philippe 141, 142, 191
Heimat 15, 22, 26, 33, 35, 36, 48,
    53, 62, 65, 77, 88, 93, 102, 115,
    129, 135, 188, 201, 202, 207, 210,
    212, 216, 218, 224
Heimat, Die 99, 215
Heimatbewegung 9, 15, 22, 23, 31,
    52, 54, 55, 59, 60, 65, 66, 85, 90,
    91, 92, 93, 95, 108, 110, 117, 136,
    139, 147, 154, 184, 185, 224
Heimatbund 14, 15, 24, 25, 31, 32,
    33, 34, 35, 55, 99, 118, 123, 126,
    128, 140, 141, 143, 144, 145, 146,
    154, 160, 164, 169, 170, 184, 185,
    188, 190, 192, 204, 225, 233, 237,
    253, 254, 257
Heimatrechte 14, 15, 26, 53, 54, 69,
    70, 92, 93, 94, 99, 100, 103, 107,
    110, 115, 116, 117, 152, 167, 173,
    188, 189, 190, 207, 216
Helmer, Paul 18, 19, 53, 88, 139,
    193, 237
Helsey, Édouard 24, 26, 31, 185
Henri-Robert 26, 27
Hennessy, Jean 28, 104
Herriot, Édouard 46, 92, 183
Hertzog, Eugène 129, 130
Hervé, Gustave 51, 83
Heusner 128, 129
Hirtzel, Aug. Friedrich 191, 225
Hueber, Karl 17, 51, 228-245
Humanité, L' 41, 137, 239

Imperialismus 63, 190, 206, 208,
    211, 231, 241, 243, 245
International Law Association 76

Irredentismus 55, 108

Jaeger, Jules 66
Jaeglé 149
Jeune République, La 10
Journal, Le 24, 49, 141
Journal d'Alsace et de Lorraine 23, 66,
    97, 119, 132, 141
Journal de Colmar 57
Journal de Genève 11, 16, 17, 21, 54,
    57, 62, 75, 92
Journal de l'Est 19, 66, 132, 152
Journal de Lyon 57
Journal du Peuple 30, 43
Journal Officiel 17, 125, 213, 226, 231,
    232, 243, 246, 248, 252

Kaliminen 127
Kalisequesterskandal 88, 139
Kammer 17, 18, 30, 45, 46, 50, 51,
    66, 84, 104, 105, 110, 112, 113,
    114, 116, 118, 126, 128, 138, 162,
    169, 170, 224, 226, 228, 229, 230,
    244
Keppi, Jean 160, 191, 192, 257
Kerillis, Henri de 209
Kestner, Karl 120
Klein, Frédéric 149
Klippel, Dr 120
Köchlin, Alfred 120
Köchlin, Karl 120
Kohler, Eugen 117, 132, 133, 145
Kommunistische Partei 17, 33, 43,
    53, 54, 90, 93, 94, 143, 151, 164,
    228, 230, 231, 232, 233, 234, 236,
    237, 238, 239, 240, 241, 242, 243,
    244, 245
Landtag 9, 14, 25, 55, 57, 118, 137,
    141, 180, 192, 206, 226, 227

Politik und Gewaltpolitik in Elsaß-Lothringen

Laiengesetze (Trennungsgesetze) 46, 90, 91, 92
Laugel, Anselme 152
Laval, Pierre 169, 209
Leusse, Jean de 97, 135, 163, 255
Ley, René Cäsar 132, 148
Liberté, La 88, 90
Liga der Menschenrechte 9, 10, 31, 32, 33, 42, 43, 56, 76, 186
Ligue des Droits du Nord 31, 51, 85, 86
Linkskartell 209
Locarno 45, 49, 62, 96, 106
Longuet, Jean 41
Lothringer Volkszeitung 20, 70, 71, 112, 146, 166

Malaise (Mißstimmung) 10, 11, 18, 19, 28, 50, 92, 181, 182, 183, 185, 193, 205, 217, 231, 257
Marchal, Morvan 35, 205, 212
Maringer, Georges 157
Martin, William 11, 16, 54, 59, 62, 92
Marx, Karl 41, 61
Matin, Le 57
Maurras, Charles 145
Menschenrechte 10, 14, 25, 80, 224
Messin, Le 69
Michelet, Jules 178, 179
Midi Socialiste, Le 29
Millerand, Alexandre 38, 91, 252
Minderheit 16, 19, 21, 22, 35, 56, 67, 68, 69, 72, 73, 74, 75, 76, 77, 78, 79, 81, 122, 123, 124, 142, 177, 178, 188, 210, 213, 214, 223, 224, 241
Mitton 137
Mommsen, Johann 40

Müehlstaan, D'r 157, 158
Mülhauser Volksblatt 53
Müller, Eugen 14, 26, 84
Murner, Thomas 157

Napoleon III. 42, 197
Nationalblock (*Bloc national*) 91, 92, 209
Nationalismus 9, 11, 13, 19, 20, 24, 25, 27, 30, 31, 36, 61, 77, 78, 85, 88, 92, 97, 100, 115, 121, 145, 151, 152, 162, 163, 183
Nationalstaat 76, 77, 78
Neff 130
Neue Elsaß, Das 118, 119
Neue Zeitung 122
Neueste Nachrichten, Straßburger 132, 165
Niederrheinischer Kurier 56, 120

Oberkirch, Alfred 104, 105, 228
Odilienberg 35, 211
Oesinger, François 135
Oppositionsblock 25, 134

Painlevé, Paul 29, 30, 49
Pange, Jean de 38, 77, 78
Partikularismus 36, 50, 55, 56, 84, 104, 180, 184
Passy, Paul 31, 33, 34
Patriotenliga (*Ligue des patriotes*) 88, 181
Patriotismus 23, 24, 29, 33, 34, 36, 38, 51, 53, 66, 75, 82, 84, 85, 86, 87, 90, 91, 98, 99, 102, 104, 111, 112, 116, 145, 153, 154, 156, 164, 167, 182, 197, 205, 207, 239, 244, 254, 257, 258, 259
Pays, Le 12

Politik und Gewaltpolitik in Elsaß-Lothringen

Peirotes, Jacques 45, 46, 90, 91, 126, 135, 227, 228, 242
Percin, Alexandre 29, 30
Pfister, Christian (Chrétien) 19, 20, 21, 235, 236
Pfleger, Joseph 46, 97, 98, 226, 230, 231, 232, 234, 239-244
Pinck, Emil 225
Plebiszit (Volksabstimmung) 40, 41, 43, 45, 46, 75, 110, 111, 112, 167, 171, 242
Poincaré, Raymond 17, 18, 20, 35, 40, 45, 46, 53, 57, 62, 63, 64, 67, 72, 74, 75, 81, 85, 102, 103, 104, 110, 111, 112, 115, 119, 121, 122, 123, 126, 127, 129, 161, 166, 169, 170, 171, 193, 200, 226, 242
Populaire, Le 53
Postal, Raymond 36, 54
Protestbewegung 42, 58, 87, 88, 194

Quirielle, Pierre de 54, 185
Quotidien, Le 56, 76

Radikalsozialistische Partei 19, 29, 33, 90, 91, 93, 160, 162, 163, 165, 184, 257, 259
Reclus, Élisée 179, 180
Regionalismus 19, 26, 27, 28, 29, 31, 38, 59, 69, 71, 103, 104, 105, 124, 169, 171, 184, 185, 215
Regionalrat 97
Reichsland 9, 180
Reisacher, Henri 143, 192
Republikaner, Der 53, 82, 83, 87, 91, 122
République, La 19, 92, 122, 132, 141, 154, 160, 163, 165
Revanche 30, 57, 58

Revue de Hongrie 12, 27, 50, 59, 74, 84, 123, 177
Revue scolaire 131
Revue Universelle, La 11
Richert, Geoffroy 112
Ricklin, Eugen 25, 55, 118, 137, 141, 186, 192
Riehl 144, 146
Röchling, Hermann 52, 127
Romier, Lucien 54, 84
Roos, Karl 134, 143, 192, 225
Rosporden 142, 223
Rossé, Joseph 14, 15, 26, 28, 117, 126, 127, 128, 129, 130, 131, 132, 146, 192, 220, 221
Rote Hilfe 150
Royalisten 24, 32, 36, 38, 119, 135, 145, 151, 223
Rudolf, Jean-Baptiste 120

Sangnier, Marc 10
Sapart (*Société à participation financière*) 117, 126, 127, 132
Schall, Paul 142, 192
Scheurer, August 120
Schiller, Friedrich 157, 204
Schliffstaan, D'r 118, 156, 157, 158
Schneegans, August 56
Schuman, Robert 170, 227
Schutztruppe 140, 141, 143, 151, 152
Selbstbestimmungsrecht 22, 32, 33, 41, 43, 46, 47, 48, 74, 177, 224, 240, 243
Seltz, Thomas 18, 20, 121, 122, 200
Sembat, Marcel 42, 45, 242
Senat 118, 138, 160
Separatismus 15, 26, 27, 38, 40, 45, 47, 48, 58, 59, 66, 73, 78, 95, 99,

103, 104, 106, 124, 143, 152, 170, 185
Sigwalt, Josef Albert 132
Sigwalt, Karl 113
Sinn Féin 211
Souveräne Wahlmann, Der 120
Souveränität 76, 77, 78
Sozialistische Partei 55, 61, 66, 90, 94, 238, 242, 257, 259
Sprachenfrage 13, 18, 19, 20, 21, 83, 183, 193, 200
Staatsrecht 75, 78, 104, 216
Stoskopf, Gustav 157
Straßburger Neueste Nachrichten s. *Neueste Nachrichten*

Temps, Le 11, 23, 47, 49, 51, 56, 59, 72, 73, 81, 85, 86, 129, 144, 145, 151, 164, 166, 255, 256, 257
Thomas, Albert 42
Travail, Le 75

Uhry, Jules 50
Unitarismus 34, 97, 102, 103, 104, 105, 171
Univers, L' 57

Vazeille, Albert 33, 34, 201
Versailler Vertrag 43, 45, 73, 96, 106, 177, 181, 223, 229
Verwaltungsautonomie 19, 28, 69, 70, 97, 99, 100, 104, 105, 215, 216
Victoire, La 51
Völkerbund 22, 63, 73, 77, 78, 79, 83, 213, 214, 217, 223
Völkerrecht 75, 78
Völkerversöhnung 49, 63, 64, 96, 224
Volksfreund, Der 120

Volkspartei, Elsässische (Zentrum) 19, 20, 46, 70, 92, 93, 97, 98, 99, 100, 102, 103, 160, 162, 171, 172, 215, 255, 257, 258, 259
Volksstimme, Die 117, 119, 122, 141, 222, 223, 238, 239
Volonté, La 9, 40, 43, 186

Waffenstillstand 31, 43, 160, 197, 199, 219, 229, 232, 233, 257
Wahrheit, Die 81, 117, 119, 122, 132, 133, 134, 222, 223, 238
Walter, Michel 50, 51, 70, 98, 104, 228
Weels, Otto 53
Weill, Georges 37, 61, 66, 69, 90, 126, 170, 227, 233, 234, 242
Weiller, Lazare 11
Weiß, Georges 160, 164, 166
Westminster Gazette 16
Wetterlé, Émile 57, 58, 87, 88
Wilson, Woodrow 41, 45, 77, 84, 183
Wolf, Georges 200

Zentralismus 19, 28, 34, 62, 74, 85, 97, 102, 103, 105, 171, 178, 203, 207, 208, 215
Zentralkomitee der nationalen Minderheiten Frankreichs 142, 223
Zilliox 149
Zislin, Henri 87, 158, 159
Zorn von Bulach, Claus 81, 92, 117, 133, 134, 135, 238
Zukunft, Die 14, 28, 33, 54, 55, 81, 82, 93, 117, 119, 121, 122, 134, 141, 142, 151, 201, 205, 209, 222, 223, 225, 238